ちくま学芸文庫

外政家としての大久保利通

清沢 洌

筑摩書房

大久保利通　四十五歳当時

目次

第三章　日清間の予備交渉　115

外政家としての大久保利通

序

日本外交史を通じて、最も異色あり、興味ある外交は征蕃《せいばん》事件から引続く北京談判である。外政と内政とからみあい、一つの時代と他の時代とが衝突する。舞台の正面に現れるのは大久保利通であるが、西郷隆盛が出て、李鴻章《りこうしょう》が明滅し、英米仏の列強が出て来る。この事件を通り越して、初めて内外に対する明治日本の地固めができた。

内政家としての大久保利通が、世に知られている割合に、外政家としての大久保は、案外紹介されていない。これは大久保のために考えて公平ではないであろう。殊に大久保のやったこの明治七年の北京会談は、清との最初の正面切っての談判であり、またそれが台湾へ派兵した跡始末のためであった点から、現にシナ事変を最大の問題として有している日本国民に、いろいろの示唆を与えるものがある。

こうした史実を正直に紹介するのが本文起稿の目的であった。ところが、さて筆をとってみると、外交家としての大久保を画くのには、北京会談だけでは充分ではない。北京で振った大久保の外交技術は、殆んど満点に近いにしても、かれの対外政策の理念を知るためには征韓論こそ、かれが莫逆の友として相許して来た西郷隆盛と正面衝突してまで争った不退転の立場であり、またその後、日本の外交と政治において絶えず対立するところの大陸派と内治主義とが、最初にその飛沫をあげた舞台であった。北京会談が近景であれば、征韓論は遠景である。この二つを並び画かなくては、外交家としての大久保利通の全貌を見ることはできない。

初め国民学術協会雨宮主事の委嘱により北京談判を小冊子におさめうる程度を目標に採った筆は、こうして止まるところなく拡大して行って、一冊の書をなすに至ってしまった。筆者としては更に慾が出て、その頃の日本及び清に対する列強の外交政策を画いて、西郷、大久保、木戸といった人々の足許にその方面からの照明《フット・ライト》を与えたく思ったのであるが、それではますます膨脹するばかりである。そこでこの方面の事は、直接関係の事件に限り、他は総て割愛することにしたが、それにしてもこう長くなった点は、編輯者に対して御詫びしなければならぬところである。

ただ自慰するところは、ここで取りあげた問題が、未だ系統的には何人によってもなされなかった一事である。最初の部分の征韓論については、余りに人口に膾炙しているが、後半の北京談判については、纏った研究叙述は、未だないようである。したがって筆者は征韓論については、大久保の外交意見を知りうる程度に止め、主力を後者にそそいだ。征韓論に関する限りは、筆者によって新しく提供される材料はないと思うが、北京談判については、わが国において初めて紹介される資料が少なくないはずだ。それらの出処は「註」に書いて置いたから、ここには一々これを挙ぐるの煩を省きたいと思う。

最後に予はこの機会に——必らずしもこの著書と直接関係ありというのではなしに、左の二氏に対し感謝の意を表したい。一人は中央公論社長嶋中雄作氏に対してである。この著を出版した国民学術協会は、嶋中氏の寄附金を基礎として成立したものであり、それは同氏がなしたる幾つもの文化的事業の一つである。諸外国に比して、そうした民間文化機関が極めて少ない現状にあっては、学術振興に貢献するあらゆる行為が、いま少し文化人によって感謝されていいはずである。

もう一人は東洋経済新報社長石橋湛山氏に対してである。他の場合にもそうであるが、この著においても同氏は同社員を予に貸して、材料蒐集その他の便宜を与えてくれた。予が日本外交史の完成に発足して居るのは、同氏のエンカレージメントが最も大なる動機に座する。また源川公章君が例によって忠実に予を助けてくれたことを感謝する。

昭和十六年十月

清沢　洌

第一章　征韓論を中心に

一　大久保の外交機略

いい政治家はまたいい外交官である。一つの幹の外に対《むか》う面は外政であり、内に対するものは内政だ。

大久保利通が生い立った幕末においては、その国家はその藩であった。国家が日本全土を意味するようになったのは、維新の大業が成就した後のことであって、士分の生活の基礎が藩にあり、彼等の生命が藩主によって左右される封建制度の下にあっては、その眼界は自然に藩に限られざるをえない。だから大久保利通と共に脱藩を計画した吉井友実《ともざね》が父に遺した書中にも「天朝之御為、且御国家之御為、順聖公之御遺志に随ひ……」（二）とあり、またこの一党に対して与えた藩主島津忠義《ただよし》の諭告書にも、

方今《ほうこん》、世上一統動揺不㆓容易㆒時節にて万一時変到来の節は、順聖院様御深意を貫き、

以国家可レ抽《ぬきんず》二忠勤一心得に候。各有志の面々、深く相心得、国家の柱石に相立、我等の不肖を輔《たすけ》、不レ汚二国名一、誠忠を尽呉候様、偏《ひとえ》に頼存候。仍《よっ》て如レ件(二)

といい、さらに大久保の日記には「是迄ノ処ハ、万々全国義応不二相調一サルノ見留ヲ以、不レ得レ止決心イタシ候訳合」とて薩藩を以て全国といっている。(三)

藩を以て国家となす考え方は、討幕の運動が進んで、慶応三年六月二十二日に王政復古の薩土盟約ができ、「国に二帝無し、家に二主なし、政刑惟《ただ》一君に帰すべし」、「将軍職に居て政柄を執る。是天地間有る可らざるの理也。宜く侯列に帰し翼戴《よくたい》を主とすべし」というような土藩宣言を発表した後も、なお続いている。即ち同年十月八日、薩、長、芸の三藩士が、兵力を以て王政復古の大義を断行するに決し、中御門経之、中山忠能に上申した決議要目の中に「不二容易一御大事之時節ニ付為二朝廷一抛《ナゲウチ》二国家一必死之尽力可レ仕事」とある。ここでいう国家が、各自の藩を指すのはいうまでもない。

この藩（国家）を代表して、四方に使す。あるいは長州と聯合を策し、あるいは提携を申し込み来たる会津を強く拒絶し、あるいはまた京都の尹《いん》宮（朝彦親王）、二条関白（斉敬）、近衛忠房等の宮中上層部に対して雄弁宏辞を揮って天下のために長州再征の朝旨を変更しようとした。(四)それは内政ではなくて、外交の分野に属する。この外交をなすに当って、大久保は対手と場合によって体当り的な策略をなすことを辞さない。

第一に盟友に対しては、自己の死をかけてその主張を貫徹した。たとえば薩藩の志士が水戸の志士と盟約して、江戸で大事を挙げんとした時、かれもその同志の一人であった。かれはその時期に非ざる故を以て制したが、彼らはこれを聴かない。そこでその幹部の有村俊斎（海江田）に説いて耦刺《ぐうし》しようといい、「もし諸士にして我言を用ひずんば、先づ我が首を刎ねて後、出京せよ」と切言してこれを承服せしめた。（五）大久保が三十一歳の時だ。西郷隆盛に対してもかれは同じ手を用いた。西郷を大島の流謫《るたく》から救って、浪人団の軽挙の抑えにするため東上させたのは大久保だったのだが、その西郷は、木乃伊《ミイラ》とりが木乃伊になって、かえって彼らと通謀した。大久保の藩主島津忠義に対する責任は重大である。かれは西郷を人なき浜辺へ誘い出して、事情を報告し、共に死のうと言った。情にもろい西郷は直ぐ帰国することになって、問題は解決した。これを大久保の単に口先の嚇《おど》しと取るのは可哀想である。西郷が死のうといえば死なねばならぬ。西郷はすでに月照《げっしょう》と入水したほどの純血漢だ。この時、大久保は三十三歳だ。（六）

　第二に大久保は対手が弱いと見れば威嚇する。薩藩は英国軍艦と戦争して、勝敗は五分五分だったにしても、攘夷の事は言の容易なるごとく容易でないことを実感した。終始一貫戦場に居った大久保が、その持って生れた進歩性から、とくにこれを感じないわけはない。事実、力を最高の価値標準にする武士道においては、実力を示されると豁然《かつぜん》として悟るのが常である。ペリー（Matthew Calbraith Perry）来訪の時がそうであり、また薩藩と長藩が攘夷から討幕一本になったのは、実力を以ては洋夷に抗し難いことを実験によって知ったからである。もっとも大久保はその後、列国聯合艦隊が摂海《せっかい》に迫った時、薩摩の代表者として一藩を率いて攘夷の先鋒たらんと上書しているが、これは大隈重信が批評しているように「大久保の聡明なるや、此の如き睹易き道理（外国に敵せざる事）を知らざるにあらず」、実は目的は倒幕にあったのだ。（七）

大久保は薩英戦争の跡始末をつけるために選ばれた。但しかれはまだ三十四歳の微禄なる壮年者で表立った大役を仰せつかる資格はない。英国側代理公使ニール（John Neale, 1862-64）との交渉責任者は重臣岩下佐次右衛門（方平）を正使とし、重野厚之丞（安繹《やすつぐ》）を応接掛としてこれに当り、薩藩から賠償金として二万五千ポンド（六万三百三十三両余）を支払うことになったのだが、この金の工面を引受けたのが大久保だ。かれはこれを幕府から出させようとして借用方を申込んだ。しかしその当時の疲憊《ひはい》しきった幕府の財政としては、薩藩の尻ぬぐいまではできない。幕府はすでにその生麦事件のために償金拾万ポンド（外に公使館襲撃事件の賠償金一万ポンド）を支払わされている。閣老板倉伊賀守勝静《かつきよ》が薩摩のために償金立替えを渋るので、大久保は最後の手を出して、重野、能勢《のせ》（次郎左衛門、直陳《なおのぶ》）の若者を板倉邸に遣わして「所要の金を御貸与なくば、止むなく英公使を斬り、我等も割腹して相果てよう」と言わしめた。そんなことをされては堪ったものではない。板倉は三井に交渉して借金し、それを薩藩に貸与し、問題はそれで解決した。（八）

第三に大久保のとった外交手法は、奇計的な策略だ。幕府が長州再征伐をするに当って、一番困ったのは第一回征長の中心であった薩藩が反対していることだ。そこで板倉閣老はこれを説伏するために重役の出頭を命じた。この重大使命を買って出たのが白面《はくめん》の大久保である。大久保はこの日、耳聾《じろう》を煩《わずら》っているとて、とくに聾を粧《よそお》った。板倉が長州処分について協力を勧説すると、大久保はわざと驚いて見せ「奇怪な御仰せである。弊藩、何の罪あって追討されるのか。併《しか》し若《も》し弊藩にして罪があらば、速かに師を発せられて可なり、弊藩また兵を整え、備を修めて、大籏をお迎え申そう」と言った。板倉はあわてて、更に近くへ進ませて説明した。対手の気勢を挫いて置いて、大久保は、天下の公道は、島津家が将軍家と縁故ありというが如き私的理由を以て行うべきでないとて、ガンと拒絶した。(九)そして後、京都留守居木場伝内《こばでんない》の名で、公然薩藩出兵拒絶の書を幕府に提示し、板倉がかような重要書を京都重役の名では薩藩の意志とは認め難しと却下するのを、閣老に無理に面会して、これを受理させてしまった。薩藩と幕府との関係、長藩との提携及び藩内部の態度はかくて決定し、明治維新における薩藩の指導的位置の礎石は据えられた。

二　大陸主義と内治主義

大久保が常に藩を代表し、京都、大坂、江戸において諸種の折衝に当ったことは、普通には内政家と観られる大久保が、実は外交家であることを語るものである。そして彼を成功せしめた最も大きな動力は、何よりもその外交家的な素質である。

だがこの外交的素質を、薩藩という部局的な立場から、日本全体の全国的規模に発展せしめて行ったのは、何といっても明治の新政が布かれて以後のことだ。この場合においても、大久保はその意を外政に専らにするのには、その位置が余りに内政的に重要であった。第一には当時、外国使臣、特に英、仏公使の威勢が広大で、自尊心高きものはこれと折衝することを好まなかった。三条実美《さねとみ》、岩倉具視《ともみ》の如きも常に之を言っていた。(一〇) 第二に大久保は伊藤、井上、大隈の如きと異なって海外留学ないしは外人との接触の機会を持たなかった。(一一) この意味においては彼を以て固より内政家と呼ぶに差支えはない。

外政家としての大久保を知るためには二つの事件に対する彼の立場と行動を画くことが便利である。一つは征韓論に関するかれの立場であり、他は台湾事件に関するかれの外交手腕である。前者において大久保の外交に対する見識と哲学は遺憾なく表明された。西郷がこの問題については生命を賭けて争ったのに対し、大久保もこれについては刎頸《ふんけい》の友を正面の対手として闘って悔ゆることを知らなかった。幕末から維新にかけて、相敬愛してやまなかったこの二人は、異常なる国家の大問題に面しては、許し得ない政敵となった。国家の重きに任ずる者の悲劇であり、またその頃の政治家の懸命なる態度の表現だ。

由来、わが国には一貫して二つの流れがある。一つはいわば大陸派とでもいうべきものであり、他は内治派とでも称すべきものだ。その内容は国力の発展によって異なって来るのは勿論であって、かつて大陸に発展することに反対した者が永遠にそこに止まっているのではない。たとえば大久保の場合をとってみても、明治六年に征韓論に反対しながら、翌年には台湾征伐に賛成している。大陸主義と内治主義の相違は、要するに前者がひたぶるに国権伸張を念願するに対し、後者は内治と外交との調和を主張するとでもいうのが当っているであろう。これは西郷と大久保との人柄の相違である。しかもこの二つの主張は、明治維新以来、押しつ押されつ、その盛衰を繰返して、日本の外交を一貫するところの二大主流だ。そしてこの代表的なる論拠は、傑出した維新の功臣達によって、最もよく代弁されている。

　第二の台湾事件については、大久保自ら特命全権大使として北京に赴き、その得意の折衝をなして成功した。前年、征韓論においてその基本的外交政策を示し、翌年、外交官として自身これに当ることにより大久保の外交家としての真価は、もはや疑われないものとなった。この二つの事件――征韓論と台湾事件とは、従って、外政家としての大久保を画くために、是非共竝述《へいじゅつ》されなくてはならぬ。

三　外遊による心境の変化

大久保の欧米巡遊中、西郷と大久保の交友は依然として親密であった。大久保はしばしば書信を送ったし、西郷もこれに答えた。（一二）ところが大久保が明治六年五月二十六日に帰京するや、最初の間は西郷の大久保邸に赴くこと頻繁で、交情の親厚なること従前と毫《ごう》も異なるところがなかったが、時日が経つに随って、次第にその度数が減ずるに至った。（一三）その理由は明かだった。征韓論に熱中する西郷と、洋行して日本の行くべき道について、新たな心境を得て来た大久保とは、相共通し得ざるものが自然に出て来たのだ。

大久保の心境がその欧米漫遊と共に変って来たとしたら、この偶然な欧米視察ほど、日本の歴史に重大な影響を与えたものは少ないといわなくてはならぬ。むろん、大久保の持って生れた進歩性は、外国に行かなくても時代と共に移ったろう。この点は封建性が身の髄まで自分のものとなっている西郷と異なるところだ——その封建性の豊かなところが西郷の人気のあるところでもある。しかし大久保の転心は、欧米漫遊を契機として急激、かつ断然たるものがある。たとえばかれは少くとも明治二年八月までは、露国と一戦を交うべしとの論者であった。露国が北海を侵略するのを観て、その禍心の顕然たるを知り、我より機先を制し、戦争を覚悟してかれに対すべしとなした。かれの明治二年八月十一日の日記に曰く、

十一日、無休日、十字参　朝。蝦夷之評議有㆑之。尚又今朝条公参殿、北地出張、断然奉㆑願候。尤及㆓決心㆒候也。段々御評議有㆑之、御不決也。（一四）

とあり、かれは自ら北地に出張してその事に当ろうとしたのである。「尤及㆓決心㆒候也」

がその決心を知るに足り、更にまた当時の建言書も存している。(一五)この立場が四カ年の後に、露国と事を構えることの非なるを理由の一として征韓に反対するに変じたことは、欧米漫遊にその原因を発見せずしては説明に困難だ。

大久保が欧米から帰って来た時は、廟議はすでに征韓政策を決定していた。韓国が日本の交渉を受付けず、その上に無礼なことばかりするので、(一六)外務卿副島種臣《そえじまたねおみ》が清国に赴いた後の留守を預っていた外務少輔上野景範は閣議に提案して、陸海の兵を韓国に出してわが居留民を保護せしむること、使節を派し韓廷に直接談判を為さしむることを以てした。当時、閣議(明治六年六月十二日)には太政大臣三条実美《さねとみ》を初め、西郷隆盛、板垣退助、後藤象二郎、大木喬任《たかとう》、大隈重信、江藤新平等の各参議が列したが、板垣は直ちにこれに賛して、まず一大隊の兵を釜山に送り、後に修好条約を結ぶべしと言った。これに対し西郷は「急に陸海軍を韓国に派すれば、韓国人は日本が韓国併合の意図ありと解するであろう。これ豈《あに》、聖天子、韓国を保全する所以の道であろうや。現在に於ては陸海軍を派遣するを止め、責任ある全権大使を派し、正理公道を以て韓国政府に説き、これを反省せしめなくてはならぬ。しかも尚、かれ暴挙を逞《たくま》しうし、我全権大使を殺害するに至らば、その時公然罪を万国に鳴らして之を討つべきである」と言った。流石にその事を起すに大義名分を明かにせんとするを見るべきだ。かれは更に三条の説に対し言った。

大使たるものは宜しく烏帽直垂《えぼしひたたれ》を着し、其体を厚うし、其道を正うして之に当るべし。

今俄《にわか》に兵を率ゐ之に赴くが如きは断じて不可也。(一七)

この時、西郷はペリー提督、プゥチャーチン(Euphimius Putiatin)の例をひいて説いたというから、板垣も西郷も黒船時代の経験を先例として思い出していたのであろう。西郷は「烏帽直垂」の大使説を述べて自らその任に当らんことを請うた。かくて西郷の主張が余りに熱心なるにひかれて、結局三条もこれを容れ、遂に八月十七日(明治六年)の閣議において西郷を遣韓大使に任ずべく、ただその発表は岩倉大使の帰朝をまって行うことに決した。時に天皇は箱根に暑を避けさせ給うたので、三条は行在所に候し廟議内定の状を奏上して宸裁《しんさい》を仰いだ。

四　財政と政治の調和

大久保が帰朝したのは明治六年五月二十六日だが、かれは征韓論に対しては明かに反対であった。それには二つの理由があった。一つは日本はまず内治を整え、国家富強の基礎を確立しなくてはならない時であって、今、外国に事を醸《かも》すが如き時期ではないというのである。これはかれの反対論の理論的基礎をなすものであって、後に示す意見書に現れている。

大久保は内治については、維新重臣の恐らくは何人よりも通暁していた。それは彼の性格と頭脳からも来ているであろう。維新の大業に当って、かれの着眼は常に財政と政治との調和を離れなかった。しかしそれ以上に、かれをして内治に心を用いしめた理由は、大蔵卿というかれの地位が与かって力があった。当時、大蔵省はその必然の理由から権力を増し、往々太政官をも圧する勢いであって、しばしば問題になったが、(一八)その大蔵省にかれは明治四年六月二十七日に大蔵卿として専任することになった。かれが進んで遣外使節の一行に加わったのは、この大蔵省改革のための一手段であったことは、四年九月十二日に岩倉に宛てた書翰《しょかん》で明かだ。

(上略)段々、近来之様子を熟察いたし候ニ、大蔵省之権盛んニ相成、是非不レ殺候而ハ不ニ相済一ト申論説有レ之、既ニ左院ニおひても彼是異論相立、布政使之事等ニ付正院江申立相成候トカ。仍而将来を熟思洞察イタシ候ニ、不日必ラス不測之弊を生し、又々御変革トカ申事ニ相成可レ申(一九)(下略)

大久保が予想した通り大蔵省内には、果して問題が起り、大蔵大輔井上馨《かおる》と、大蔵少輔事務取扱渋沢栄一とは五年五月七日職を辞した。かれの欧米漫遊中の出来事である。井上と渋沢の辞職理由は政府が国家財政の如何を顧みずに事を挙ぐるに急であるのに反対なためであった。井上は辞職のさい上《たてまつ》れる財政意見書に言っている。

今全国歳入ノ総額ヲ概算スレバ四千万円ヲ得ルニ過ギズシテ、予ジメ本年ノ経費ヲ推計スルニ、一変故ナカラシムルモ、尚五千万円ニ及ブベシ。然ラバ則チ一歳ノ出入ヲ比較シテ、既ニ壱千万円ノ不足ヲ生ズ。加之、維新以来国用ノ急ナルヲ以テ、毎歳負フ所ノ用途モ亦将ニ壱千万円ニ超エントス。其他官省旧藩ノ楮幣《チョヘイ》及中外ノ負債ヲ挙グルニ、殆ド壱億弐千万円ノ巨額ニ近カラントス。故ニ之ヲ通算スレバ、政府現今ノ負債実ニ壱億四千万円ニシテ償却ノ道未ダ立タザルモノトス。(二〇)

財政難は井上のいう如くであるのに、(二一)新興日本の要求は満足するところを知らなかった。徴兵令をしいた陸軍省、交通運輸の完備に乗出した工部省、全国に大中小学を設置した文部省、法権の独立統一を図って全国に裁判所を新設した司法省とは、何れも巨額の予算を要求した。井上大輔が緊縮政策を標榜しながら、陸軍の改革と、徴兵令発布に要する項目のみを容認したのは、陸軍大輔山県有朋《やまがたありとも》が同じ長州派であるからだとの攻撃も猛烈であった。

大久保は専門財政家の渋沢栄一の如きが見てこそ、「いま国家の柱石とも言われる人でありながら、理財の実務に通ぜざるのみか、その原理さえも了解していない」(二二)との批難もあろうが、財政と政治との調和は前述の如く何人よりも承知していた。この時に征韓を実行せんとする政策に対しては、かれとしては何としても賛同し得なかった。

五　西郷の身を思う

もう一つ大久保が征韓論に反対した理由は西郷の一身を思うからであった。西郷は自ら韓国に使せんことを、殆んど死を賭けて主張した。外務卿副島種臣が清国から帰朝するや、自身韓国への使臣の任に当らんことを建議したが、西郷は副島の私邸に至って、大使の任を譲らんことを懇請《こんせい》して、その了解を得たのである。(二三) そしてこの事の貫徹を、板垣、副島等を通じて努力した。その切々たる気持は西郷が板垣に与えた手紙に最もよく現れている(西郷は七月二十九日から九月三日までに八回、板垣に書を贈っている)。

○上略 扨《さて》朝鮮の一条、副島氏も帰着○七月二十六日帰京相成候て、御決議相成候哉。若いまだ御評議無レ之候はゞ、何日には押て参朝可レ致旨御達相成候はゞ、病を侵、罷出候様可レ仕候間、御含被レ下度奉レ願候。弥御評決相成候はゞ、兵隊を先に御遣し相成候儀は、如何に御座候哉。兵隊を御繰込相成候はゞ、必彼方よりは引揚候様申立候には相違無レ之、其節は此方より不二引取一旨答候はゞ、此より兵端を開き候はん。左候はゞ、初よりの御趣意とは、大に相変じ、戦を醸成候場に相当り可レ申哉と愚考仕候間、断然、使節を先に被二差立一候方、御宜敷は有レ之間敷哉。左候得ば、決て彼より暴挙の事は、差見得候に付、可レ討の名も慥《たしか》に相立候事と奉レ存候。兵隊を先に繰込候訳に相成候はゞ、樺太の如きは、最早、魯より兵隊を以保護を備、度々暴挙も有レ之候事故、朝鮮よりは先に保護の兵を御繰込可二相成一と相考申候間、旁《かたがた》往先の処、故障出来候はん。夫よりは公然と使節を被二差向一候はゞ、暴殺は可レ致儀と被二相察一候付、何卒私を御遣被レ下候処、伏して奉レ願候。副島君の如き立派の使節は、出来不レ申候得共、死する位の事は、相調へ可レ申かと奉レ存候間、宜敷奉レ希候。此旨乍ニ略儀一以ニ書中一奉レ得ニ御意一候。頓首、

七月二十九日

追啓、御評議の節、御呼立被レ下候節は、何卒前日御達し被レ下度。瀉薬《しややく》を相用候へば、決して他出相調不レ申候間、是又御含置可レ被レ下候。(二四)

西郷が「副島君の如き立派の使節は、出来不レ申候得共、死する位の事は、相調へ可レ申かと奉レ存候」とあるのは、その心事の程を知るに足るであろう。西郷は続いて八月三日に三条と板垣に書翰を送り、更に八月十四日に板垣に対し、速やかに閣議を開いて大使問題を解決せられんことを要望している。

○上略 就ては、少弟被ニ差出一候儀、先生の処にて御猶予被ニ成下一候ては、又々遷延可レ仕候付、何卒振切て、差遣被レ下候処御口出し被ニ成下一度。是非、此処を以テ、戦に持込不レ申候ては、迚も出来候丈けに無ニ御座一候付、此温順の論を以テ、はめ込ミ候へば、必ズ可レ戦機会を引起し可レ申候付、只此一挙に先立、死なせ候ては不便抔《など》と、若哉《もしや》姑息の心を御起し被レ下候ては、何も相叶不レ申候間、只、前後の差別あるのみに御座候間、是迄の御厚情を以、御尽力被ニ成下一候へば、死後迄の御厚意難レ有事に御座候間、偏ニ奉レ願候。最早、八分通は参掛居候付、今少の処に御座候故、何卒奉レ希候、此旨

乍《ながら》二略儀一以二書中一御願旁奉レ得二御意一候。(二五)

西郷の手紙の中に「死なせ候ては不便抔と、若哉姑息の心を御起し被レ下候ては」とか「死後迄の御厚意難レ有」とか盛んに死を想うているのは注意すべきだ。西郷は十六日の夜、三条をその私邸に訪い膝詰談判しているが、十七日に左の如き書を板垣に贈った。

〇上略此節は戦を直様相始め候訳にては決て無レ之、戦は二段に相成居申候、只今の行掛りにても、公法上より押詰候へば可レ討の道理は可レ有レ之事に候へ共、是は全ク言訳の有レ之迄にて、天下の人は更に存知無レ之候へば、今日に至り候ては、全ク戦の意を不レ持候て、隣交を薄する儀を責、且、是迄の不遜を相正し、往先隣交を厚する厚意を被レ示候賦《つもり》を以て、使節被二差向一候へば、必ズ彼が軽蔑の振舞相顕れ候のみならず、使節を暴殺に及候儀は、決て相違無レ之事に候間、其節は天下の人、皆挙て可レ討の罪を知り可レ申候間、是非此処迄に不二持参《もちまいらず》一候ては不二相済一場合に候段〇中略何卒、今日御出仕被二成下一候て少弟被二差遣一候処、御決し被レ下度、左候へば弥戦に持込可レ申候ニ付、此末の処は、先生に御譲り可レ申候間、夫迄の手配は御任し被レ下度奉二合掌一候。(二六)〇下略

ここでも西郷は韓国に西郷が行けば「使節を暴殺に及候儀は、決て相違無レ之事に候」と死を言っている。したがってもしこの時、西郷が韓国に行って、しかも韓国が彼を暴殺しなかったならば、どうしたかは想像して興味ある点である。いずれにしても西郷の征韓論は、およそ四つの原因から出発しているであろう。第一は彼自身の行き詰りだ。封建的

心境は時代と共に移り得ず、その上に旧主島津久光の恨みを買い、純情なる彼は、自らの巨体を持て余して、武士らしい死場所を求めていたのである。この点は大隈重信の観察が当を得ていよう。

明治五年夏、陛下は竜駕を薩州の遠地に枉《ま》げ、親しく島津二位〇久光を諭させたまふ。是れ、去年西郷上京に当り、二位公の問に対し、廃藩の意なきに答へながら、遂に廃藩を断行して顧慮する所なかりしにより、二位公大に憤激し「西郷・前言を食みて吾を売りたり」とて、深く之を啣《ふく》まれけるを以て也。かくの如くして西郷は一時の重望を負ひ、百年の大志を抱きて朝に立ちしも、諸事心と違ひ、志望を達する能はず。前には旧君の激怒して、痛く之を難責するあり、後には群少不満、新政を攻撃して之に援引するあり。西郷も進退維《こ》れ谷《きわ》まり、乃、人事を拋《なげう》ち世を遁れんとの意を決するに至りしが、図らずも対韓問題の勃興するあり。渠則、千繞万匝の重囲中に一条の血路を開き得たるを思ひ、其苦悶を遣るは、之を措きて他に其途なしと為す。扨《さて》こそ、熱心に問罪使を発せんことを主張し、且、自其任に当らんことを切望したるに似たり。[一七]

右は大隈の当時の事態に対する批判であるが、序《ついで》だから大隈の大久保と西郷に対する観察を引用して置こう。かれは西郷を以て「世上に称する如き大人物にあらず」といい、大久保の方を遥かに高く買っている。

当時、大久保は枢要の地に在りながら、諸事に沈黙にして所謂改革革新の決行に逡巡躊躇する所ありしを以て、木戸は大久保の心事に就きて頗る危疑する所ありしなり……大久保の性行に至りては、容易に其意気を表面に顕はすことなく、且つ又容易に決断することなしといへども、或る場合に於ては非常に決断の資に富み、且つ一たび決断せば、千艱万難を排しても、必ず之を遂行するの資性にして、其意気の猛鋭なる所、殆ど能く之に当るものあらざりし程なり……初め余〔大隈〕は思へらく「大久保は極端の保守主義を執れる者にして、木戸は稍や余等の執れる所に近き進歩主義を執れる者なり」と。然るに一朝、内閣に入りて親しく其人々に接し談論するに及び、大久保も決して余の予想の如き極端なる保守主義者にあらず、寧ろ進歩主義者と称するも可なり、然るに其藩主と郷友との関係より意の如くならずして決行に躊躇する所あり、遂に余等をして極端の保守主義を執れる者と誤想せしむるに至りしを覚れり。

西郷は世上に称する如き大人物にあらず、政治の才に於ては大久保にも、木戸にも劣れり。（大隈はかくいって西郷の推挙したる津田出のことを書いている（二八））

西郷及びその同志の征韓論の第二の理由は、幕末の武士が急に太平になり、その精力は一剣を撫して、いずこかに洩さざるを得ない事情にあった。この解決策の一つとして征韓論が唱道されたのである。西郷の同志板垣退助がこの辺のことをよく書いている。

明治五年、新政府の小康を見るや、人心早く既に惰気を生じ、腐敗は殊に軍人に甚しきものあり、偶・山城屋和助の屠腹事件あるに及んで、板垣は西郷を訪ふ、西郷曰く

「予は北海の地に退隠して老余を養はんと欲す」と。板垣切に其不可なるを説き、今日の腐敗堕落を救済するの責任は、我徒これを負はざる可らずと論談し、爾来、二人稍《やや》劃策する所あり。尋いで朝鮮事件の起るや、二人以為《おもえ》らく「此時機失ふべからず、今日の腐敗堕落は維新の戦・猶未足らざるものあればなり。故に此機を利用せば、庶幾《こいねが》はくば士気を一振するを得ん」と。八月、三条首相に請ひ、陸軍中佐北村重頼、同少佐別府晋介を韓国に、池上四郎、武市熊吉を満洲に派遣し、地理・風俗・形勢を視察せしむ。又二人の志に出づ(二九)。

「維新の戦・猶未足らざるものあればなり」というのは、西郷らしい考え方である。ここに国内政治の解決策としての征韓論の根拠がある。

第三の理由は藩閥相互牽制の具としてである。副島、江藤、後藤は何れも征韓論者であるがその心事は同じではない(三〇)。「江藤の心事は多端なれど、一言にして之を蔽《おお》へば、事を外に構へ、以て薩長の権力を打破するに在り。後藤も亦其の意見を同くし、相共に大隈を勧説する所あり、然れども大隈は之を拒絶し、薩を援けて長を挫くも、憂患は更に甚しきを加ふるを説き、利害を勧告して前議を翻さしめんとしたり(三一)」という吉田東伍博士の説明は、その辺の事情を語っていよう。

第四にはその大陸政策遂行の本意からである。韓国はすでに昔から日本の関心を有するところであり、その韓国が無礼なる仕打のみする上に、露国代理公使ビューツォフ(Eugenie de Bützow, 1872–73）は本国政府の意を受けてか、副島に対し日本が仮に韓国に事を起しても、露国ではこれに干渉の意がない旨を告げており、大陸論者としてはこの時が好機会だと考えたであろう。

征韓論の理拠するところは、以上の如くであるが、これらを通じて明かなことは、西郷がそこに死場処を求めていることと、また西郷の遣韓大使は日韓戦争の名分を求めるためであって、結局は戦争に行きつくことである。これについて、大久保はまず西郷が死ぬことに反対であり、同時にまた戦争にも反対であった。更に征韓反対論の中には留守内閣が、約に背いて種々なことを決定した反感もあったに違いないが、それらはこの文の範囲ではない。

六　西郷、大久保の対立

大久保は政府の召還によって岩倉、木戸等より一足先に帰って来た。国内では征韓論が起るや三条は西郷の大使問題を決裁し得ず、大久保と木戸に至急帰朝するように命令したのである。元来ならば木戸と大久保とが同船して帰るべきはずなのが、洋行中より感情の衝突を来たした関係もあって別な船をとった。[三二] 大久保が帰朝したのは六年五月二十六日、木戸は七月二十三日、岩倉（伊藤博文、山口尚芳）は九月十三日であった。

大久保が帰って来てみると、廟堂は征韓党で占められていた。参議の大隈、大木は旗幟不鮮明だが、積極的な反対論者ではない。その上に大久保は大蔵卿であって閣議に列することができない。かれとしては、せめては岩倉が帰って来るまではどうするわけにもいかない。かれは一応留守中の事務整理をすませると、八月十六日、飄然として、箱根から富士登山、上方各地へと関西旅行に出かけた。征韓論が正院で閣議の問題となり、西郷が遣韓大使に内定したのは、その翌日八月十七日のことである。正式発表を岩倉大使帰朝後としたことは前述した通りだ。

この間の大久保の心事は、かれが東京出発の前日（八月十五日）にパリにある大山巌、村田新八に与えた手紙で明かだ。

〇上略 当方之形光ハ追々御伝聞も可レ有レ之、実ニ致様もナキ次第ニ立至、小子帰朝イタシ候テモ、所謂蚊背負レ山之類ニテ、不レ知レ所レ作、今日迄荏苒《ジンゼン》、一同手ノ揃ヲ待居候。仮令《タトエ》有為之志アリトイヘドモ、此際ニ臨ミ、蜘蛛之捲キ合ヲヤツタトテ寸益モナシ。且又愚存モ有レ之、泰然トシテ傍観仕候。国家ノ事、一時ノ憤発力ニテ暴挙イタシ、愉快ヲ唱ヘル様ナル事ニテ、決テ可レ成訳ナシ。尤其時世ト人情ノ差異ニ関係スルハ、無論ナルヘシ。〇中略 当今光景ニテハ、人馬共ニ倦果、不可思議ノ情態ニ相成候。追々役者モ揃ヒ、秋風白雲ノ節ニ至リ候ハヽ、元気モ復シ、可レ見ノ開場モ可レ有レ之候。（三）〇下略大久保が「所謂蚊背山を負うの類にて、なす所を知らず」といい、「国家の事、一時の憤発力にて暴挙いたし、愉快を唱える様なる事にて決して成るべき訳なし」といい、「追々役者が揃い秋風白雲の節に至り候わば」というは、しばらく傍観して、役者の揃うのを待つの意であろう。八月十六日に東京を出発したかれは悠々自適して九月二十一日に東京に帰って来た。

　東京における政治情勢は、しかし左様な悠暢なものではなかった。岩倉は帰朝したが、かれの面したのはすでに内定した閣議である。征韓反対の岩倉は如何にすべきか。かれの頭に浮んだのは木戸と大久保とを廟堂に列せしめて、征韓陣営に当らしめることである。しかし大久保と木戸は不仲である。その上に木戸は参議だが病気の故に参朝することができないので、木戸の了解を得て大久保を参議に就任させるの外はない。木戸は一言の下に賛成した。交渉に赴いた伊藤が岩倉に与えた手紙に「早速、木戸へ罷越、尚又熟議仕候処、同人ニ於テモ大久保拝命之儀第一着ト相心得居候趣ニ御座候」（三四）と言っている。国家危急の場合には感情などは二の次である。

　しかし困ったことには肝心の大久保が何といっても参議就任を承諾しないのである。三条、岩倉、伊藤、黒田が総出で説いたが大久保は頑としてこれに応じない。一方、西郷の閣議開催に対する催促は急だ。大久保無くしてこの戦いに勝算のないことは、三条の岩倉に対する手紙が代弁している。

〇上略扨二日〇十月よりは、尊公〇岩倉にも御出勤に相成候得者、〇中略大久保之処、偏に奉命を相祈申候。反覆相考候而も、同人奉命無レ之而ハ、千万困難と存候。〇中略同人之進退、大関係ある事と存候得は、只管同人之拝命を祈念仕候。(三五)〇下略

大久保としては何と説かれても、そう簡単に出馬はできない。第一にそれは竹馬の友、西郷との死を賭けての正面衝突を意味する。第二に木戸との性格上の対立から折合いが懸念される。だから彼は岩倉に宛て辞意を縷述した書翰の中で「木戸先生を根本ニシテ御一定有レ之候外見込無レ之旨相答置候次第ニ御坐候云々」(三六)と書いて木戸中心の政治を主張している。第三に島津久光及び旧藩の連中が、かれに対して明かに敵意を有していることは、今に始った話ではない。第四にかれが出馬してこの問題の片をつければ、後の事は自然にかれが責任を以て収拾しなければならぬ。軍力の中心たる西郷の問題だけを考えても、それは容易ならぬことである。

あくまで参議就任を拒絶していた大久保も、三条と岩倉の両人が署名して、遣韓使節派遣を延期する旨の書面を与えるに及んで遂に承諾した。(三七)「此上ハ御旨趣ヲ遵奉シ惟命惟従、不レ顧二譾劣《センレツ》一、砕身可レ仕候」とその返書の一節にある。この手紙が明治六年十月十日で、大久保の参議就任の発表が十二日。それから延ばしに延ばして来た閣議は、その翌々日の十四日である。西郷はすでに決心の意を示して「前以ケ様の事迄、奉レ入二御聴一候義、万々恐懼の仕合御座候得共、若哉相変じ候節は実に無二致方一、死を以テ国友え謝し候迄に御

座候間、其辺之処、何卒御憐察被二成下一置度、是又奉レ願候」（三八）とある。大久保は「砕身可レ仕候」といい、西郷は「死を以テ国友え謝し」という。従来相携えて維新の大業を完成するに努力して来た莫逆の親友は、ここに死闘において相見えることになった。西郷の側には板垣、副島等があり、大久保の側には岩倉、木戸その他があるが、突き詰めればその闘将は西郷と大久保だった。

七　身命を賭する閣議の激論

征韓論を繞《めぐ》る閣議ほど、生命まで打込んだ廟議は嘗《かつ》てなかったであろう。そこには最早、友人関係も感情問題も存しない。あるものは国家のために考えて是なりとする主張の対立のみである。そしてこの場合、欧米漫遊組が全部挙《こぞ》って非征韓党になったのは洋行組の人選そのものにもよるが（西郷は洋行を勧められたが行かなかった）新しく世界を視たことの影響を無視しえまい。明治六年十月十四日の閣議（岩倉帰朝後の第一回目）には、木戸は病気の故に出席できなかったが、他は全部出席した。

征韓党	非征韓党
太政大臣　三条実美（三十七歳）	右大臣　岩倉具視（四十九歳）
参　議　西郷隆盛（四十七歳）	参　議　大久保利通（四十四歳）

同　板垣退助（三十七歳）　同　大隈重信（三十六歳）
同　江藤新平（四十歳）　同　大木喬任（四十三歳）
同　後藤象二郎（三十六歳）
同　副島種臣（四十六歳）欠席　木戸孝允（四十一歳）

（註）副島は大久保の参議就任の均衡上、十月十三日に参議に任命された。

この閣議において征韓党は西郷、板垣、副島が交々議論をなしたが、非征韓党で発言したものは岩倉と大久保だけであった。しかもその岩倉は、韓国問題を遅延させるために、樺太問題をまず解決すべきを主張した。議論が樺太問題から露国との武力衝突に及ぶ戦略論になると、それは西郷の領分だ。西郷は露国を対手にするのにも、韓国北部若しくはポシェット湾を経略する必要があり、それには矢張り韓国大使派遣が先決問題だ。もし政府の意志が露国を先にし、そこから韓国問題を解決せんとするのならば、その遺露大使を自分に任命して貰いたいというのである。樺太、韓国の何れを先にするやというのであれば、この議論では岩倉の受太刀になるのは当然だ。

ここで必然に大久保の内治論が登場せざるをえない。西郷としても前述の如く、その正面の対手は大久保であることを知っていたので、その論法を大久保に向けた。もしその意見が容れられざるにおいては断然辞職する旨をも附言した。大久保は、できるだけ西郷と衝突したくなく、その論述の形式も最初岩倉に向って西郷派遣の不可を陳《ちん》したのであるが、しかし問題の本質は左様なところに止まっていられるものではない。両者の激語はついに感情までも加わるに至った。大隈が会議半ばに、伊藤博文と共に横浜に赴いて某外人と会見の約あり、退席せんとするや、西郷は巨眼一睨、かかる重要なる会議の際に、一外人の会宴の約あるの故を以て席を辞するのは何事ぞと詰ったので、大隈は黙然として再び席に復したという。(三九)

大久保の内治論に対して対手も黙してやむべきではない。板垣、副島はその改善の期限と程度とを示せという。大久保は「目下、内務省を新設する計画あり、五十日を待たれたし」と答えた。板垣は西郷に、しばらく待たれては如何と計ったが、西郷は「かかる国家の大事は一日と雖《いえど》も猶予することができぬ」と断乎として一蹴した。かくてその日には決せずして翌十五日に再開することになった。

第二回閣議は十五日午前十時に開会した。出席者は前日の通りだが、西郷のみは、昨日すでに述ぶべきは述べ、閣議の決定を待って進退を決するばかりだとあって閣議に列しなかった。この日も論議は依然継続した。三条、岩倉は西郷辞職の影響を慮《おもんぱか》って結局、西郷の遺韓大使説を承認した。大久保の日記(十月十五日)には「実ニ西郷進退ニ関係候テハ御大事ニ付、不レ得レ止、西郷見込通ニ任セ候処ニ決定イタシ候トノ御談故……」(四〇)とある。ここにおいて大久保は、その前晩に話したように裁定は三条、岩倉に任せたことであるから「御異存ハ不二申上一候得共、見込ニ於テハ断然不二相変一旨申上候」(四一)というので、その場で断然辞意を表明したのである。

大久保の辞表は十月十七日に三条へ提出された。辞表と共に左の一書を添えた。

小　臣事無量之天恩を蒙リ、殊ニ　殿下之懇命ニ預ること亦不レ浅。実ニ感佩《かんぱい》する所ニ候。然るに今日ニ至、恐縮之至ニ不レ堪候得共、奉職之目的難二相立一、辞表差出候。暗愚ニして漫《そぞろ》汚二重任一候儀、今更赧顔《たんがん》至極ニ御坐候。今日之事、何様之御沙汰を拝承仕候而も断然心決仕候付、速ニ御放免被レ下候様万禱仕候。乍レ去、国家之事、度外ニ置候心事、毛頭無二御坐一候間、若禍端相開き候ハヽ、兵卒トも相成、一死を以万分之一ヲ報し度微衷ニ付、其節ニ臨ミ候ハヽ、御垂憐を賜リ候様、今より奉レ願置候。必ス進ンテ御依頼可レ奉二申上一候。誠惶々々。(四二)

いま奉職の目的相立ち難いから辞表は提出するけれども、禍端相開かば兵卒と相成り一死奉公したしとは、大久保の心事を言いえて余蘊《ようん》なきものであろう。大久保はこの辞表を三条に手交した。大久保と共に木戸、大隈、大木も一致聯袂《れんべい》、辞表を提出した。征韓党の大勝利である。

だがこの大久保の断然たる態度は、二つの結果を齎《もた》らせた。一つは岩倉の腰を強くしたことだ。元来、岩倉は征韓論反対だ。ただ西郷の職を賭けての決心に、その影響を恐れて西郷任命に賛成したまでだ。今、大久保が辞職したのを観て、かれもまた進退を決することを覚悟した。もう一つの結果は、一層重大だった。三条が心痛の極、病気になったことこれである。この三条の病気は、以前からの引続いた苦慮の結果もあったろうが、その直接の原因は大久保の辞表提出によることは大久保の日記によってこれを推察することができる。

十月十七日　金曜日　今朝八字、条公江参上、辞表差出、趣意書差上候。今朝ノ御様子、ヨホト御周章ノ御様子ニ候。黒田子入来、得能（良介）氏入来。[四三]

この三条の病気について大久保は黒田清隆に書を送って「今暁より太政大臣殿、大病相発、人事も御不通之由、凡之御様子承候得ハ精神御錯乱之趣ニ御坐候。実ニ驚駭ニ堪ス[四四]」と言っている。当の責任者三条が病気になって、事態は一変せざるを得ない。ことに西郷は頭脳においても、弁舌においても、駆引においても到底大久保の敵ではない。

八　征韓論の理論的根拠

歴史の偶然性ということが、この時ほど考えられることはない。前述の如く征韓論はすでに二重の決定を見た。第一は岩倉一行が外遊中（八月十七日）であり、第二回は十月十五日だ。この時には最高責任者三条と岩倉とが合議の結果で、不同意を明言したのは大久保だけである。残る問題は上奏の手続きのみである。しかも越えて十七日の閣議には岩倉は病み、大久保、大隈、大木は何れも辞表を提出して出席せず、このところ西郷以下征韓論者独擅である。そこで西郷としては、この場合（一）閣議前に征韓論者の陣営を強化して地固めをして置くか、（二）然らざれば時期を逸せず、十七日に三条をして上奏、御裁可を請わしむべきはずであった。事実、西郷は即日上奏を三条に迫ったが、三条はせめて一日の猶予を乞い、もし明日岩倉が登閣しなかったら、自身責任を以てこれを実行する旨を断言した。西郷が是非にというのを、後藤象二郎が、一日のことであれば、明日まで待つも差支えないではないかと口を出し、西郷もその上の主張もできかねてこれを納得した。豈《あに》図らんや、これが全局を転換し、それがまた従って日本の将来に対し、重大なる影響を与えようとは。

大久保が得意の政治工作に出て、征韓党覆滅の芝居を打つのを見る前に、少しくどくはなるが、今一度西郷及び大久保の征韓論の内容を検討する必要がある。

西郷の征韓論の内容については前掲の板垣に宛てた西郷の書翰でその大体を知りうるし、西郷の思想を検討することを目的としない本稿においては、これを詳述することを避けるが、それが大陸政策の本流を代表していることはいうまでもない。この征韓論は二つの面を有する。第一は大陸発展を目がける東方政策である。[四五]遅く目覚めた日本が、将に韓土に迫らんとする外国勢力と拮抗せんがため、まずそれに先んじて、少くとも優越なる地位を占めんことを企図したのである。これをなすに当って、西郷は外交上にも万全の策をとることを忘れなかった。露国と提携し、進んで清国の韓国及び台湾に対する関係如何を明かにすることにつとめた(四六)。西郷が「護兵一大隊可レ被二差出一」の議に断然反対して、却って暴虐なる韓国に対し「是非交誼を厚く被レ成候御趣意貫徹いたし候様有レ之度」(四七)、なおそれに拘らず大使虐殺等のことあらば、その時には断然たる処置に出づべしといっているのは、かれが国際関係において大義名分の必要なることを認識していたのである。三条に提出した西郷の書翰はこの辺の意志を表明して余りがある。

いまだ十分尽さゞるものを以て、彼の非をのみ責候ては、其罪を真に知る所無レ之。彼我共疑惑致し候故討人も怒らず、討るゝものも服せず候付、是非曲直判然と相定候儀肝要之事と見《み》居《すえ》云々(四八)

韓国を日本の勢力範囲に帰せしめる点においては、西郷を頭目とする大陸論者は一致したが、その後の対露政策においては必ずしも一致しなかったようだ。これが不一致を暴露しなかったのは、征韓論が実行の手前で挫折したからである。すなわち板垣の如きは露国との握手論者であって、日英同盟前後の伊藤博文の立場と似通っている。板垣は曰く「また我国の外交政略は露国との交を厚くして、東洋に重きを持すべしと為せり。故に明治五年露国王子の来遊に際し、厚く之を遇し、露国の望を繋ぎたり。是を以て、彼の征韓論に付、其議合はず、余等同志の袖を聯《つら》ねて朝を退くや、露国公使は、大に失望したるの事あり(四九)」と。副島も大体において同論だ。

この板垣の説に対し西郷は武人として、その大陸政策が結局露国と衝突するに至るであろうことを疑わなかった。この点は後日の山県有朋、桂太郎の立場に近似している。西郷はアレキセー大公の招待会にも、独り列席しなかったが、大公は西郷と会談せんことを欲し、その旨を受けて三条、副島はわざわざその来会を促した。しかるに西郷は副島に「足下請ふ、幸に僕の言を大公に伝へられよ。西郷は戦争好きなり、故に我国に向つて戦を挑むものあらば、西郷は、何時にても之が相手たるを辞するものに非ずと告げられたし」といってとうとう出席しなかったという。(五〇)西郷はかねてから北海道の警備に注意するところあり、明治四年九月には陸軍少将桐野利秋を北海道に遣して調査せしめ、その復命に接し、札幌に鎮台を設置し、自らその司令長官たらんとした。かれは論じている。

今日の御国情に相成候ては、所詮無事に可ニ相済一も無レ之、畢竟は露国と戦争に相成候外無レ之、愈々《いよいよ》戦争に相決著《けっちゃく》に相成候ては、直に軍略にて取運び不レ申ば不ニ相成一唯今北海道を保護し、夫にて露国対峙可ニ相成一哉。さすれば弥《いよいよ》以て朝鮮の事御取運びに相成、ホツセットの方よりニコライまでも張り出し、此方より屹度《きっと》一歩彼地に踏込んで此地を護衛し云々(五一)

これによって見れば、西郷は北海道の警備のみを以ては不充分であるから、韓国問題を決定し、更に沿海州方面に進出する意図があったのを知るべきだ。またこの点においては副島、板垣の見透しよりも正確で、その当時の征韓論断行は、仮に副島が信じたが如くに、その時に露国が出て来ないにしても、日露衝突は決して明治三十七年を待たなかったのは明かだ。

征韓論の第二の面は固より国内問題である。これより先、陸軍少将鳥尾小弥太の如きは西郷に説いて、

> 故に今日の計は断然武政を布きて、天下柔弱軽佻の気風を一変し、国家の独立を全ふする為には、外国と一戦するの覚悟を取るを以て上計と為す。是れ国を興すの早道なり〇中略今此武政を立るの方案は先づ全国の租税を三分して、兎に角其二分を陸海軍に費やす事と定め、而して已に士族の常職を解きし者を従前に引戻し、全国の士族を配して悉く六管鎮台の直轄となし、厳格の法律を立てゝ之を制裁し、丁年以上四十五歳迄の男子は残らず常備予備の両軍に編すへし。(五二)

といっている。この文中「文明開化と称し、米を母とし、仏を父とし、妄《みだり》に風を移し、俗を易へ、傲奢淫蕩、衣服を金玉にし、飲食を醇醴美肉にす。是皆弱士惰夫の国家を誤るもののみ」という如きは、いわゆる欧米追従に対する反抗であって、西郷は固より思想系統においてこれと一脈相通ずるものがある。この鳥尾の献策は明治六年春夏の交であったが、西郷は岩倉一行が旅行留守の間は約に従ってなんら内治問題に手を触れないと、この提言を拒絶した。鳥尾はこれに反し、一行が帰朝すればできなくなるから留守の間に断行しろと勧めた。クー・デタの勧説だ。

こうした思想的背景を有して、部厚な中堅層は時代の傾向に不満な上に、職を失った士族がその精力の捌け口に窮している。それは社会問題として由々しい事態を惹起しそうである。現に明治四年七月の廃藩置県から明治十年二月の西南戦役に至る約六箇年間に、そうした社会的意味を持った暴動の重なるものだけを拾っても三十幾回の多きに上っている。（五三）西郷はこの四十万余の失業士族の選手である。かれはこの捌け口を征韓論に発見した。事実また、この圧力に抗しかねて、征韓論に反対した大久保は台湾征伐には自ら全責任を負い、その尻拭いのために北京にも出張したのである。

九　大久保の内治主義の理拠

西郷の征韓論の主張が、整備統一されたものが少いに対し、大久保の征韓反対論はかれの手記が残存して、その論拠は極めて明瞭なるものがある。大久保は西郷一派が征韓論の理由としたところを以て、これに反対している。即ち維新大業が成就して、国内なお不安であること、その事が朝鮮の役を起すべからずとするのである。また国内的には財政の窮乏をいい、国外的には交戦に乗じ、却って英、仏をして漁夫の利を占めしめる懼《おそ》れをあるを論じた。大久保の議論は論策としても、現時なおその大要を紹介する必要があろう。

凡そ国家を経略し其疆土《きょうど》人民を保守するには深慮遠謀なくんはあるへからす、故に進取退守は必す其機を見て動き、其不可を見て止む、恥ありといへとも忍ひ、義ありといへとも取らす、是其軽重を度り時勢を鑑み大期する所以なり、今般朝鮮遣使の議あり、未た我に行ふへからすとせし者は、其宜く鑑み厚く度《はか》るへき者あるを以なり、故に其旨趣を左に掲く。

第一条　皇上の至徳に依り、天運を挽回し非常の功業を建て、今日の盛を致すと雖も、御親政日未た久からす、政府の基礎未た確立せす、且一旦にして藩を廃し県を置く等、実に古今稀少の大変革にして、今日都下の形体を以て臆見する時は、既に其事結尾に至るか如しと雖、四方辺隅に至ては、又之か為に所を失ひ産を奪はれ、大ニ不平を懐くの徒実に少なからさるへし。〇中略一昨年より今歳に至る迄、或は布令の意を誤解し、或は租税の増加せんを疑念し、辺隅の頑民容易に鼓舞煽動され騒擾を起すにより、止を得すして鮮血を地上に注ける既に幾回そや、是実に能慮るへき所の者にして、未俄に朝鮮の役を起す可らすとするの一なり。

第二条　今日已に政府の費用莫大にして、歳入常に歳出を償ふこと能はさるの患あり。況や、今禍端を開き数万の兵を外出し、日に巨万の財を費し、征役久を致す時は其用費又自ら莫大に至り、或は重税を加へ、或は償却の目算なき外債を起し、或は償ふこと能はさるの紙幣を増出せさるを得す。〇中略且現今我国の外債已に五百万有余にして、其償却の方法に至て未た確然たる定算なく、又定算あるも恐くは此一挙に因て大に目的の差違を生し、殆と救ふへからさるの禍を招くに至らん、是大に憂ふへき所の者にして、未俄に朝鮮の役を起す可らすとするの二なり。

第三条　即今政府の諸業を起し富強の道を計る、多くは数年の後を待ち成功を期したる者にして、則《すなわち》海陸、文部、司法、工部、開拓等の諸業の如き、皆一朝一夕の能く効を致す所に非す。○中略然るに今無要の兵役を起し、徒《いたずら》に政府の心力を費し、巨万の歳費を増し、幾多の生命を損し、庶民の疾苦を重ね、終に他事を顧ること能はさる時は、政府創造の事業尽く半途にして廃絶し、再度手を下すに至ては又新に事を起さゝるを得す。○中略未俄に朝鮮の役を起す可らすとするの三なり。

第四条　我国輸出入の総計を察するに、輸出の高毎年大凡百万両の欠乏あり、其欠乏は便《すなわ》ち金貨を以て之を償却する者とす、若し如レ此金貨外出する時は国内の金貨従て減少すへし。然して現今内国に行はる、者は金貨と紙幣となり。今其本を乏ふし其実を欠く時は、自政府の信用を薄ふし、紙幣は漸次其価を失ひ、大に民間の苦情を起し、後日殆と救ふ可らさるの勢を生せん。○中略今内国の貧富を問はす、兵の強弱を詳かにせす、忽然戦端を開く時は、内国の壮丁外に苦み内に役せられ、是か父母たる者は憂慮煩乱勤倹業を営むに意なく、○中略内国の疲弊を起さんは必せり、是又可レ慮者にして、未俄に朝鮮の役を起す可らすとするの四なり。

第五条　外国の関係を論する時は、吾国に於て最重大なる者魯英を以て第一とす、夫れ魯は北方に地方を占め、兵を下して樺太に臨み、一挙して南征するの勢あり。○中略然るに今兵端を開き朝鮮と干戈《かんか》を交ゆる時は、恰《あたか》も鷸蚌《いつぼう》相争の形に類し、魯は正に漁夫の利を得んとす可し。是れ深く注意す可きことにして、未俄に朝鮮の役を起す可らすとするの五なり。

第六条　亜細亜洲中に於て英は殊に強盛を張り、諸州に跨りて地を占め、国民を移住して兵を屯《たむろ》し、艦を泛《うか》へて卒然不虞の変に備へ、虎視眈々朝に告れば夕に来るの勢あり。然るに今我国の外債多くは英国に依らさるなし。若し今吾国に於て不虞の禍難を生し、倉庫空乏し、人民貧弱に陥り、其負債を償ふこと能はすんは、英国は必す之を以て口実とし、終に我内政に関するの禍を招き、恐くは其弊害言ふ可らさるの極に至らん。○中略未俄に朝鮮の役を起す可らすとするの六なり。

第七条　我国欧米各国と既に結ひたる条約は固より平均を得さる者にして、其条中殆と独立国の体裁を失する者少からす、是か為束縛を受け利する所有る可きも却て害せらるゝことあり、然而已《のみ》ならす英仏の如きに至ては、我国内政未た斉整を得すして、彼か従民を保護するに足らさるを以て口実と為し、現に陸上に兵営を構へ兵卒を屯し、殆と我国を見ること己か属地の如し。嗚呼是外は外国に対し、内は邦家に対し恥つへきの甚きに非すや、且夫条約改正の期已に近きに在り、在朝の大臣宜く焦思熟慮し、其束縛を解き独立国の体裁を全ふするの方略を立さる可んや。是又方今の急務にして、未俄に朝鮮の役を起す可らすとするの七なり。
前文已に朝鮮の役を急にす可らさるを論せり。〇中略使節を発せんとせは、先に開戦の説を決せさるを得す、然る時は、外を征し内を守るの兵寡きも十有余万を募集すへし。且其使役に供せんか為又数万の丁民を招集し、弾薬銃器船艦運輸其他百般の費用莫大なる者、予め定算を立て難しと雖も、今之を概算すれば日に若干万を以て算すへし。若征役直に利を得ると雖も、其得る所恐くは其失ふ所を償ふに足らす、況や遠征歳月の久を経るに於てをや。譬《たと》へ終に全勝を得、或は全国を略有し、或は和議を許し賠還を成さしむるも、数年の間、常に兵を屯し要処を守り、彼が違約を予防せさるを得す、況や全国を略有するの日に至ては、必《かならず》国中不平の徒多く、四方常に紛擾《ふんじょう》を生し、国土を保有すること殆と余日なきの勢あるに至らん。然れは今征討保衛の費用を算するに、恐くは朝鮮全国の物品も又是を償ふに足らす、且魯也、支那也、夫の一二朝臣の語、或は黙諾に依り、朝鮮の事件に関渉することなきを論すと雖も、又是を確定するの実証あることなし、譬へ実証ありとするも、彼両国政府は謀略を施し間隙を伺ひ、其機に乗し突然不慮の禍を来すことあるや亦計る可らす、而て其前約を敗るに名を求むること実に難きに非す。然るを今茫然として思慮此に及はす、卒爾《そつじ》大事を醸さは将来恐くは大なる後悔を生せん。〇中略
朝鮮の我国を侮慢《ぶまん》するや、慨然忍ふ可らさるの議論ありと雖も、今般遣使の議の由て

起る処を察すれば、今特命の使節を送り、其接待若傲慢無礼以て兵端を開くに確然たる名義を与ふることあれば、則征討の師を出し其罪を問はんとするの意に似たり。若果して然れは、既に今日に於而、我国の名誉を汚し国体に関し、止むを得さるの事情に至り、他事を顧るに暇あらすして、此役を起さんとするに非さるや固より明なり。然るを今国家の安危を顧みす、人民の利害を計らす、好《このん》て事変を起し敢て進退取捨の機を審にせさるは、実に了解す可らさる所にして、以て此役を起すの議を肯《がえ》んせさる所以なり。（五四）

右によって大久保の鋭い論法を知ることができるが、殊に西郷の大義名分論に対し、（一）列国の我を遇するや対等でないのに、即ち日本はなお半植民地的事情にあるのに、これを忍んで独り朝鮮の非礼を咎むるの不自然な事、（二）西郷が大使たらんとする論拠は征討の名義を得んとするにある、とすれば次にそれほど国体に関する大事件ではなく、好んで事変を起さんとするのだと論ずる如き、征韓論の矛盾を突いて鋭鋒当るべからざるものがある。故に征韓論がいよいよ台閣で議せられてからは、三条も岩倉も江藤も、征韓論の是非よりも、むしろこの問題の故に西郷が引退した後の軍の動向により多くの懸念を有していたのである。

この内治主義から出発する非征韓論は単に財政問題からのみではなく、軍事的理由からも少壮分子によって主張された。山県有朋のごときがそれであって、当時かれは地方に出

張してこの論に与らなかったが、

夫れで予が鎮台巡回に出づる前に、老西郷に対し、「もう一両年経つたらば兵制の基礎が立たうと思ふ。さうすれば、兵を外に出す事が出来やうが、今では余程混雑することを免れぬ」といふ話を為した。夫れが予と老西郷との、最終の別れとならうとは、夢にだも思はなかつた。(五五)

と、後年語っていることでも、その態度を知ることができよう。果然、西郷が故山に帰った後も、憂えられた兵力の動揺は起らなかった。それは山県と小西郷によって抑えられていた長州中心の新時代的勢力は、旧兵力の脱退の故に動揺しないだけに生長したからであり、この旧勢力の大挙脱退は、かえって守旧分子を一掃して、新兵力が急激に育成する機縁をすらもなした。

一〇　大久保第一線に起つ

副島種臣は大久保を評して極めて妥協的な人だといった。

毅然不抜、確乎篤信の気象あれども、事甚執拗せざるが故に、時と流通して、身権貴を失はず。故大将西郷氏も所レ長多けれども不二執拗一の三字丈は、此の公に譲られしなり。余も固より此の公に恥るなり。(五六)

大久保が妥協的であって、その妥協が竹馬の友西郷と行動を共にするところまで行けば、薩藩の勢力は二分されず、かつ封建的な藩閥精神を満足せしめるから、かれの名声はその後見るごとく、郷党の間、従ってまた一般人の間に悪くはなかったであろう。しかし今やかれは国家の大事を前にして、個人的関係と、郷党的精神を顧みてはおれぬ。三条は病んで政務を見る能わず、しかも征韓派は勝利を得て、その政策は実行せられんとす。大久保からこれを観れば――征韓派からではなしに――国家の危うきこと累卵の如きものがある。

三条が病気にかかったその日、大久保の許に木戸孝允から一通の書翰が来た。大久保の蹶起《けっき》を促したものだ。

「拙弟も且々一身自由ニ相成候得ハ乍レ不レ及属二驥尾一、かゝる折こそ微力之あらん限り御奉公申上度奉レ存候得共、如何とも難レ仕、実ニ残慨至極ニ御座候。御憐察可レ被レ下候」と病床の身を歎いて、「仰願ハくハ老台、岩公を乍二此上一御輔佐、患害之蔓延を可レ成丈不レ長之間、御料理被レ為レ在度、奉二千祈万禱一候」（五七）と依頼している。木戸としては岩倉をして三条に代って国政をとらしめ、大久保をしてこれを輔佐せしめようというのだ。

誰が見ても非征韓派としてはこの外に方法はない。伊藤博文と大隈重信とは相携えて大久保を訪《おとな》うて奮起を希望した。またすでに意を決した岩倉も大久保に勧説した。しかし大久保は中々起とうとはしなかった。その日記にこうある。

十月十八日　土曜日　〇中略伊藤子、大隈子入来。〇中略偖《さて》条公御大病ニ付テハ、今日ニテ岩公江御憤発無レ之候而ハ、国家ノ事去ルトノ趣ヲ以御進メ申上候処、此ニ至テハ不レ得レ止断然可ニ振起一トノ御事故、小子江是非憤発イタシ候様、切ニ忠告有レ之候、小子勘考之次第有レ之、同意イタサス、先々見合候旨相答置候。(五八)〇下略

大久保は岩倉、木戸、伊藤、大隈等の矢のような催促に対して起たなかったが、しかしそれは如何なる場合にもたたないのでなくて、「小子勘考の次第有レ之」という条件付きだ。大久保としては、先に参議就任の際、三条、岩倉から書付けまでとっての上で承諾したのであるが、その約束は守られなかった。大事の場合、また同じ事を繰り返したら大変だ。この「勘考の次第」は黒田清隆の訪問によって、その貌《かたち》が明かになって行った。その日の大久保の日記に、

十月十九日　日曜日　〇中略　松方（正義）子、小西郷子、岩下（方平）子入来。黒田子入来、同人此困難ヲ憂フルコト実ニ親切ナリ、予モ此上ノ処、他ニ挽回ノ策ナシトイヘドモ、只一ノ秘策アリ、依テ之ヲ談ス、同人之ヲ可トス。則同人考ヲ以、吉井子江示談有レ之候様申入置候。(五九)

とある。黒田が可とした秘策というのは何か。三条が病気の故を以て、岩倉をしてこれに代らしむるにある。そしてそれを為すのには黒田を以て吉井に説き、吉井から当時の宮内卿徳大寺実則に説き、徳大寺から　至尊に上奏し、かくて岩倉代行内閣を組織せしむるのだ。征韓論はすでに一旦、閣議で内決し、且つ内勅許を得たのであるから、これを変更す

るためには、これだけの手続きを経るの外はない。しかもその事は決して容易なことではないので、用意周到な大久保は、その晩（十九日）黒田に向って一書を与えて、「今晩、吉井氏ト談合之模様、具《ツブサ》ニ御聞取被レ下、万々一見留相付兼候ハヽ、止ルニ如カス（六〇）」と慎重なる努力を希望している。

この非征韓党の活動に対し、征韓党は勝利に依頼して何事をもなさなかった。非征韓党は、従来の個人的不和を一擲《いってき》して、岩倉、木戸、大久保、伊藤、黒田と手をつないで暗躍陽躍したのに対し、征韓党は西郷、板垣、江藤、副島の巨頭を集めたが、手足となるものがなかった。別言すれば非征韓党は大久保を中心にして水も洩さぬ備えを固めたのに対し、征韓党は正攻法以外の手はなかったのだ。

十月二十日、岩倉は太政大臣代理を拝命した。この日、車駕親臨、三条公の病を問わせ給い、更に御自ら岩倉を訪せ給うて優渥なる勅語を賜うたのである。大久保は翌二十一日夜、岩倉を訪問して会談し、二十二日には追いかけて激励の手紙を送って「豈図、如レ此難を生し、偶然御責任に帰し候も、畢竟天賦といふへし……実ニ乍二御太儀一御負担被レ下候様、千祈万禱仕候（六一）」と言った。岩倉はこれに答えて「不肖実ニ恐怖之至ニ存候得共、不抜之一心、必貫徹之覚悟、決而御懸念被レ下間敷候（六二）」と確信の程を示した。岩倉、大久保の同盟が確立したのだ。

一一　西郷故山に還る

岩倉臨時首相ができたのを観て、征韓党側も黙していなかった。二十二日に江藤の発議によって（六三）、西郷、副島、板垣、江藤の征韓党参議は岩倉邸を訪問した。

西郷はまず岩倉に対し、早速遣使の御裁可を仰ぐべしと主張した。これに対し岩倉は、「既に自分が首相を摂理する以上は、余の意見は諸君も既に知る通りであるから、明日参内して両説を奏聞し、宸断《しんだん》を仰ぐつもりだ」と答えてこれを拒絶した。江藤はこれを難じて、「岩倉公は首相を臨時摂理するに過ぎない。既に仮摂である以上は、原任者の意を遵行すべきものだ。両説を奏聞する如きは不当である。且つ、至尊御幼冲に在すが故に、政務は事大小となく内閣の決議を以て之を奏聞し、之が勅裁を仰ぐ慣例になって来ている。この問題についてのみ両説を上奏し、責任を　陛下に帰し奉るのは輔弼《ほひつ》の途にあらず」と論じた。だが岩倉は屈しない。それは常道であるけれども、両説が対立して決しない場合には宸断によって決するの外はないではないかと駁し、予が目の玉の黒い間は、諸君の思うようには参るまいと断言した（六四）。

岩倉がいかに強く頑張ったかは、西郷が袂を払って座を起ち、「長袖者大事を誤る」と言い捨てて、門を出でんとする時、副島等を顧みて「右大臣はよくも踏張った」と嘆称したのでも知れる。頑固に踏張った岩倉と、しかしてその場においてさえ敵の頑張りを称した西郷と、更に平生の友誼と悪感とを忘れ、国家のためと信ずるところを以て離合集散した重臣達の動向とは、観来れば日本歴史における偉観である。これより先、桐野利秋は西郷の副使として朝鮮に行くことに内定していたが、閣内に異論があると聞き、憤慨して大久保の家に赴き「朝鮮問題について閣内に異論があるそうだが、怪しからんことだ。僕、国家のために彼等の首を斬ろう」といった。大久保は泰然として「異論を唱うる者は重にこの大久保だ、君にその決心あらばまず僕の首を斬れ」と答えて驚かせた。そこで大久保は職域を異にするものが大政に容喙《ようかい》すべきに非ずと説き、桐野は怱々《そうそう》辞し去ったという。(六五)

　岩倉に頑張られては征韓派としてはどうにもなるものではない。岩倉、大久保の方では、西郷派もさるものであるから、直接に上奏申上ぐるかも知れないという懸念があって、その方面も徳大寺実則と打合せてあったが(六六)――大久保の「秘策」の片鱗はこれだ――西郷らはその手段に出てなかった。岩倉は二十三日参内して閣議の顚末と自己の意見を上奏し、二十四日には岩倉の上奏が御嘉納あらせられた。この結果、西郷、江藤、板垣、後藤、副島の辞表は聞届けられ、三条、木戸、大久保、大隈、大木等の辞表は却下された。征韓論の大詰は、かくて内治論者の勝利に帰した。

　ここから西郷が故山に帰り、明治十年の西南の役に続くのだ。その西郷が鹿児島へついた十一月十日、大久保はその主張した内治主義を徹底するために内務省を創設して、産業日本の基礎を確立するためのスタートを切った。大久保から観れば前にも述べたように、日本は進んで外国と事を構えるような事態ではなかった。朝鮮が日本の領区以外にあることそ幸い、これを堤塘《ていとう》として、我耕田を防護する役目をなさしむべきである。(六七) 日本が関税の自主権を奪われ、治外法権によって圧制され、英、仏二国は横浜の公使館に戍兵《じゅへい》三千を置く権利を有し、政府部内の要所には、一千近くの外国人が高給を貪って、国庫の五パーセントの支出をやむなくせしめている状態にあっては、内に力を貯えて、この半植民地的状態から脱却することが何よりの急務であった。明治政府は士族の家禄買収金のために、英国から千八十三万三千六百円（二百二十二万ポンド、額面は千百七十一万二千円〔二百四十万ポンド〕）の借款をして、金貨が準備されていたのであり、(六八) また下関賠償金に対しても毎年一割の利子を英国銀行に支払っていたのである。いわば日本の封建政治の大掃除は英国の資本主義の助けを借り、士族の家禄買収までがロンドンの銀行家の糸を引くところであったが、その糸がまだ断ち切れていなかったのである。

この日本の実力を充実せしむるために、大久保が目がけたところは殖産興業政策であった。すなわち征韓論反対という対外消極面には、国内興発という積極策が楯の半面を形成していた。しかもこの事は言の容易なる如くに容易ではない。前にも述べたように財政問題では井上、渋沢が辞職した。また国力充実の表現は対外貿易に最もよく現れるが、明治元年以後明治十年までの間に出超であったのは、ただ元年及び九年の二カ年のみであり、他は何れも入超であり、その輸出の進歩も捗々しいものではなかった。(六九)その上に貿易は外国商館が殆んど独占し、明治十年の貿易額についてみるも、輸出額の九割四分、輸入の九割五分は外国商館によって取扱われた。

そこで大久保の殖産興業政策の中には、貿易奨励が最も重要な位置を占めていた。大久保は貿易を我国人の手に回収せねばならぬと考えた。そしてこれを為す具体的な方法としては第一に邦品の海外市場への宣伝及び調査、第二に邦品の海外試売、第三は民間商人の直接輸出の奨励である。同時に輸入を防止しなくてはならぬ。それには内国産業の保護奨励政策が登壇した。するとこれはまた条約改正に延長せられざるを得ず、更にまた外債償還を断行することが外国の圧力を除くことである。大久保は明治八年に大隈と共に、外債償還を正貨によらず、政府にて適当の物品を輸出し、之によって外債を償還し、かねて貿易を奨励しようと、一石二鳥の建議をしている。(七〇)

征韓論は大久保と西郷との争闘ではない。士族的なるものと、新政策的なるものとの争いだ。士族的なるものを大陸政策といえば、新政策的なるものを内治主義といって固より差支えない。しかし内治は単に内治を目的としてはいない。その目がけるところは日本の膨脹にある。その征韓論において新産業を代表するものがことごとく反征韓論の陣営についたことが、この抗争の本質を語っている。仮にその時に西郷を朝鮮に送っていれば、かれの捨身の手法が、なんらかの新展開を見たかもしれない。だが明治時代の漸進的発展と膨張が、特に欠点として指摘されるところがないならば、征韓論における両派の主張の是非は、歴史によって最早確立されていいはずである。

（一）『大久保利通文書』第一　三一頁。
（二）同上、三九頁。
（三）『大久保利通日記』上巻　四四頁。
（四）同上、三九八頁。
（五）勝田『大久保利通伝』上巻　一五〇―五一頁。
（六）同上、二四五―四七頁、『大久保利通文書』第一　七五頁以下参照。
（七）大隈重信『開国大勢史』一一七六頁。
（八）勝田『大久保利通伝』上巻　四九五―九六頁。
（九）『大久保利通文書』第一　三八三―九七頁、勝田『大久保利通伝』中巻　三三五―八頁参照。
（一〇）三条実美が外国事務掛を兼ねたる後藤象二郎に与えた書が一斑を語っている。

「昨日、英公使面会の処、彼馬車の一条は穏に相済候と雖、日本に攘夷論家再発に付、和議の決答致度旨、切迫に申陳、激語憤怒、頗暴慢無礼を極め候。実に切歯憤懣に不レ堪。難レ忍を忍ひ、遂に和談に相済申候」（大森金五郎『現代日本史』一九二頁所収）。
（一一）大久保は他の同僚に比して対外交渉は少なかったが、しかし少くとも三つの対外事件に腕を揮った。

（一二）『大久保利通文書』、『西郷隆盛文書』等に拠れば、大久保が西郷に送ったもの四通（明治五年七月十九日、十月十五日、明治六年三月二十一日附及び明治五年別啓書翰）、西郷より送ったもの二通（明治五年二月十五日、八月十二日附）である。

（一三）勝田『大久保利通伝』下巻　九三頁。

（一四）『大久保利通日記』下巻　五八頁。

（一五）『大久保利通文書』第三　二四九―五一頁。

（一六）「六年五月東萊・釜山両府使は、更に令を発して曰く、日本人は洋人と交り、夷狄の風に化せり、禽獣と何ぞ択ばん、爾後朝鮮人にして日本人と交る者あらば、直に死刑に処すべしと、而して我草梁公館に通知して曰く、今回、朝鮮政府は、厳重の令を発布したり、或は朝鮮人にして、日本人に暴害を加ふるものあるやも計り難し、請ふ、日本人をして速に朝鮮を去りて本国に帰らしむべしと、此時、釜山に在勤せし我外務省員森山茂等は、直に帰朝して之を報告したり」（勝田『大久保利通伝』下巻　八二頁）。

（一七）『西南記伝』上巻一　二九七頁。

（一八）藤井甚太郎・森谷秀亮『明治時代史』（『綜合日本史大系』第十二巻）四五三頁以下参照。

（一九）『大久保利通文書』第四　三八〇頁。

（二〇）『井上侯爵家文書』（『世外井上公伝』第一巻　五五七頁所引）。

（二一）明治四年十月より五年十一月に至る歳出入を見るに、次の如く歳入不足額は七百二十八万四千円に達している（単位千円）。東洋経済新報社編『明治大正財政詳覧』による。

歳入	経常部	二四、四二三
	臨時部	二六、〇二三
	合計	五〇、四四五
歳出	経常部	四二、四七四
	臨時部	一五、二五五
	合計	五七、七三〇
歳入の歳出に対する過(+)不足(−)	経常部	(−)一八、〇五二
	臨時部	(+)一〇、七六七
	合計	(−)七、二八四

(二二) 土屋喬雄『渋沢栄一伝』一九三頁。
(二三) 勝田『大久保利通伝』下巻 八六頁。
(二四) 明治六年七月二十九日、板垣退助宛西郷隆盛書翰（『大西郷全集』第二巻 七三六―三八頁）。
(二五) 明治六年八月十四日、板垣退助宛西郷隆盛書翰（同上、七五一―五二頁）。
(二六) 明治六年八月十七日、板垣退助宛西郷隆盛書翰（同上、七五四―五六頁）。
(二七) 吉田東伍『倒叙日本史』大政維新編 三三八頁。円城寺清『大隈伯昔日譚』六〇九頁以下参照。
(二八) 渡辺修二郎『大久保利通之一生』六六頁。円城寺『大隈伯昔日譚』五二八頁以下参照。

（二九）吉田『倒叙日本史』大政維新編　三三八頁。

（三〇）江藤は明治四年三月五日に「対外策」を立案して岩倉に上っているが、かれによれば征韓は清国経略の第一着手としてである。「勝て而して之国〇清を取り、若し魯と併力せば之を分領し、我兵力のみにてならば全領し、都合によりて其一部を魯に与ふることもあるべし」と言っている（的野半介『江藤南白』下　二八九—九九頁参照）。

しかしその後、征韓論の逼迫するに当っては、「既に朝鮮と戦之御決定有ㇾ之候上は万々不ㇾ得ㇾ止節は魯と戦の御決定は可ㇾ被ㇾ為ㇾ在事と奉ㇾ存候」（明治六年十月十五日〔征韓論閣議の翌日〕附）と岩倉に書を与えて征韓がまた魯国戦争に至るべきかを予想している（『岩倉具視関係文書』第五　三四二—四四頁参照）。

（三一）吉田『倒叙日本史』大政維新編　三四三頁。

（三二）『西南記伝』上巻一　三八六頁。円城寺『大隈伯昔日譚』六五三頁以下。

（三三）明治六年八月十五日、大山巌、村田新八宛大久保書翰（『大久保利通文書』第四　五二一—二二頁）。

（三四）明治六年九月二十七日、岩倉具視宛伊藤博文書翰（『大久保利通文書』第五　六頁所収）。

（三五）明治六年九月二十九日、岩倉具視宛三条実美書翰（同上、一一—一二頁所収）。

（三六）明治六年九月三十日、岩倉具視宛大久保書翰（同上、一六頁）。

（三七）明治六年十月十日、三条、岩倉両公宛大久保請書（同上、二七頁）。

（三八）明治六年十月十一日、三条実美宛西郷隆盛書翰（『大西郷全集』第二巻　七八八頁）。

（三九）『西南記伝』上巻一　四二三頁。

（四〇）（四一）『大久保利通日記』下巻　二〇三頁。
（四二）明治六年十月十七日、三条実美宛大久保書翰（『大久保利通文書』第五　六九―七〇頁）。
（四三）『大久保利通日記』下巻　二〇四頁。
（四四）明治六年十月十八日、黒田清隆宛大久保書翰（『大久保利通文書』第五　七二頁）。
（四五）「西郷の征韓論は遠く其源を佐藤信淵の宇内混同論、島津斉彬の東邦経略論、藤田東湖の国民統一論、橋本景岳の日露同盟論に発せしや、疑ふ可からずと雖も、其実は時勢の必要に迫られて之を倡道し、之を実行せんことを期したるものの如し」（『西南記伝』上巻一　三〇九―一〇頁）。
（四六）『西南記伝』上巻一　三一三頁。
（四七）（四八）明治六年十月十七日遣韓使節決定始末（『大西郷全集』第二巻　七九一頁。尚、本書を一に十五日に作る。同上書、七九二頁解説参照）。
（四九）『西南記伝』上巻一　三一四頁。
（五〇）同上、三一一頁。
（五一）藤井・森谷『明治時代史』（前掲、四六九頁）。
（五二）『明治政史』第六篇（『明治文化全集』第二巻、正史篇　二〇一頁）。
（五三）白柳秀湖『明治大正国民史』明治次篇　四三一―三四頁参照。
（五四）「征韓論に関する意見書」（『大久保利通文書』第五　五四―六四頁）――日時明白ならず、参議就任直後、三条に提出したものと思わる。
（五五）徳富猪一郎『公爵山県有朋伝』中巻　三一二頁。

（五六）徳富猪一郎『大久保甲東先生』二三六頁。
（五七）明治六年十月十八日、大久保宛木戸孝允書翰（『大久保利通文書』第五　七七頁。『木戸孝允文書』第五　五六頁）。
（五八）『大久保利通日記』下巻　二〇四頁。
（五九）同上、二〇五頁。
（六〇）明治六年十月十九日、黒田清隆宛大久保書翰（『大久保利通文書』第五　七八頁）。
（六一）明治六年十月二十二日、岩倉具視宛大久保書翰（同上、八五頁）。
（六二）明治六年十月二十二日、大久保宛岩倉具視書翰（同上、八六頁）。
（六三）的野半介『江藤南白』下　二五七頁。
（六四）同上、二五七―五九頁。『岩倉公実記』下巻　七四―五頁。
（六五）渡辺『大久保利通之一生』七六頁。
（六六）明治六年十月二十二日、岩倉具視宛大久保書翰、大久保宛岩倉具視書翰（『大久保利通文書』第五　八六―九二頁）参照。
（六七）「大久保甲東、一日客と談話の際、其語気、日本の版図狭隘なるを慨するもの丶如し。前島密、坐に在り、甲東に謂て曰く『前年韓国を経略するあらしめば、如何』甲東曰く『足下の見、此の如しと為す歟。日本と韓国との関繋は、予説あり。今の韓国は、猶日本の堤塘の如し。凡そ堤塘は自己の領区以外に横ふるを利とす。其堤土は、我領地にあらざれど、之を修築し之を補繕して、以て我耕田を防護すれば、則ち足る。今の韓国、即ち是なり。然りと雖も、形勢は、係りて宇内の大塊にあり。故にその形勢にして一変せば、時に応じて大に為さゞる可からず。天下の事測る可からざるものあり。鬼神と雖ども其之く所を知らざるのみ。』」（『西南記伝』上巻一　七三四頁）。

（六八）『明治政史』第六篇（前掲二〇八―一二頁）、『世外井上公伝』第二巻（一六七―九八頁参照。

（六九）明治元年以来の貿易状態を示せば、左のごとし（単位千円）。東洋経済新報社編『日本貿易精覧』による。

年次	輸出	輸入	差	
			出超	入超
明治元年	一五、五五三	一〇、六九三	四、八六〇	
二年	一二、九〇八	二〇、七八三	―	七、八七四
三年	一四、五四三	三三、七四一	―	一九、一九八
四年	一七、九六八	二一、九一六	―	三、九四八
五年	一七、〇二六	二六、一七四	―	九、一四八
六年	二一、六三五	二八、一〇七	―	六、四七一
七年	一九、三一七	二三、四六一	―	四、一四四
八年	一八、六一一	二九、九七五	―	一一、三六四
九年	二七、七一一	二三、九六四	三、七四六	―
十年	二三、三四八	二七、四二〇	―	四、〇七二

（七〇）土屋喬雄『続日本経済史概要』八七頁以下。

第二章　征台を敢行するまで

一　自ら清に使いす

　征韓案について強く西郷の遺使に反対した大久保は、不思議な事情から自ら全権大使として清に使いすることになった。明治七年八月、征韓論廟議決定の事があってから十カ月後のことである。

　明治七年は大久保にとっては極めて多忙な年であった。西郷去って後のかれは、その勤めた役割からいっても新内閣の柱石となるのは当然だった。明治六年十一月二十九日には内務卿となり、翌七年一月十日はその事務を開始した。かれはここにおいて本来の内治主義的政治家の本領に復《かえ》ったわけである。欧米の知識を詰め込んで、沸くような経綸がその脳中に畳み込まれていた。

　しかしかれはそうしていられなかった。江藤新平が士族の不平を糾合して佐賀に乱を起したという報が東京に着いたのは二月初旬である。征韓論の中堅として善戦したかれとしては、これを片附ける責任を感じないわけにはいかぬ。二月七日、大久保は岩倉に対し自ら佐賀に赴いて、暴動を鎮撫《ちんぶ》せんことを請うて許された。この時、たまたま、木戸が九州に出張する手筈になっていたが、大久保は是非にと自ら矢表に立つことを懇請した。明治の政治家はかつて責任を回避することを知らなかった。内政家のかれは一転して兵馬の権を握る司令官となった。よき内政家は、よき外政家であるごとくに、かれはまたよき軍人であった。よき頭脳は原則として一方的にのみ発揮されるものではない。二月十四日にかれは東京を発し、十九日に博多に着、福岡に本営を置いたが、三月一日には官軍はすでに佐賀城に入り、四月十三日には江藤新平以下刑についた。疾風のごとき行動である。

佐賀事件を片附けて大久保は四月二十四日に東京に帰って来た。かれの日記にいう。

四月廿四日　金曜

今朝八字横浜江着。〇中略二字汽車ヨリ帰京、ステーションへ、勝子、伊藤子、其外徳大寺宮内卿〇中略出迎トシテ被二参居一候、勝子、伊藤子ト暫時談話、台湾事件承り、意外之事ニ候。(一)〇下略

大久保は余程の大事件でも「意外之事」と考えたことはなかった。かれが台湾事件を以て「意外之事」と考えたのは何故だろうか。(二)これについて林董《ただす》は、後年伊藤の直話なりとていう。

其〇大久保帰京の時、之を新橋に迎へたる伊藤公は、後に予に語りて曰く、新橋にて日清間葛藤の事を侯に告げ、開戦は免れ難かるべしと云ひたるに、侯は曰く、拙者は猶ほ干戈《かんか》に訴へずして解決の道ありと考ふと言ひたるのみにて、理由を弁ずるに暇あらずして帰宅せられ、翌日、侯は自身全権大使として北京に派遣せられんこと請ふ旨、書面を携帯して参朝せられたり（三）。

この林の記述はその日時において正確ではない。大久保は二十四日に帰京し、二十七日に自身、長崎に出張して台湾征討事件につき実地調査をなしたき旨を三条に申出で、二十九日に出発しており、全権弁理大臣として清国へ差遣の命を拝したのはその年の八月一日だ。しかしこの伊藤の直話なるものの価値は、かれが自ら責任を引受け干戈に訴えずして解決しうる確信を、怱忙の間にも吐露した点にあろう。

明治七年一月に内政家であり、二月に軍人であったかれは、四月には外政家の領域に入り、八月には全権大使となったのである。大久保は今までとても外交を処理したことが皆無でなかったのは前述した通りだ。しかし従来は対外交渉においてはいわば二枚目の役割をなしたに過ぎなかった。たとえば岩倉一行が渡米した時、岩倉使節団は米国国務長官フィッシュ（Hamilton Fish, 1869–77）に条約改正の提議をなしたが、米国側から日本天皇の御委任状を拝見したいといわれて、そうしたものが必要であったかに気付き、これを日本まで取りに帰ったのが大久保であった。

皆々旅館に帰り一同鳩首相談して、実に今日は国務卿一人の為め我々十分油を取られ冷汗を流したと述懐し、さて如何にしても委任状を取寄せねば一国の大臣として再び国務卿に合はす面目がない、但し書記官を取りに帰へした位のことでは政府に於てもおいそれと渡すまい、是れは是非大久保に立ち帰つて何しても委任状を取つて来てもらはねばならぬと評議一決した、大久保は我れに行けと云ふなら行きもしようが、自分一人にては成功覚束ない、是非今一人来てもらひたいと云ふことにて、終に伊藤が同行することになり、そこで此二人は書記官二人を伴ひ太平洋を横断して遥に帰朝することに成りたり。(四)

書記官を帰国させても成功覚束なく大久保に立ち帰ってくれと評議一決したところに、かれの説得力と、留守内閣に対し、薩派を背景にする睨みを見ることが出来るが、しかしその任務は固より外交官としてのそれではない。その大久保が今や清国人と英国外交官とを対手に、純外交的折衝をなすことになったのである。

二　対外思想の進化

日本はアジア大陸に対して、手を挙げた人間のように立ちふさがっている。胴は朝鮮に向っており、北は樺太を経てシベリアに、南はシナの動脈部に対する。それはアジア大陸を押える形でもあり、また太平洋諸国が無断でアジアに立入ることを許さない障壁とも解し得よう。

絶えざる膨脹力を内に蔵し、その上に尚武的指導階級を政治の中心に有した明治維新政府は、国内の秩序が定まらない内から、すでに眼は対外発展にそそがれた。その目的の中には固より国内治安の問題が考慮の中にあったが、しかし国内を押えるために外国に事を起すことは世界の歴史にしばしばその例を見るところである。後には征韓論を中心にして大陸派と、内治派とに分れたが、その内治派の中にも外征を原則的に否とするものは何人もなく、要するに時日と順序の問題だった。

明治維新の功臣中最も自由主義的主張に徹したのは木戸孝允であった。その頃の政治家はいずれもそうではあったが、特に木戸は自己の政治的主張のためには個人的感情は常に最小限に制圧した。外遊中、感情の衝突を来した大久保を征韓論の時、最も熱心に推したのは木戸であり、大久保が西郷派の勝利を見て十月十七日参議を辞職した時も、病中の木戸は岩倉に書面を送って「大久保参議は沈重謹慎之性質に而、不抜之志は、多年御熟知も被レ為レ在候通」と極力推挙している。(五) 木戸は、後にも説くように大久保の征韓論には反対して辞職したが、更にその後、大久保の懇請に応じて再び台閣に列なった。その木戸は、明治元年頃は極めて強く征韓論を主張した。かれは我国が韓国と旧交を復することを主張して、その方法として三個条をあげ、「右要求の目的を貫徹せんがためには政府の一大覚悟を要する事」といって、長州の涵養した武力を半島に用いんことを考えた。(六)これについて大隈重信はいっている。

表面上の議論として、且有力なる議論として、廟堂有司の顧慮を惹きたりしものは、明治元年に於ける木戸孝允の征韓論を以て嚆矢と為す。木戸の議論を目し、直ちに征韓てふ名を以てするは、稍々妥当を欠くの嫌なきにあらざるも、彼は維新の変革に由りて激揚したる人心を外に向け、以て其間に変革の善後策を講ずるの必要を感じたると、且つ……韓土を克服して我と往古の関係を保たしむる所以の策なるを思ひ……(七)

この木戸が百八十度的転換をしたのは、何よりも最も欧米巡遊の影響が大きかったであろう。

征韓論の前後の対外政策を大別して大陸派と内治主義とに分ち、内治主義は更に三つに分つことができよう。試みにその四つを左にあげよう。

大陸派

第一　征韓論　西郷隆盛、副島種臣、板垣退助、江藤新平、後藤象二郎、桐野利秋

内治派

第二　北門経営論（樺太問題解決論）　黒田清隆、榎本武揚

第三　南門経営論　大久保利通、大隈重信、大木喬任（岩倉具視）

第四　純正内治論　木戸孝允、井上馨

右の類別は単に傾向を示すものにすぎず、仔細に検討すれば固より完全ではない。征韓論は武断的外交論であるから、その意味ではまた対露強硬論者であり、したがってまた北門経営論者であった。副島はすでに明治五年に樺太買収を露国に提議しており、西郷も北門の固めの必要を強調している。第二の北門経営論には二種類ある。断然露国を討つべしというものと、対露協調論者とがこれであって、鍋島直正は前者、黒田は後者である。この意味では大久保のごときも北門経営論者で、征韓論後、西郷等が退いた後、明治六年十月二十八日に岩倉に意見書案を提出して、その加筆を請うたが、それにはシナ及び北海道、樺太の実地検分として陸海軍両省から人員を派遣する事、北海道は要衝であるから鎮台を設ける事を述べ「樺太混雑裁判之事及経界談判之事」を至急解決すべきことを述べている（八）。また露人の暴行事件、樺太経界問題解決のために自ら露国に使節たらんことを申し出たが、岩倉が反対して実現しなかった。

こうして北門経営は何人の頭にも存したことであるが、強硬外交論者は自然征韓論で固まり、南門論は征台論に流れて行った。大久保と黒田とはその立場において相通ずるものがあるが、その結果から見て黒田を北門経営論者として残して置くことに異議はあるまい。厳格にいえば南門論と北門論とは同幹の両枝である。更に三条と岩倉に至っては最高責任者である関係からその立場を明かにしていない場合が多い。ただし征韓論には反対であり、岩倉においてとくに然りだ。岩倉の征韓論反対の一理由は樺太処置のためである。岩倉はまた征台論に反対しなかったのは、本書の後にあげる大久保宛の書翰にも明かだ。

明治の初年までは各人の対外意見は、その属する藩によるところが多かった。長州は対馬を通じて韓国に関係を有していたから朝鮮問題に関心があった。薩摩は密貿易をし、かつ琉球に近いから南方問題に熱意した。だがその後、中央権力が確立するに及んで、対外意見はその人の社会的経験と位置によって分れた。同じ薩摩が西郷、大久保に分れ、また黒田は会津征討総督参謀、奥羽北海道御巡幸供奉といった経歴が示す通りに、自然に北方経営に興味を有して来たごとくだ。最初に朝鮮問題に力を入れた長藩は、すでに征韓論の頃は態度が変化していて、西郷と共に進退を共にした有名人は殆んど一人もなかった。

現実主義者たる大久保が征韓論に反対したのは朝鮮や清国が怖いからではなかった。この大陸に手を染めれば必然に長期戦になり、その背後勢力たる魯の利用するところとなることが明かであったからだ。もし外国、とくに魯、英が出て来ない対外事件あらば、大久保はこれを利用するに固より躊躇するものではない。失職士族の跡始末の問題が焦眉の急であることも、維新の大業が完成した後の不安な国内事情も、かれの鋭い頭脳に映じない訳はない。西郷帰県後の近衛兵の動揺、各地の騒動が続いている上に、明治七年一月十四日には征韓問題の中心人物岩倉は参朝の途中、刺客に襲われて負傷したのである。こうした事態にあって最も有効な対策が人心を対外問題に転ずる政策にあることは識者をまって知るべきではない。

大久保の注意は自然に台湾問題に向けられた。薩藩が原則的に南方問題に関心を持つのは自然だが、その外に琉球の位置を最後的に決定するのには、台湾問題を今の内に解決して置くことを必要とする。琉球の日本帰属を断行した人として、また小笠原回収を実行した責任者として、南方進出の先覚者は、何人よりも、普通には内治第一主義と見られる大久保利通だ。

三 琉球帰属問題解決の必要

時日は少し前にかえるが、明治四年十月十八日に那覇を発した琉球の属島宮古島の貢船が、風浪のため台湾の南端（八瑶湾、現台湾高雄州恒春郡満洲庄字九棚）に漂着し、乗組員六十六名の内、五十四名が牡丹社の蕃人《ばんじん》に殺戮され、十二名が難を免れて、清国官吏の保護により五年六月に漸く帰島し得た事件がある。これが報告を得た鹿児島県参事大山綱良《つなよし》は上書して、自ら問罪の師を興して蕃地を征し、皇威を海外に宣揚すべき事を主張した。西郷隆盛以下薩派の武人が、これに熱心に賛意を表したので、征台論は朝野の間に極めて熾《さか》んになった。明治六年三月に外務卿副島種臣が清国に赴いたのは、表面の理由は同治帝の親政祝賀と修交条約の交換であったが、事実は朝鮮と台湾とに対する清国の意嚮《いこう》を知らんとするにあった。副島が渡清の途、わざわざ鹿児島に立寄って、帰省中の西郷と会見したのは、薩派との諒解を完全にせんがためである。

だが、台湾問題で清に打ち当るためには、琉球人が台湾で惨殺されたというだけでは不充分だ。琉球は以前からシナと日本（薩摩の島津氏）とに両属しておったから、日本だけでその保護の責任に座する理由はない。そこでこの問題に乗出すためにも、琉球に対する日本の位置を明かにして置かなくてはならぬ。もっとも日本の膨脹力は、そうした問題がなくても、その勢力を南方に伸したであろうことは明かで、現に明治五年正月には鹿児島県官（奈良原幸五郎、伊地知貞馨）は琉球に赴いて日本本土の変革を告げて島治の改革を促している。しかし南方問題の出現は急速にこの足固めをなす必要があり、明治五年九月には正使伊江王子（尚健）以下を上京せしめ、琉球王尚泰を琉球藩王に封じ、華族に列し、東京飯田町に邸宅を賜わった。かくて日本との関係は明かになったが、ただ琉球とシナとの紐帯は切れておらぬ。この点は日本側でも認めざるを得ざるところで、五年正月、鹿児島県官奈良原幸五郎等が持参した「口上手控書」にも「全体琉球国之儀、表向は支那の附属に候へ共、現実本朝附庸之国に相違無レ之[九]」と書いている。この清との紐帯の問題が台湾事件につながっている。

征韓論の紛議が終った後、残る対外問題は北方の樺太問題と、この琉球の帰属を根幹とする台湾問題だ。明治七年正月に、内務卿大久保と、大蔵卿大隈重信とが台湾蕃地処分問題の調査を命ぜられた。大久保としては征韓の意味する政策、即ち日本の胴体を以て、大陸へ打ちつける永久的な政策をやるのには、日本の実力は尚早であると考えた。この大久保の意見は、朝鮮問題が日清戦争で片附かず、それを解決したのは日露戦争後であった事実から観て正しいといわねばならぬ。大久保が樺太や、琉球の問題ならば現在の潮時こそ最好の時期だと考えたことは、そのいずれに対しても自ら重責に当らんとしたことを以ても知れる。

大久保、大隈の署名になる「台湾蕃地処分要略」は、その南方政策の具体案を示し、かつ当日（明治七年二月六日）の閣議で、討蕃撫民の軍を発するに決した根拠をなすものであるが、左に重要の項を掲げよう。

第一条　台湾土蕃の部落は、清国政府政権逮《およ》はさるの地にして、其証は従来清国刊行の書籍にも著しく、殊に昨年前参議副島種臣使清の節、彼の朝官吏の答にも判然たれは、無主の地と見做すへきの道理備れり。就ては、我藩属たる琉球人民の殺害せられしを報復すへきは、日本帝国政府の義務にして、討蕃の公理も玆《ここ》に大基を得へし。然して処分に至ては、著実に討蕃撫民の役を遂くるを主とし、其件に付て清国より一二の議論生し来るを客とすへし。

第二条　北京に公使を派し公使館を備へ、交際を弁知せしむへし。清官若し琉球の属否を問はゝ、即ち昨年出使の口蹟に照準し、琉球は古来我帝国の所属たるを言ひ竝《なら》へ、現今弥々《いよいよ》恩波に浴せしむるの実を明にすへし。

第三条　清官若し琉球の自国に遣使献貢するの故を以て、両属の説を発せは、更に顧て関係せす。其議に応せさるを佳とす。如何となれは、琉球を控御するの実権皆我か帝国に在て、且遣使献貢の非礼を止めしむるは、追て台湾処分の後に目的あれは、空《むなし》く清政府と弁論するは不可とす。

第四条　清政府より台湾処分に付論説を来さは、昨年の議を確守し、判然蕃地に政権不レ逮の証蹟を集て動かささるへし。若し土地連境の故に付論すへき者生せは、和好を以て弁すへし。其事件至難に渉らは、是を本邦政府に質して可ならん。惟推託して時日遷延の間に即事を成し、和を失はさるの機謀交際の一術なり。

第八条　福島九成、成富清風、吉田清貫、児玉利国、田中綱常、池田道輝右六名を先に台湾へ発遣し、熟蕃《じゅくばん》の地へ立入り、土地形勢を探偵し、且土人を懐柔綏撫《すいぶ》せしめ、他日生蕃を処分する時の諸事に便ならしむへし。

第九条　探偵の心得は、熟蕃の地琅瑠社寮の港より兵を上陸せしむる積に付、兼て此辺の地勢其他碇泊上陸等の便利なる事に注意すへし。（一〇）

右大久保、大隈の意見は要するに（一）台湾土蕃の部落は無主の地である。（二）清国政府がこれに反対すれば、議論を以て遷延し、既成事実を作りあげてこれに対すべし、（三）領事（外交官）は軍事に関せず、征撫に任ずる者（軍人）は応接（外交）に関せず、その分界を明にし、重大事件は北京在勤公使に伝致すべきだというにあった。すなわち大久保の意志は和平を第一として、機謀交際の間に実益を得んとするにある。

四　米人顧問の進言

大久保の征台論は、国内的事情に発して、何人の入智慧でもないが、しかし征台論そのものが米国人によって最も有力に形成されたのは一奇である。

副島種臣は所謂自主外交の先駆者と観らるる者であるが、この副島外交を画策して列強に屈せしめなかったのは、誰よりも米人顧問スミス（Erasmus Peshine Smith）であった。彼は自ら日本服を纏い、またマリア・ルズ（Maria Luz）号事件においては、囂々《ごうごう》たる世界の批難に対し、先頭に立って反駁し、日本の立場を諒解せしめた。駐日米国公使デ・ロング（Charles E. De Long, 1869–73）がまた副島と相得た。明治五年九月二十三日、副島とデ・ロングとは外務省において会見し、デ・ロングは日本が台湾を占領すべきことを暗に勧めている。

デ・ロング　一、○上略台湾は気候も宜く、且膏腴《こうゆ》の地にして、米、砂糖、芋等、幷礦《ならびにこう》山《ざん》も数ヶ所有レ之、港も宜く、外国人に取りては、至極便利の場所にて、外国人中にも着目致居候ものも有レ之由。右は支那にて管轄といへとも、其命令も行はれされは、即ち浮きものにて、取るものゝ所有物と相成可レ申候。

一、ホルマサ○台湾一件に付て左の三条の手続より他無レ之候。
第一、直に問罪の師を差向候歟《か》。

第二、土人え掛合、我人并琉球人とも到着候とも暴挙および問敷、後来の取締を相立候約をなす歟。

第三、支配所属の義なれば、其政府へ掛合の上、所置およひ候歟。

右はいつれも御見込の次第も可レ有レ之候得共、思の儘申上候。○中略
副島　一、右は尤も我にても所望の地に有レ之候。貴方の御見込は如何。

デ・ロング　一、米国にては他国の地を所有する事は不レ致義に候得共、我友睦の国々にて、他国の地を所有し、広殖する義は好む所有レ之候。

日本が台湾をとれといわないばかりだ。話は更に積極的になる。

デ・ロング　一、台湾え貴国船艦、御差出に相成候は、、同所海岸地図等、我方軍艦に可レ有レ之候間、乍レ不レ及御周旋可レ致候。且北京在留我国公使ロー氏え其手続中通、万事御尽力致し候間、御見込も相立候は、御漏し可レ被レ下候。

こうして米国公使は暗に日本の行動を促し、それに対し便宜を与えることを約している上に、如何になすべきかの方策をも述べた。出兵すれば二万ぐらいの兵力を常置しなくてはならず、しかも兵が常駐すれば必らず紛擾を起すから、「先づ手を経て掛合、人民保護の為約を結び、地を借り、其上兵備をなすも遅しとせず候間、直に兵を挙ざる方と被レ存

候」と、事を行うに順序を以てするよう勧めている。[一一]

このデ・ロングが副島に紹介したのがル・ジャンドル（Charles W. Le Gendre）だ。ル・ジャンドルは一八六二年（文久二年、同治元年）以来、厦門《アモイ》の米国領事であるが、米国帆船ローヴァー号（Rover）が台湾において破船した事件に関し、台湾に対する米人遠征隊を組織して活動した人である。[一二]デ・ロング公使の台湾に関する知識はル・ジャンドルの受売りに過ぎないので、副島に説いて、ちょうど帰国の途にあるかれと会談することを勧めた。副島としては誰か、台湾に関する専門家を得たい時であったので、翌二十四日喜んでこれと会見した。副島がわざわざ、横浜出張所に行って会見したことが、かれの熱心を示している。

副島　一、（上略）此度、日本より懸合の次第は如何いたし可レ然哉。（中略）

ル・ジャンドル　一、米船漂着にて被レ殺候節、米政府より支那政府へ右一件相当の処置有レ之度旨掛合候処、支那政府諾して為し不レ得、故に尚督責候へは支那政府にては元来管轄はいたし居候へとも、処置は行届かさる旨返答有レ之。（中略）依て自分見込には（中略）米国にては土地は敢て取るを不レ好候間、日本政府の管轄と相成候は好む所なれとも、可レ成は、支那政府にて右掛合丈けの事を為果度《たく》。併多分は出来申間《ま》敷《じく》、さすれば兵隊を向け砲台を築き、此方にて守衛を為さす候半ては不二相成一候事と存候。[一三]

超えて、二十六日更に延遼館において会見している。

副島　兵隊は如何の者に候哉。〇中略

ル・ジャンドル　ホルモサは二千人の兵あれば容易に取れ可レ申候へ共、後を守ることかたし。

副島　一万位の兵は容易に差出可レ申候。

ル・ジャンドル　人数は何人にても入費莫大に相掛り候。〇中略

副島　一万の出兵容易なる訳は、是迄日本四十万余の武士いつれも勇剛難レ御者にて此等有事は喜て出兵可レ致候。[14]

こうした会話の結果、副島とル・ジャンドルとは意気投合して、ル・ジャンドルを外務省準二等出仕として雇入れることになった。年俸一万二千円である。[15] 副島はかれを「参謀職」として清に同伴した。

米国側の諒解するところによれば、副島はル・ジャンドル（李仙得）に約するに、もし日本が台湾と戦争するに至らば、その場合にはかれを日本軍の将官にすることを以てし、かつ日本が永遠に台湾に留まる場合には、かれを同島の知事にすることを約束したといわれる。[16] 副島が失脚した後、大久保はしばしばこのル・ジャンドルと会見して相談した。この事は彼の日記に何回となく出て来る。小さい事だが、明治七年七月二日の日記の中に「九時参　朝、今日蕃地処分に付仏法律家某、李仙得被ニ召呼ニ云々の御尋問有レ之……」と

ある（一七）、ボアソナード（Gustave Émile Boissonade）の事を単に「仏法律家某」といい、他を李仙得といっているのも、後者に馴染の多かったことを語るものであろう。前掲「台湾蕃地処分要略」もル・ジャンドルの意見に負うところが尠《すくな》くなかった。

ついでに書いて置くが、当時の米国当局者の日清交渉に対する態度は、日本と清が同盟を結ぶに至ることを懼れた。これは駐支米国公使ロー（Frederick F. Low, 1869–74）も、駐日公使デ・ロングも、さては米国国務長官フィッシュもそうであった。しからば何が故に日清同盟を嫌うかといえば、日本が清の如くに反動的政策を取入れて近代化反対の傾向に出でんことを恐れたというのである。国務長官フィッシュは駐日公使デ・ロングの書翰（一八七二年十二月三十日（明治五年十二月一日）附）に答えて左のごとく言っている。

貴下が、日清国交に関し、日本政府の方針に影響を与える目的を以て、日本当局者と会談する場合には、彼らをしてできるだけ支那の排他的政策から遠ざかる事、しかして列国との自由なる商業的及び社会的交際の進歩的政策を取入れるように勧めることが望ましい。（一八）

当時、列国は日本に対しても、清に対しても「自由なる商業的及び社会的交際」などはしておらず、治外法権、関税自主権の否定等によって差別待遇をしておったのであるが、しかし米国が日本の進歩主義に対し同情を有していたことは事実である。だからデ・ロング公使は、日本の征台決定を観るや、これを以て、日本が一層清から遠ざかり、更にまた日本の内乱を避ける事ができ、台湾と、恐らくはまた朝鮮をも「西洋列国に同情を有する国家の旗の下に」置くことに満足を感じて国務省に報告している。[一九] すなわち副島の北京訪問及び台湾遠征も、多分に米国人の勧告によるところが多いと見るべきである。

もっともデ・ロング公使の言は米国政府の政策と見ることはできない。デ・ロング公使は日本政府に対し余り突き進んだ進言や、行動をしたので、これがワシントンに知らるるやただちに召還された。その後（一八七九年、明治十二年）前米国大統領グラント（Ulysses Simpson Grant, 1869–77）将軍が日本を訪問するや、同将軍は日清提携の必要を説き、白人国の侵略に対し日清同盟を締結すべきことをすらも勧めたのである。[二〇]

五　閣議、征台を決す

大久保、大隈の起草になる「台湾蕃地処分要略」が朝議に附せられるや、閣議はこれを承認した。大久保の日記（明治七年二月六日）に、

（上略）九時岩公江参上、参議一同会衆、台湾一条相議シ、凡決定有レ之、安心イタシ候。[二一]（下略）

とある。この蕃地処分案に対して木戸孝允は断然これに反対した。その頃設けられた台湾蕃地事務局長官を兼任する大隈重信が、準備金は五十万円ある事、これ以上に超過しない

ことを西郷従道《つぐみち》が死を以て誓っている旨をいうと、木戸はこれを反駁して、事件の終局を考慮しないで五十万円と限ることが無謀である事、国家の損失は、一従道の死を以ては償いうるものではないことを述べた。

この木戸の反対に関せず、廟議は陸軍中将西郷従道をして、兵を率いて討伐せしむることに決定した。ここにおいて木戸は四月十七日左の如き書を草し、翌十八日三条に呈して辞意を表明した。

〇上略臣の言果して是なるか、廷議果して不是か、事後久遠に非されは之を定む可からす。故に臣敢て臣か言の用ひられさるを以て、怨恨不平する所あるに非す。但内閣は天下政令の出る所、今臣敢て政府の議に雷同せす。若臣をして猶此に居らしめは、其勢将に終に欺心の言を出し、非志の事を推て以て天下人民に施し、天下を率ゐて臣か心の安せさる所に誘勧奔赴せしめんとす。此の如きものは臣の誠に安せさる所、たとひ安して之を為すも、天下の大政府にして欺心の大臣あらしめは
朝廷何を以て臣を保全せん、何を以て
朝廷人民に対し天下後世に対せんや。(二三)

木戸の四月二日の日記には「〇上略十字参院、今日台湾一条へ連印の事あり。依て余対二両大臣一相辞せり。其故は昨年、下問の節、余今日内地の形勢を察するに、人民貧弱、専ら内政をつとめ、此人民の品位を進め、然る後着手して、不レ後の議を建つ。雖二当年一其説

無レ異、依て不レ能ニ連印同レ与レ衆。(二三)〇下略」とある。木戸も大久保も、議合わざれば即ち去るのであって、事態の重大なるが故を以て、良心を曲げてその職にいるという考え方は、彼らにはなかった。

理論的にいえば、木戸の主張は筋が通っている。昨年、内治第一主義を以て征韓論に反対した大久保が、今は何故に不急の征台派兵をなすのであるか、ことに問題は明治四年の出来事ではないか、また最近の事変をあげても、明治六年三月に備中小田県の漂民四名がまた蕃人に劫掠《ごうりゃく》せられたというだけではないか、これを理由に大袈裟に事を起すことは、理論の一貫を欠くものである。しかし大久保としては、西郷とは分れ、旧主島津久光には排斥され、不平士族の暴動は各方面に起っており、この局面を他に転じなくては、国内政治の打開ができない。その上に台湾問題ならば、米人ル・ジャンドルの言によっても善後処理の確信ができたのである。

この決心は、かれが佐賀事件が起って、自ら西下するに当り、三条、岩倉に念を押し、一度決定した朝議は躊躇せず断行すべき事を申し進めたことによっても知る事ができる。政府も固よりその決心で、佐賀の乱が未だ鎮定しないに拘らず、二月二十五日、陸軍大輔西郷従道に生蕃《せいばん》処分の取調を命じ、その準備に着手した。佐賀の乱が平定するに及んで四月四日西郷を陸軍中将に任じ、台湾蕃地事務都督となし、翌五日参議兼大蔵卿大隈重信を新設の台湾蕃地事務局長官に任じた。大隈は間もなく長崎に赴き、同地に台湾事務局を開いてそこで事務を見た。

西郷従道が征台のため日進、孟春等の諸艦を率い、品川湾を開帆して（四月九日）、長崎に着いた時には、大久保はなお佐賀に在った。西郷は直ちに佐賀に赴いて、四月十五日大久保と会見し、十六日に長崎に帰った。大久保が佐賀を出発したのは十七日、それから帰京したのは四月二十四日で、木戸の辞表提出（四月十八日）後一週間目である。

当時、西郷従道は二十八歳の青年であった。大久保は最初、熊本鎮台司令官たる谷干城《たてき》を薦めて都督となさんとしたが、西郷が自ら重職を買って出た。

従道は兄の西郷隆盛と分れて大久保と共に止まった人であり、また大久保としては大西郷に対する情実もある。これが西郷を都督とし、谷を参軍とした所以だという。(二四) 西郷は長崎から隆盛の許《もと》に人を送って、壮兵を募集したが、隆盛は喜んでこれを斡旋し、約三百人を徴集して長崎に送った。これが征台の役に武名を現わした徴集隊というものだが、この挙に対する西郷隆盛の態度を知るために興味がある。

西郷は陸軍少将谷干城、海軍少将赤松則良を参軍とし、兵三千六百を集めた。これを運ぶために日進、孟春の諸艦に加うるに米国船ニューヨーク号（New York）、英国船ヨークシャー号（Yorkshire）を傭船して準備は整えられたのである。この一行の中に外人顧問が数人あった。一人は前述の高等顧問に当るル・ジャンドルで、第二は海軍少佐カッセル（Lieut. Commander Cassel. 年俸八千円、外に旅費賄料一千百円）、第三は海軍大尉ワッソン

（Lieut. Wasson. 年俸六千トルラルと一千円並別段手当一千トルラル）[二五]で何れも高官であるが、この外に台湾に赴いた者の中にタイネー、ブラウン、ハウス（Edward Howard House）の名がある。[二六]この内、北海丸乗組ブラウンは英国人であり、五月七日英国公使より差止めの交渉があったが、[二七]すでに台湾に出発せしめた後で、蕃地で日本遠征軍を助けている。ハウスは新聞記者でかつル・ジャンドルの秘書格だ。

六　英国公使パークスの横槍

西郷従道の一行が品川から長崎へ着いた四月九日のことである。英国公使ハリー・パークス（Harry Smith Parkes, 1865–83）から外務卿寺島宗則に一通の公文書[二八]が届けられた。その書翰の日附に Yedo, April 9, 1874 とあり、明治七年になってなお「江戸」とあるのは、パークスの無頓着のよって致すところか、それとも他に理由があるのか、明治政府成立にはいずれの国よりも好意を示した英国公使だけに、不思議な感を与える。（同じ頃のアメリカ公使館からの書簡には U. S. Legation, Japan, Tokei, 18 April, 1874 とあり、トケイとある。）その文章の調子も米国公使ビンガム（John A. Bingham, 1873–85）が鄭重であるに対し、パークスのものは頗る高圧的だ。[二九]

この書翰でパークスは「世上の風聞を承り候に貴国兵隊多数幷に兵粮台湾へ運送致し候

為め」開港場で各国の船舶を雇入れて居るとのことだが、その行先は台湾の何港であるかを知らして欲しい旨を申し込んだ。これに対し日本政府は翌日、パークスに返簡を与えた。征台に対する正式の対外声明であるから、これを載せておこう。

　昨日附の貴翰致二披見一候、然は今般我政府より官員等台湾地方へ発遣せしめ候は、我明治四年十一月、又六年三月、我国民台湾の蕃地に漂到して、或は劫殺せられ、或は衣類器財を掠奪せられ、極て苛酷の所為に遭ゐたり。此土蕃は清国の政権不レ逮所にて、曾て北米里堅《アメリカ》合衆国政府より使を派し処分せし例に傚《なら》ひ、我政府も当路の官員を派し、右苛酷を行し者等を懲し、且如レ是の悪業を停止し、後患を防き、嗣後我国民航海の安寧を保護するにあり、右処分に付土蕃の暴挙預防のため警卒等差送り候に付、右運輸の為め、外国船相雇、総て台湾蕃地社寮《シャリヤオ》と申港へ差向候事に候、右は閣下の御問合に就き御答迄如レ斯に候、敬具。

明治七年四月十日　寺島外務卿

英国公使

ハルリヱパークス閣下(三〇)

寺島外務卿はこの書面を手交すると同時に、パークスの希望によって事の内容を直接に説明した。パークスが「清国政府ニテハ此御征伐ノ挙ヲ承知致候哉」と質問したのに対し、寺島は、まだ知らさず、「尤モ柳原公使ヨリ委曲演舌可レ致筈ナリ」というと、パークスは

「全体前後セシ様相見申候」とて手続きが前後している旨を指摘している。しかしかれが国内事情に通じている証拠には「西郷氏ハ大悦喜ナルヘシ」とか、「世間ノ噂ニハ佐賀ノ賊徒不レ残進発スルトノ事也」とかと聞いている。この時のパークスの語調には、前途の困難は予想しているが、これに反対な意図は見えなかった。（三一）寺島は一にも二にも米人ル・ジャンドルを引合いに出している。

続いて十三日にパークスから書翰が来た。（一）自分の承知する限りにおいては、他の清との締約国は、日本政府のなさんとする如き派兵をなした事なき事、（二）英国船あるいは英国民を雇入れる場合には、それ以前に日本政府は、清国政府が、以て敵対行為なりと見做さない旨を明かにする必要がある。清国政府がこの日本の行動を容認すれば問題はないが、しからずしてこの遠征を以て清に対する敵性行為なりとなすに至らば、この遠征に携わる英国民は直ちに召還せねばならぬと警告した。（三二）これに対し寺島は翌日（四月十四日）、「抑《ソモソモ》、同地方ハ閣下御承知之通リ清国政府管轄外ノ地ナレハ、我政府ニ於テ貴国ノ船艦及人民ヲ雇用候トモ我ヲ敵視シ、異論申出ツヘキ筋ハ無レ之儀ト存候」（三三）と答えた。台湾の生蕃地域は清国の領土に非ずとの論拠だ。

この問題について注目したのは英国だけではなかった。パークスの書面が送られた四月十三日にスペイン代理公使エミリオ・ドゥ・オエダ（Emilio de Ojeda）が、外務省を訪問して台湾出師の意味を問うた。

「台湾ヲ距《ヘダテ》ル凡三四十里ニシテフリツプ島ト申処ニ『バンタン』トテ我領地有レ之候ニ付、貴国兵船ノ求アル時ハ、石炭等ノ欠乏ヲモ補ハサルヲ不レ得」(三四)、しかし出師の趣旨は何かというのである。応接の上野外務少輔は英国に対すると同趣旨の答えをなしたが、西郷氏が殺されたような場合には、臨機の処分に出るかも知れぬというと、代理公使は

台湾島ヲ御領地ト被レ成候儀無レ之様致度候。其仔細ハ全島咸ク清国所領ト見做居、仮令政教逮ハサルニセヨ、是乃「スマタラ」地方、荷蘭ニ不レ服ト雖モ、各国ニテハ之ヲ荷蘭所属ト見做シテ手ヲ降サス、「アルゼリー」（地名）ノ西班牙ニ於ケルモ亦然リ(三五)。

といい、領土的野心あらば石炭供給はできぬと断った。上野も清国政府の答次第によると頑張って、「それならばスペイン政府も局外中立せざるを得ない」と喧嘩分れになったが、その日の午後二人は、また会見して、結局左の如く落着いた。

台湾へ御出師ノ儀ハ全ク琉球人等ヲ殺害セシ問罪ノ為ニテ、敢テ地ヲ略スル儀ニハ無レ之ニ付、我領地「バンタン」ニ於テハ局外中立ニ無レ之、貴国人ヘハ薪水食料ヲ贈リ方ノ儀ハ友邦ノ処置ニ可レ致……(三六)

上野が恐らくは上層部からの注意により、台湾への出師は問罪のためであって、地を略するためでないと再言明したことが想像しうる。

スペイン代理公使との問題はそれで解決したが、英国公使は喰い下った。四月十六日に更に書面を寺島に送って、日本政府が台湾出兵の地方は清国政府の管轄外と主張する理由

を承知致したい、清国に二十年以上も滞在したが、台湾全土は清国領土とばかり聞いて来た、日本が左様な主張をされる以上は、定めて理由があろうという趣旨だ。

七　米国公使の抗議

英国公使の書面があった日の翌々日たる四月十八日、今まで黙して来た米国公使ビンガムが長文の書面を送って来た。その前日（四月十七日）のジャパン・ヘラルドに掲載した記事の切抜を同封し、予はこの記事により始めて承知したのであるが、日本政府が台湾に対し陸軍或は海軍の遠征をなさんとし、これがため合衆国の役人及び市民を雇入れたというのは事実かどうか、もし事実だとすれば合衆国政府の名においてさような雇入れに対し抗議せざるを得ない旨を通告したのである。

ビンガムは前の公使デ・ロングが、日本政府に対し、余り立入って助言しすぎたため召還された後を襲うて明治六年に赴任して来た人だ。そうした関係から、かれは日本の征台問題に対しても見て見ぬ振りをしていた。しかるに横浜の英字紙ジャパン・デイリー・ヘラルドに、かれを攻撃する論文が出た。

然ルニ日本在留ノ亜米利加公使ビンハム氏ハ、独リ其同僚ニ反シテ支那、日本両国ニ於テ欠ク可カラサル公告ヲ為サ、ル間ハ、半ハ劫掠ノ征伐ト看做ス可キ事ニ、其国旗ヲ揚ケタル船艦ノ使用セラル丶、明カニ許ルシタルニ非サレハ、暗ニ黙許セリ。亜米利加政府ハ此征伐ノ真ノ目的ヲ十分ニ知ラサルニ似タリ。否ラサレハ何ヲ以テ其国ノ官吏日本政府ニ使用セラレテ征伐ニ加ハルヲ許スニ至ランヤ。(三七)

こういう記事が出ると、ビンガムも黙っている訳にはいかない。かれはこの英字紙の記事を同封し、前記のような照会を日本政府に発したのだ。

ここで附記して置きたいのはビンガム公使は、タウンゼント・ハリス（Townsend Harris, 1855–61）と共に、日本にとっては真実なる友人であった一事だ。かれは一八五五年（安政二年）以来引続いて米国下院議員であり、南北戦争の時には陸軍の法務官をつとめ、また大統領リンカーン（Abraham Lincoln, 1861–65）暗殺事件の裁判においてはその一部を担当した。(三八) 明治六年九月二十五日に日本に到着するや、かれはハリス以後の米国公使がとっていた各国との共同行動が、日本のためにも、また米国の商業的利益のためにも好ましからずとして、米国独自の政策に帰り、また翌年（明治七年、一八七四年）、一月十七日には、すでに不平等条約改正の必要を、故国政府に勧告している。(三九) かれは不平等条約の故に利益するものが英国であるとなし、日本は明治七年において不平等条約の故に八百万弗の負担をしなければならなかったといい、明治十年の役（西南役）は、日本政府が関税収入を得られないので、農民に対する過当な課税をした結果の農民運動であるとの見解を有していた。(四〇) かような立場にあったので、日本在留英国人、とくにパークスとは正面衝突し、在留外人からは裏切り者なるかの如くに批難された。その後、パークスが東京から北京に転勤せしめられたのは、かれの弾劾が最も有力な原因であった。ジャパン・デイリー・ヘラルドが米国公使を鋭く攻撃したのもさような関係があったからであろう。

米国公使ビンガムの十八日の書面に対し、外務卿寺島は十九日に回答した。その要旨は、

　今般都督を台湾生蕃の地に遣し候に付ては、万一彼より暴動の振舞有レ之哉も難レ計候に付ては、保護兵差添遣し候義にて、清国政府に対し敵対するの主意毫も無レ之候。就ては貴国船舶人民相雇候とも全く平程の目的に有レ之候。

とあり、これに附属書を添えてある。附属書は従来西洋諸国にも問罪の師を挙げたことの例あるを説き、客歳我が国の使節が行った際、「兇徒等ヲシテ至当ノ罰ニ所セラレン事ヲ談判シタリト雖モ、総理衙門之ニ答ルニ彼地ハ清国ノ藩属タルニ非ル旨ヲ以テセリ」と繰返している。(四二)

米国公使ビンガムは同日(十九日)、折返し書面を外務卿寺島に送り、「台湾島御出兵ノ儀ハ、清国政府ヨリ認可ノ証書御入手相成候迄ハ、御企望ノ通リ、米国ノ船民ヲ貴国ノ海陸軍ニ附属セシメ、貴国政府ニテ御差送相成候儀、拙者職掌ヲ以テ承諾致兼候趣、無二余儀一中進候」とて、その理由として日本が敵意を持たなくとも、清国側が敵意を持つと看做せば戦争になる。これは不幸な事だから日本はまず清国政府から出兵に異議なしとの確証をとるべきだ。それまでは米船ニューヨーク号、並にル・ジャンドル、カッセル、ワッ

ソンの三名が台湾に赴くことを差止められたいというのである。(四一)

この米国公使の申入れには、外務省は余程あわてた。従来の経過からいって、この挙に対して他の国は別として米国から干渉があろうとは思わなかった。それは在留外国人にとってすらも意外であった。

米国公使から何らかの干渉があろうとは、何人も予期しなかった。かれは着任以来一貫して、日本政府が如何なる種類にせよ、外人から監督を受くる如きことに極力反対して来たのであって、この人がまず日本の行動に対し、最初に障碍を投げかくべしとは考え得ないところであった。最初、カッセル少佐、ワッソン大尉を日本が雇入れんとするや、かれは自ら電報に署名し、ワシントンの国務省に対し、彼らが征討部隊に参加する許可を得んことを推薦したのであった。しかるにニューヨーク号が兵隊と糧食を積んで、台湾へ向う途中、かれから電報が来て、これらの人々が、かれ自身の許諾によってなさんとした行動を強く差止められ、またニューヨーク号がその傭船義務を果すことを――この挙が友好関係にあるシナの権利を侵犯するものなりとの理由の下に――禁止されたのである。(四二)

そこで寺島は即日三条太政大臣に対し、「米国公使ヨリ唯今書簡到来」して、翻訳が間に合わないから明日送るが、「右船拚人員差留方ノ儀ハ夫々其筋へ御達有レ之度奉レ存候」と上申した。

この英、米両国公使の申入れは政府の腰を動揺せしめた。抗議は英、米公使ばかりでなくイタリー、ロシア、スペインからも質問し来たり、殊にロシアはすでに四月十一日に魯国人が征台進発に関係することを禁止した旨発表している。四月十八日に重臣木戸が辞表を提出しても、その決心を変えなかった日本政府は、英米の抗議には一たまりもなく態度を一変した。続いて四月二十三日に外務省における寺島外務卿とパークスの対談になる。

パークス　台湾島へ御出兵の義御見合せ相成候趣右は何故に候哉。

寺島　前以支那政府え及二照会一候方可レ然との考へ、且柳原公使もいまだ派遣せざる故等なり。〇中略

パークス　一体先きに柳原公使は北京え御派遣相成候へは可レ然候。

寺島　柳原公使の派遣には時節の関係なし、台湾え航するには時季の限りあり、然れとも前以支那政府え照会および置候方可レ然と考候に付、先つ其発纜を見合せし也。(四四)

大久保利通が佐賀の乱を平げて東京に帰って来たのはその翌日二十四日のことである。かれが日記に書いた「意外の事」には、いろいろな意味が含まれておったろうことが想像できるであろう。

八　西郷従道、命を聴かず出発

東京で外交団から抗議があった時に、長崎においてはすでに台湾遠征の準備ができていた。西郷従道は十九日に、大隈は二十日にそれぞれ長崎に到着して、台湾蕃地事務本局を根城に用意していたのだが、そこへ東京から電報があって、出発延期を命じて来た。続いて二十五日権少内史《ごんしょうないし》金井之恭《ゆきやす》が太政大臣三条の本書を齎《もたら》して長崎に到着した。

大隈は金井の説明によって、事の次第を諒解し、西郷に対ししばらく出発を延期して後命を待つべきを説いたが、西郷は断として聴かない。「私が曩《さき》に都督の命を拝した時、或は廟議の変更なきかを惧れ、これを内閣諸公に質したことは貴下の已に知る所である。今や従道、大命を閫外《こんがい》の任に受け、師出でて道にあるのに、未だ数日ならずして、これを留めることが出来ようか。……従道は御璽《ぎょじ》を鈐《けん》した勅書を奉じて居る身だ。復た前日の従道ではない。それ故、今となっては太政大臣自身来って諭されようとも敢てその命を奉ずることが出来ない。一体、内閣の政令は朝夕に変り、天下の人々をして疑惧を抱かせる……貴下が従道を留めるのは貴下の職分、従道の留まらぬのも亦従道の職分である。貴下若し強いて従道を留めらるゝなら、従道は御璽を鈐した勅書を首にし、進んで生蕃の巣窟を衝き、死して止むばかりである。事若し清国に牽連《けんれん》し、葛藤を生ずる如き事あらば、わが政府は従道に負はしむるに脱艦逸賊の名を以てし、清国政府の口を塞ぐ可きのみである」(四五)というのである。

西郷はその夜（二十六日）直ちに諸艦に令して発艦の時限を定め、炭水を積ませた。翌二十七日には、急に兵士二百余名を有功丸に載せ、また領事福島九成に対し閩浙《びんせつ》総督に与える公文を渡し、厦門に向って前往させた。当時、長崎に在ったル・ジャンドルにも、また前往を急がせたが、その乗船ニューヨーク号の船長が躊躇して応じない。その内に米国領事が、米国公使ビンガムの訓電によって令を発し、同号を長崎港内に引留めたので、大隈はやむなく借入の解約を為し、積載貨物を引卸した。(四六)また英国船ヨークシャー号も英国公使からの命令を受けた。(四七)

西郷もこれには困った。英米から借入れた船艦を取消されて、兵糧運送の術を失ってしまったのである。そこへ東京から大久保が来る旨、電報があったが、その前に出発してしまいたい。そこで大隈の智慧によって、後にニューヨーク号を買取ることにし、(四八)五月二日に谷、赤松等は日進、孟春、明光、三邦の四艦を率い、台湾の社寮港に向って碇を上げた。大久保が長崎に着いたのはその翌日(五月三日)で、西郷だけは長崎に留ってかれを待っていた。

大久保が長崎に出張したのは、他の場合と同じく自ら困難に当らんことを買って出たのである。かれは二十四日、佐賀から帰京した時、駅頭において簡単に勝、伊藤の両参議から報告を受けたのだが、事態の重大性に顧みて、自身大隈、西郷と会見して事情を調査する必要のあるのを感じた。三条、岩倉にもこの事を説き、二十七日には参朝してその意見を陳述しているのは、かれの日記に見えている。

四月廿七日　月曜　〇上略　一字正院江参昇、今度長崎ヨリ台湾兵出張一条、大隈、西郷子報知事情分兼延引、四方ノ論モ有レ之、誠ニ一大事ノ国難、小生実地に向、進退処分ヲ御委任アランコトヲ乞、条公江陳述。参議中江同断。岩公江参上同断陳述則今晩条公ト御示談可レ被レ成トノコトナリ。〇下略

四月廿八日　火曜　今朝昨日　久光公左大臣御拝命ニ付御伺、且長崎出張云々ノ義陳述、御異論ナシ。〇中略　一字参　内、条公ヨリ長崎出張願通被二　仰付一御内決ノ旨ヲ御諭シアル、則御請。岩公江参上、猶懇々御談有レ之、林内務大丞召呼、小子長崎出張被二　仰付一ノ次第、不レ得レ止ノ趣ヲ岩公ヨリ御諭有レ之候。(四九)〇下略

かくて大久保は在京五日にして二十九日には再び西下した。「岩公ヨリ御招ニ付参上、昨夜電信ノ趣ニ付、尚御懇談有レ之……二字汽車ヨリ発ス……米郵船コールテン号江乗船、五字前出帆」(五〇)とその日記にある。東西奔走、寧処に遑《いとま》あらずとはこの事だ。西下に当って左の御委任状を賜わった。

台湾蕃地処分ニ付、清国は勿論、其他各国交際ニ関係重大之儀、長崎出張之上、夫々参酌シ、兵隊進退等実際ニ付キ、不都合無レ之様取計可レ致、御委任候事(五一)

佐賀に赴いた時もそうであったが、この時も大久保は、この事件に関する文武の大権を委任されたわけである。

大久保は前述の如く五月三日に長崎に着いた。その日の日記に「夜九字半、長崎港江着

船、長（永）見源三郎宅江旅宿、則、西郷子、野津子、東郷子、武井子、林子、金谷子、県令宮川（房之）等入来[五二]」とある。夜間に拘らず、多数の来客を見るべきだ。

この夜のことである。陸軍少将野津鎮雄はやや酒気を帯びて大久保を訪問したが、挨拶が終るや、今回もまた因循《いんじゅん》説にて終るべき乎と言った。大久保は容を正し、厳然として、七左衛ドン、何ジャッチ（七左衛は鎮雄の俗名、何ジャッチは何をいわれるかの意味）と一言したのみであった。野津は大いに畏縮して、そのまま黙したという。この野津と同行した後の陸軍大将子爵大迫尚敏《なおはる》は、当時陸軍大尉であったが、後に語って、自分らは野津将軍を豪傑の士だと崇敬しておったのに、その様子を見て上には上があるものだと深く感じたと言った。また随行の武井守正（男爵）も同じ感じを持ったとのことだ。[五三]

九　大久保責任を一身に負う

大久保が来ても、出征軍の大部分は出発した後で、どうにもしようがなかった。しかし大久保はそうした事態に処し、徒らに過去に執着する人ではなかった。必要なことは今後の処置に大過なからしむることであった。この辺から外交家としての大久保の真骨頂が出て来るのである。かれの日記にいう。

五月四日　今朝八字過ヨリ大隈旅館江訪尋、生蕃処分ニ付、奉命ノ権ヲ以協議決定ニ及フ。既ニ有功丸ヲ以、厦門県令江公然掛合ニ及、且昨三日、日新（進）艦其外孟春、明光、三邦丸四艘兵卒ヲ乗セ、蕃地社寮ニ向ケ昨日出帆サセタリ。如レ此運ヒニ至リ候上ハ、止ヲ得サルニヨリ、此上ノ都合ヲ謀リ、速ニ西郷を出張サセ、柳原ヲ至急差出サレ候等ノ順序、小子則出帆、李仙得同船帰京云々、別紙之通約定イタシタリ。何レニセヨ、大難ノ事故、心決イタシ候、午后四字比帰宿、今晩大隅子、野津子、東郷子入来、

柳原早々渡海ノ事ヲ電報ス。(五四)

大久保が「大難ノ事故、心決イタシ候」というのは余程のことである。そのいうところの約定書とは左の如きものだ。

一、「カッセル」、「ワッスン」両氏行違を以て、有功丸より出帆致し候に付、西郷都督到着迄は、其儘待受候様電報を出す事。

一、西郷都督到着之上は「カッセル」「ワッスン」両氏の雇を放免し、早々差返し候事。

一、李仙得は早便を以て、帰東致させ候事。

一、生蕃処分済の上凶暴の所業を止め、我意を遵奉する迄は、防制の為め相応の人数残し置くへき事。

一、生蕃処分に付清国と関係を生し、万一事変を醸すの時宜に及ふ節は、雇人の英人

其他を免し、同船艦を返すへき事。
右条件、御委任中にも掲載有レ之候得共、更に協議一決致候事。
明治七年五月四日於長崎

参　議　大久保利通　印
参　議　大隈　重信　印
陸軍中将　西郷　従道　印

なお、次の如き一通の申合せがある。

一、柳原公使至急出張せらるへき様、東京へ電報差し出し候事。
一、西郷事、雇船或は買得船を以て、至急生蕃社寮へ出発する事。
一、大隈事、柳原公使当港着迄待受、篤と旨趣申含め協議致すへき事。
一、大久保事、明五日中出帆、実地の景況に依り進退決着の形行可レ及二言上一事。
一、前条決着に付、難題を醸出し候節は、大久保始其責に任すへき事(五五)。

右によって、この事態に処する大久保の布陣は大体三つに分れているのを見るべきだ。第一は列国に対するもので、妥協的である。即ち米国の抗議に対しては、米人三人を解傭ないし帰束せしめて、これと正面衝突を起さぬようにする事。英国は米国公使のような要求はして来ておらぬが、日清関係が変転すれば英人と船とを返す事である。第二には西郷を頭師とする派遣軍の問題で、西郷は時期を見て早速渡台し予定の行動をとる事、第三は清国に対する処置で、早速柳原公使を清に送って諒解を求むる工作を始めることだ。大久保は柳原を出発せしむるように、直ちに打電した。

この時の大久保の心事は、かれの政府に対する報告書に最もよく現われている。既述の事実と、やや重複する嫌《きらい》はあるが、これを左に載せよう。

先月廿九日横浜出帆、本月一日午前八時、神戸へ着艦、同二日暁四時同港を発し、同三日夜九時半長崎へ着艦す。翌四日於二生蕃事務本局一大隈参議へ面会仕り、実況の顛末具さに承り候処、既に先月二十七日夜、福島領事、雇米国人「カッセル」「ワッスン」「ハウス」三名を率ひ、福州総督へ公告書を齎らし、有功丸にて厦門へ向け出帆、続て本月二日谷副総督、赤松少将護兵千余を引率し、日新艦、孟春艦、明光艦、三邦艦、類船四艘社寮へ向け出帆せし趣なり。依て熟考するに、一挙進退之儀何れに致せ大難事の所レ係は論を俟たす、剰《あまつさ》へ如レ此機会を誤り、終始全備の策を得る能はす、既に福州総督へ公告書を送りたる上は、不レ可レ止の実況故、此上可レ成清国に対しては勿論、外国交際上不都合なき様注意し、生蕃処分着手宜を得、寛急順を追ひ、其目的を達するの処断に出つる外、考慮無レ之、第一に柳原公使至急渡清、米人三名進退、西郷都督速に出発等の件々、別紙之通即決仕候。且西郷都督儀東京出発前奉する所の勅旨に乖戻《かいれい》せる号令等は今日迄無レ之積、乍レ去、万一不都合之次第も有レ之候て、御譴責を蒙り候儀は固より期する所なりと承候。右於二長崎一、生蕃処分、兵隊進退等実際に付、御委任之権内を以て裁定せる大略なり、不ニ容易ニ重事、匆卒に渉り、御旨趣に触れ候儀、恐縮仕候得共、清国に対しては勿論、外国交際上不都合を生し、国家の大難を醸生候節は、臣利通其責を引請候覚悟に候、此段復命仕候ニ付、宜御執奏奉レ願候、誠惶誠恐頓首。(五六)

書中「清国に対しては勿論、外国交際上不都合を生し、国家の大難を醸生候節は、臣利通其責を引請候覚悟に候」とあるは、かれの決心を知るに足るものであり、かれの北京行もここに発するのである。

大久保は五月六日、ル・ジャンドル、通訳官平井某と共に長崎を発して大阪に立寄り、五代、税所等の諸士と会し、神戸から十五日横浜に帰着、直ちに東京の正院に出て復命書を上った。これより先、三条、岩倉はこの事件について、清国に対する交渉に注意を欠き、かつ出師を中止せしめんとして、上は聖断を誤らしめ、下は紛議を生ぜしめたというので、共に辞表を提出したが、左大臣島津久光はこれを留めて奏上しなかった。

一〇　紛糾する英米との交渉

米国公使ビンガムは、すでに四月十九日に外務卿寺島宗則に宛てて、台湾遠征に米国汽船及び米国人が参加することに抗議を申出でたが、同時にル・ジャンドル、カッセル、ワッソンの三名に対しても進往差止めの命令を発した。しかしカッセル、ワッソンの両人はル・ジャンドルに対し、「ビンハム氏ヨリ政府へ何ノ故障ヲ為シタルトモ、夫ハ全ク同氏ト日本政府ノ間ニアル事ニテ、外ニ申出スベキ事更ニ之ナク、且ツ拙者ヨリ些少ノ注意ヲモナスヲ望マサルナリ」(五七)との書翰を提出したまま出帆してしまった。

米国公使ビンガムは四月二十九日に、右に関し寺島を訪問して質問した。「二十七日の話にはニューヨルク号は既に御差止め相成候故、最早出帆は出来ぬ筈に候処、其差止めに不レ構、出よと命ぜられたり」というが如何というのである。寺島は出帆したのは有功丸であってニューヨーク号ではないと弁明した。ビンガムは、その前日のジャパン・ガゼットに朝鮮において日本漂着人が殺されたとあった記事を引照し、

国と云ふものは容易に戦闘は不レ可レ致、維持せらるゝ丈は軍は不レ出、貴国は独見を以て政事を被レ致候に付、或説には被レ誘、軍を出し候様の義は必無レ之と信用いたし候。是は私の考丈の事に候、貴国は成丈泰平にして人民を安堵せしめ、長く富優ならしめ度、兵を用ゆれは外国は御国の為めには不レ成、却て虚に乗し、已れが利を謀るへし、夫故兵を台湾に遣る事は不レ宜。

とて他国に乗ぜられることの不可と、兵を用うることの不可を説いており、しかし「日本に権利ありて台湾へ被レ参候を、我方にて彼是申候義には毛頭無レ之」と弁解している。(五八)言裏に英国に対する警戒がある。

五月六日、ビンガムは更に上野少輔と米国公使館で会見して、その後の模様を聞き「何故ニ支那へ公然使節ヲ御差出相成、夫々ノ御応接無レ之ヤ。其順序ヲ踏ミ、御処分相成候ハヽ、我政府は勿論、他ノ政府ト雖モ、敢テ違論無レ之儀ニテ、却て貴政府ノ信用モ各国へ対シ相増可レ申候儀ニ有レ之」と、外交手続の不備を今一度云っている。(五九)

英国公使パークスも、同じ様な態度に出た。五月五日に寺島外務卿へ書面を出だし、在北京英国公使からの通信によると、清政府はこの遠征についてはなんら知るところなく、かつ生蕃の居留する台湾の地方は清の領土だと主張しているとのことだ。これは日本側のいうところと相反しているから、清政府の承諾なき限り、「台湾何処にても御差向の挙に付、我国船艦又は人民御雇被レ成候事。拙者に於て許可難レ致」というのである。そして三条は五月七日に、パークスの申出により、大隈に対し北海丸乗組のブラウンを差留めるように指示している。(六〇)

寺島外務卿は五月八日にパークスとこの問題について会談した。会談の場所が外務省ではなしに英国公使館であるのも、英国公使の威勢を示すものであろう。日本側は船艦派遣は台湾に対してでなくて、福建鎮台であるとの建前をとった。パークスは断りに行くならば一艘の船に二、三人でよかるべき筈なのに、その様な多人数を出したのは如何なる訳かと反問する。大久保が帰らなくては、その辺の事は不明だが、兎に角「牡丹社ノ事件ノミ、其余仔細ナシ」と寺島は講述している。パークスは、清側は「拙者ノ考ヘニハ必争端ヲ可

レ開ト存候」と、戦争になるであろうといった。(六一)

英、米の公使から、こうした横槍が入った以上は、一番いいことは、ル・ジャンドルを呼びかえして、直接に話させることである。そこで軍隊と共に台湾に赴くべかりしル・ジャンドルを長崎から呼び戻した。ル・ジャンドルは長崎出発の前（五月四日）に西郷に対し、台湾に上陸する際における軍隊の作戦及び蕃地の事情、地理について詳細開示する書面を送り、(六二)大久保と共に上京した。かれは五月十八日に、外務省において寺島と会談したが、中央部のやり方に対し満々たる不平を述べている。

ル・ジャンドルによれば、かれが同事件で出発することも、カッセル外一人雇入れのことも、米国公使ビンガムはよく承知しているはずだ。元来、この事件については清国政府との交渉が整っておらないが、それにしても清国政府は見て見ぬ振にて黙許し居るべきところを、日本側が余りに公然と事を始めたから黙っている訳にはいかなくなったのだ。たとえば長崎などから、堂々と出発せずに、どこか「佗処より竊《ひそか》に行かばよかりしに」というのである。寺島が「私に於ては夫等の事には不レ構と存し候、米国にて罪を問ひし事と同し手続きなればなり」というと、かれは

同し手続にても違ふ処あり、夫は足下か熟知する処なれば言ふに及ばず、違う処は小児が大人の為す事を真似るが如し

というのである。更にかれはパークスが予め知っていたことを述べていう。

昨年北京より帰りし頃、図面上に付てパークスにも一応話したり、其時パークスは私の見込に力を附られたり、別段私の見込をよしとは不レ云候へ共、早く往ねば其内に風が吹く、風が吹は急に模様が替るといひたり。

寺島が「余り米英などの船を雇ひ事が大きく」なったのだというと、かれも「私も事の大くならぬ様にと思ひ、大隈、大久保両君と私かに談判致したり」と答えて、余りに問題を大きくし過ぎたことに同感した。寺島が清からも英米同様の手紙が来たと話すと、さようなことがあるはずなしと頑張るのである。副島種臣と意気投合しただけに、相当なる独断家であることが分る。かれはまた、その日、米国公使ビンガムと会見したことについても話した。

私義昨年帰国せんとするに当り、デロングより此事の目的の為め止まれと云。然るに私既に帰国の意決したれは、止まらぬ積咄致候処、段々我政府へデロングより申立、政府にても承知の上止まる事になりたり。然るに君より解職される筋はなき筈也。公使云、辞職せよとは不レ云、余曰、此目的を果たす為に止りて、夫を果す事を拒まれては、則辞職せよと云に同し、且私の月給を奪ふなり。君に於て法に触ると云ふとも、私に於ては法に触るゝとは不レ思、殊に又私平民になりて、台湾へ行は如何。公使云、出師に離たる上は異存なし。(六三)

ル・ジャンドルは後にも説くように、日本を代表して清に行って活動している。これがしばしば新聞でも問題になったが、パークスは七月二十七日（明治七年）に寺島外務卿に対し左のような事をいっている。

李仙得は一体、大言を吐く人なり。何か各国公使に対し威としに用ひし言葉あり、一国なれは自分の口上と見做ても宜敷候得共、各国へ言ひ入れし上は、当人の言を貴政府の言なりと世間にては見候。(六四)

御雇外人の進退問題をワキ舞台として、征台事件は進んで行った。五月十五日、東京に帰った大久保に対し、島津久光の反感があり、大久保はために辞表を提出したが、大久保なくして時局が乗り切れるものではない。岩倉の誠意ある勧告があって、久光は大久保排斥をふくむ建白書を撤回し、大久保もまた依然として朝に立つことになった。

（一）『大久保利通日記』下　二六二頁。

（二）大久保が日記に「意外之事」と書いたのは何を意味するかは明瞭ではない。徳富蘇峰氏は木戸公辞職のことなりといっている（『大久保甲東先生』一八五―八八頁）。

筆者は、従来、反対的態度をとるまいと考えていた米国その他が、積極的な反対意見を表明したことを聞いたからだと解する（本書九六頁参照）。

（三）林董『後は昔の記』一三一―三二頁。

（四）『尾崎三良自叙略伝』一三六―三七頁。
（五）明治六年十月二十日、岩倉具視宛木戸孝允書翰（『木戸孝允文書』第五　五九頁）。
（六）『西南記伝』上巻一　一八三頁以下、『松菊木戸公伝』下　一一七五頁以下参照。
（七）円城寺清『大隈伯昔日譚』六七五頁。
（八）明治六年十月二十八日、岩倉具視宛大久保書翰（『大久保利通文書』第九　二三三―三五頁）。
（九）東恩納寛惇『尚泰侯実録』一八五頁。
（一〇）明治七年二月六日、台湾蕃地処分要略（『大久保利通文書』第五　三四三―四六頁、『大隈重信関係文書』第二　二四七―五〇頁）。
（一一）『大日本外交文書』第七巻　五―八頁。
（一二）「リセンドルは曾て清国厦門駐在の領事で、米国の漂着船の水夫が蕃人に殺害せられて、アメリカから問題の軍艦を派遣した際、かれは清兵を率ゐて深く蕃地にわけ入り、十八社の酋長トキトリと逢ひ、将来アメリカ人が同地に入るとも、決して暴害を加へしめぬといふ盟約を定めたのである。」（『大隈侯八十五年史』一　五五二頁）。ル・ジャンドルにつき伊藤博文から大隈に寄せた手紙（明治七年八月二十日附）がある、曰く、
「横浜仏文新聞ニ李仙得之琉球論追々相著レ候処、過ル十八日之新聞ニハ稍我政府ノ処分ヲ不当ナリと記シ、又支那政府へ談判之為ニハ副島ヲ不二派遣一ヲ不都合ナル様書載有レ之候趣、疾ク承知之事トハ奉レ存候へ共、同人等如キ東洋之事情ヲ熟知スル者ヨリ彼是政府之処分ヲ非難

候様相成申候テハ大ニ我之不利ト奉レ存候。為二御注意一此段及二御内報一置候間、篤と御取糾可レ被レ下候。為レ其匆々敬具」（『大隈重信関係文書』第二　四四七頁）。

（一三）『大日本外交文書』第七巻　八―一三頁。

（一四）同上、一三―五頁。

（一五）ル・ジャンドルの辞令は左の如し、

外務准二等出仕　李　僊　得

補台湾蕃地事務局准二等出仕

太政大臣従一位　三条実美宣

大内史正五位　土方久元奉

明治七年四月八日

（『大日本外交文書』第七　一二一頁）

（一六）Tyler Dennett, *Americans in Eastern Asia*（New York, 1922）, p. 440.

（一七）『大久保利通日記』下　二八四頁。

（一八）*U. S. Foreign Relations*, 1873, p. 567. See *Japan Instructions*, vol. I, August 24, 1871.

（一九）*Japan Despatches*, vol. 22, Nov. 22, 1872.

（二〇）Dennett, *op. cit.*, p. 445.

（二一）『大久保利通日記』下　二三七頁。

（二二）明治七年四月十八日征台の不可を論じ辞官を請ふの表（『木戸孝允文書』第八　一五四―五五頁）。

(二三)『木戸孝允日記』第三　一三頁。

(二四)「谷は急に上京して……西郷の都督を拝せしを聞き憮然たり。西郷乃ち谷を訪ひ之に謂て曰く『足下と共に遠征に従はんと欲す、如何』と。谷洒然として其隔心無きを喜び、善しと称す。西郷乃ち大久保に謂ふ所あり、谷を以て参軍となす」(『西南記伝』上ノ一、五九六頁)。

(二五)「歳俸六千トルラルと一千円」云々とあり、一カ年の契約だ。この字義やや不明だが、一千円は手当であろう(『大日本外交文書』第七巻　二一頁)。

(二六)カッセルよりル・ジャンドルに宛てたる蕃地征討報告書による(『大日本外交文書』第七巻　二一五―二五頁参照)。

(二七)『大日本外交文書』第七巻　六九頁、三条太政大臣より大隈台湾蕃地事務局長官宛電信。

(二八)同上、二三―四頁参照。

(二九)パークスのものは自身の名前を単にHarry S. Parkes, Her Britannic Majesty's Envoy Extraordinary and Minister Plenipotentiaryと書き放してあるのに対し、米国公使のものはI am, with great respect, Your Excellency's obedient servant, JNO. A. Binghamとある。小さい事だが相違を見うるであろう。

(三〇)『大日本外交文書』第七巻　二八―九頁。

(三一)同上、二四―八頁。

(三二)同上、三〇―二頁。

(三三)同上、三四―五頁。

(三四)(三五)(三六)同上、三二―四頁。

(三七) 同上、四二頁。

(三八) John W. Foster, *Diplomatic Memoirs* (Boston and New York, 1909), vol. I, pp. 5ff.

(三九) *Japan Despatches*, vol. 27, Jan. 17, 1874.

(四〇) Dennett, *op. cit.*, p. 516.

(四一) 『大日本外交文書』第七巻　四三―四頁。

(四二) 同上、四五―七頁。

(四三) John R. Black, *Young Japan* (London and Yokohama, 1881), reprint 1940, vol. 2, p. 429.

(四四) 『大日本外交文書』第七巻　四九―五〇頁。

(四五) 『大隈侯八十五年史』一　五五六―七頁。

(四六) 日本政府はニューヨーク号の航海破約について損害賠償の訴訟を提起し、横浜米国領事の裁判にて敗訴となり、明治七年八月十日、カリフォルニア州地方裁判所へ控訴の手続方、桑港の日本名誉領事に通達している。結局この事件は、明治十一年七月に控訴棄却となった(『大日本外交文書』第七巻　一八〇頁、三三六―三八頁参照)。

(四七) 『大隈侯八十五年史』には「英国船ヨオグシユン号に向つても同じく借入の約を解いた」とあり(同書一　五五八頁)、これに対し外人側の記事では「最初から英国公使はヨークシャー号に関し禁止すべしと懼れられたのであるが、英国公使が為したことは、単に日本兵を載せたる場合、清国の開港場に着けることを禁止したのみである」といっている(Black, *op. cit.*, p. 429)。

(四八) 『大隈侯八十五年史』一　五五九頁。

（四九）『大久保利通日記』下　二六三―六四頁。
（五〇）同上、二六四頁。
（五一）明治七年四月二十九日、大久保への御委任状（『大久保利通文書』第五　四九八―九九頁）。
（五二）『大久保利通日記』下　二六六頁。
（五三）勝田『大久保利通伝』下巻　二五三―五四頁。
（五四）『大久保利通日記』下　二六六頁。
（五五）明治七年五月四日、台湾生蕃処分に関する議定書（『大久保利通文書』第五　四九九―五〇一頁、『大隈重信関係文書』第二　三三一―三頁）。
（五六）明治七年五月四日、長崎出張の復命書（『大久保利通文書』第五　五〇三―〇四頁）。
（五七）『大日本外交文書』第七巻　五三頁。
（五八）同上、五四―六頁。
（五九）同上、六七―八頁。
（六〇）同上、六五―九頁。
（六一）同上、六九―七二頁。
（六二）同上、六四―五頁。
（六三）同上、八七―九頁。
（六四）同上、一六五頁。

第三章　日清間の予備交渉

一　征蕃派軍と国内事情

大久保、大隈、西郷の話合いによって西郷従道は台湾に向うことになった。第三陣である。困ったのは船舶の不足であるが、大隈が奔走して、ちょうどその頃長崎に入港した米国商船シャフツボリー号と、英国商船デルタ号が入港したのでこれを買収し、国旗を檣頭《しょうとう》に押し立てて、前者には社寮丸、後者には高砂丸と命名した。この二隻を得て、西郷は五月十七日に、台湾に向った。問題のニューヨーク号の買収にも着手したが、この方は種々な問題があって、買収したのは八月十日のことで、これに東京丸と命名した（一）。

こうした処置については、国内一部に於て相当な批難があった。大隈はその時のことについて回顧する。

愈々決まつた（出兵）と思うと、英米から……船を出すことを中途で止めた。サア大変、愈々絶体絶命といふ場合で、トウ〳〵わが輩独断で、その頃太平洋通ひをしてゐた米国の飛脚船等五六艘を買ふ事にした。当時わが輩は大蔵卿として財政権を持ってゐたので専断で政府の金を恣《ほしいまま》にし、これを支出したといふので非常な弾劾を被つた。危く進退伺を出さなければならぬ所だが、既に乗船の仕度整ふたる間髪を容れざる場合だから、下手に中止しようものなら、軍隊内に不平内乱が起りそうな形勢である。第一西郷一向肯きはしない。平生でも此方は余り人望のない方で、そこへこの始末だから、攻撃の火の手は益々高まつたが、形勢斯くの如しで、わが輩はこの際、果断決行に如かずとした。(二)

この台湾出兵は必然に国内において流説を生んだ。政府はすでに明治七年二月、「軍事に係り候儀は新聞に出すまじき旨御達相成」、『郵便報知』のごときは新聞記事の差止めが、かえって人心不安を増大することを説いて東京府御掛に建言し、東京商法会議所がこれに副申しているが、(三)この建言は聞かれて二十日の禁止命令が二十五日には解禁になっている。台湾問罪の出兵に関しては四月十四日の『新聞雑誌』に現れた。

台湾問罪ノ鎮台兵二十小隊、熊本、鹿児島両営ヨリ出発ノ由、隊付ノ士官其他蕃地事務関係ノ官員、昨十三日品海出帆ノ趣ニテ、十二日両国辺処々酒楼ニ於テ盛宴ヲ張リ、別杯ヲ催セリ。又彼地陣営修繕ノコトハ、神田三崎街有馬屋ナル者請負ニテ、木材等昨今府下ヨリ積廻シ相成ル由ナリ。(四)

出兵の事が決ると南方問題に興味が出て来て、四月十八日の『東京日日新聞』には「当節の台湾通信」という記事に、台湾土蕃の生活を紹介してあり、また同日「清国厦門に領事館被レ置候」旨の公告がある。『東京日日新聞』は岸田吟香を従軍記者として派遣し、更に写真師も始めて従軍することになった。

写真ノ行ハレテヨリ山川草木動物ノ類其形ヲ蔽フ所ナク、数万里外ノ物ト雖モ、数千年前ノ人ト雖モ、対シテ少異アルコトナシ。中橋埋立地ニ住スル松崎晋子ハ久シク之ヲ業トス、今度台湾ノ役陸軍省ノ命ヲ奉ジ、去ル十二日欣然トシテ発程ス、不日彼境ニ達シ、山河ノ形勢ハ元ヨリ、人物ノ類或ハ彼此応接ノ光景等ニ至ル迄、尽ク紙上ニ収載シテ帰ラルベシ。同日我社ヨリ発スル采訪者ガ書載シテ寄ルノ書ト照看セバ、図中ノ人物ヲシテ或ハ怒ラシメ、或ハ憂ハシメ、或ハ喜バシメ、或ハ楽シマシメ、又ハ其水ヲシテ流レシメ、終ニ石ヲシテ善ク点頭セシムルニ至ルモ亦難カラザルベシ。（五）

こうして問題となっていた時に同日の他の新聞は急にこの台湾遠征の事が取消しになったと報じた。

台湾問罪として此程陸軍兵隊其外長崎まで発艦の処、外国人議論等も有レ之、御取消相成候よしにて、去る十九日金谷（井）権少内史同港へ差遣はされたるよし。（六）

越えて、五月八日には大久保が西下したのはこの問題のためだと新聞は報ずる。

大久保内務卿ノ西下ハ全ク台湾出師御引戻シノ事件ニ関係ノ由ナルニ、卿未着ノ内已

ニ台湾行ノ諸軍長崎発港ノ噂アリ追々蕃地ノ確報アルベシ。(七)

金井や大久保が西下したに拘らず、西郷都督が断乎として出征したという新聞記事が出たのはその一週間後のことだ。

台湾問罪の挙に付て、昨今評説あり曰く、英米公使より云々物議を生ぜしは、彼の人員と船舶を借るの事に係り、遂に還旆《はたをかへす》の議を生じ、参謀大久保公を以て出征を止められしかども、都督西郷公は兼て勅命と特諭の重旨を奉体する処あり、兵士は勇気凜々進むの勢ひあり且更に深き御算も立させられて、頃日断然出征のことに決し玉ひ、汽船二艘を長崎にて御買入れになり、三国号を借り上げ、士官兵員追々蕃地社寮に向け解纜すと、既に都督公も御発艦の由……(八)

この日の新聞に、参議兼文部卿木戸孝允が五月三十日を期限に本官幷兼官を免ぜられる旨を発令公表してあるのも、一般国民としてはなんらかの問題が、上層部にあるのを知ったに違いない。その頃の新聞に左の如き浮世歌の投書があった。

夕暮にながめ見わたすたまの浦
君の仰せをよそにして
帆かけた船がいづるぞひ
あれ民がなく民の声(九)
都に名将がないかいな

民間において政府の朝令暮改の批難が盛んであったと共に、この征台事件は物価に影響して、新聞は盛んに米価問題を取りあげた。すなわち東京商社相場欄によってこれを観ると、米価は左の如く奔騰している（単位銭、一石当り）。

	当月限	二月目限	三月目限
明治七年一月十日	五、一〇	五、一七	五、二六
二月十日	五、三八	五、四六	
三月十日	五、七五	五、九〇	六、一〇
四月十日	六、〇三	六、五三	
五月十日	七、三〇	八、〇八	

この物価騰貴は各方面の論議の種になったが、『東京日日新聞』はこれを以て「全ク蒸気船会社船々台湾御用ニ付、悉ク長崎へ差向ラレタルニ付、諸港通船無ㇾ之処、過日外国船雇入許可ヲ蒙リ候ニ付、追々米穀入津、自然潤沢ニ相成、人気穏ニ可㆓相成㆒ト云フ投書アリ、左様ノ事ナラ嘸《サソ》ヨロシカロト存ジ、諸人安心ノ為メ爰《ココニ》記(一〇)」とあり、東京商社の政府の下問に対する答えにも、他の理由と共に「佐賀御県下之動揺一旦人気ニ危ミヲ生ジ候処、引続キ海外御進軍ニ付、市中白米御買上ゲ、且ツ蒸気艦等御雇入ナド、米価騰貴ノ由テ起ル所ト奉ㇾ存候(一一)」と指摘している。

更にこうした事情においては豪商が攻撃の標的になるものだが、この時がそうであった。

貴社新聞第三百四十一号投書中に曰く、我国三井小野の如きは海内の豪商なり、然して未だ曾て天下有名の功を為さず孜々《しし》として只利是謀る云々とあり、噫《ああ》何の言ぞや○中略又曰く今府下の米価一斗一円、殆ど飢饉の如し。然して夫の二豪商米を奥州に網羅し、之を府下に蓄蔵する者二十万石云々と。是亦誣妄《ふもう》の甚しといふべし。余頃日二豪家の業を他聞するに、陸奥の地たる一般貢租金納なるを以て、米を売り金に換へんとす。故に米価低しと雖ども買ふ者頗る少く、金融甚だ宜しからず。依て三井小野の二家、相謀りて其米を買ふは、他なし民の便利を助けん為なり。然れどもこれを売らんには素より他へ運漕せざるべからず。故に既に奥州に買入るる処の米を東京に送致せんと欲すれども、郵便蒸汽船会社の汽船は、悉く台湾の御用に備へられ、且和船は用をなさずして未だ都下へ廻送するの便なく、然して即今、台湾御発向により、数多の糧食を備へらるれば、自然府下の米払底を生じたるものなり。聞く頃日蒸汽船会社より彼陸奥に蓄ふる米を運輸せんため、外国船を雇ふことを出願に及びたりと、不日許可あるべし。(二三)

政府は五月十九日に台湾問罪の声明書を発し、全権公使柳原前光《さきみつ》は同日、東京を出発して清国に向った。

二　外人記者の日本軍隊観

話は少し前にかえるが、都督西郷従道より一足先に出帆した有功丸は五月三日に厦門に到着した。同艦には、西郷が閩浙総督李鶴年に贈る照会状を持参した領事兼任の陸軍少佐福島九成(一三)が乗船した外、米国公使からの乗船中止の命を無視して急遽出発した米人も同船した。福島が米人達と肌が合わなかったことは、カッセルのル・ジャンドルに宛てた手紙がこれを証する。

福島氏ハ之ヲ遇スル甚タ難ク、実ニ同氏ハ其権ヲ取ル大ナルニ過キテ、予辛フシテ我受ケシ指令ノ旨ヲ執行フヲ得タルコトナリ。故ニ予ハ以後如何ナル有様ニ於テモ同氏ト共ニ決シテ何事ヲモ為スヲ承諾セスト言フヘシ(一四)。

この福島に比して西郷は流石に外人にも評判がよく、ニューヨーク・ヘラルドの特派員の資格で乗船していたハウスも西郷を讃めている(一五)。

厦門で西郷の書翰を福建総督に差出した福島以下は五月六日、台湾の社寮に上陸し、海岸に沿うて陣営を建設した。それと前後して日進、明光の諸艦が到着し、更に五月二十二日には殿軍の西郷都督が社寮港に到着した。この日、折しも清国軍艦二隻が社寮港に入り、翌日、その佐官傅以礼は西郷を訪問して、日本の出師理由を問うたが、西郷は外交交渉は一切、柳原公使と商議すべしと言って取合わなかった。
日本側の記録は、いずれもこの台湾の軍事行動がうまくいったことを述べている。即ち谷、赤松等が社寮港に着くや、米人カッセル、ワッソンと共にル・ジャンドルの紹介状を持って生蕃地に赴き、網社、小麻里、周勝来三社の酋長を招いて説明すると、彼らはよく諒解した。ただ生蕃社の内、牡丹社だけは、かねてから慓悍《ひょうかん》を以て知られており、これに対しては前記三社の生蕃を案内として、徴集隊を斥候に宛て生蕃を攻撃した。しばらくして西郷が後続部隊を率いて来着したので、六月一日、兵力を三分し、谷は楓港より、陸軍中佐佐久間左馬太《さまた》は石門口より、また赤松は竹社口より牡丹社に進入した[一六]。生蕃等は大いに恐れ、家を棄てて山谷の間に遁逃した。「これより後、土蕃、我軍の勇武に畏れ」[一七]、かつ「十八社ノ酋長来リ降ルモノ相踵キ、兇良勦撫営ヲ亀山ニ設ク」[一八]というのが、普通の征台史の説くところだ。

ここで筆者は、やや趣をかえて外人側の観察を書いて見よう。筆者の手許には二つの材料がある。一つは征台軍に従軍したハウスの手記であり[一九]、今一つは遠征軍の幹部の一人であるカッセルの報告だ[二〇]。ハウスは前にも書いたように、ル・ジャンドルの「秘書」の役をつとめたが、台湾行きには船客としてニューヨーク・ヘラルドの特派員の資格で乗込んでおり、またカッセルはワッソンと共に日本船の到着位置、上陸及び蕃地への案内役である。ル・ジャンドルが直ぐ西郷と共に来るはずであったのが、東京に行って来なかったので、案内その他の重責はこのカッセルの肩上に落ちた。カッセル及びワッソンは現役軍人であったが、その後米国政府はその賜暇《しか》を取消した。(二一)征台事件が米人との合作であることが益々明瞭だ。このカッセルは帰国後、明治八年六月十五日に、台湾で得た病気が原因で死去したので、日本政府は明治九年九月一日、月給六カ月分をその遺族に送った。(二二)ハウスは有功丸が五月八日朝早く入港して、兵隊と糧食との陸揚げした時の感想を書いている。ハウスは日本のために弁解的であると後の史家からいわれている者だ。

この仕事は決して順序と規律によって行われなかった。こうした素質は日本人がその旧習によって事務を処理する場合には彼らの内に明瞭に存するのだが、彼らが外国の方法を用いんとする時にはしばしば失われてしまうのである。予は西洋の軍事科学が紹介されぬ以前の旧式の日本軍隊が、敏速で、清潔であったろうことを想像しうる。しかし今や軍隊は軍として成功するに必要なるところの種々な点において欠けている。一八六八年の国内戦争において彼らは軍人として最も必要なる要素――即ち個人的勇気を、恐らくは持ち過ぎるほど持っていた。しかしこれが現れた様相は、適切で効果的であるよりも、しばしば猪突的で、また自暴的ですらもあった。(二三)

ハウスのいうところによると、これらの兵隊は彼らが一段上の階級に属すると考え、土方仕事をやらない。従って百名の兵隊に、百名の苦力を使って、塹壕を掘るという有様だった。「全然古式の方法を以て日本人が何をなしうるかは不明だが、新式の方法を部分的に採用することは、それが破壊的作用を行い、今までのところは彼らの軍隊の便利と健康に寄与することは極めて少ない。結果は将来に見ねばならぬ(二四)」と書いている。

更に当時の武士出身の兵隊を描いて興味がある。兵士達は本営を遠く離れることが危険であるに拘らず、援助の不可能な場合にも跋渉するのである。五月十七日に百人の兵隊が二マイルの東方に行って、藪蔭から現れた現地人に襲撃され死傷があった。「この最初の惨事は、無暗にその辺を歩くことが、遠征隊員にとって危険であることの実物教育として顧みられることが希望されたのであるが、事実はさようではなかった。彼らのある者は自制については無神経であり、またそのレッスンが、どれだけ峻厳であっても、それによって利益することができないことを示した(二五)」

ハウスは繰返し兵隊の素質はいいが集団的統制がないことをいっている。「彼らに対する監督は、厳重なる規則の適用であるよりも、むしろ将軍（西郷）の個人的インフルエンスによる」といい、あるいはまた例の薩摩《シーカー》からの徴集隊については、

彼等は武名に対する熱心なる希求者であって、機会だにあらば常に第一線に立つことを決意しており、またそうした機会が自然に起らなければ、これを作りあげるのである。彼らを与えられたる一定の行動の規律内に拘束し置くことは不可能であるかに見えた(二六)。

とてその例をあげ、彼等が指揮者を離れてドシドシ敵地に入込むさまを画いている。しか

しそうした欠点はあるが、不愉快な事態に処して一言も不平をいわない勇気を称している。「平和時において、彼がその愛好の欠点（favorite faults）あることを以て外人は非難し、また誇張しがちであるが」とあるのは、酒色の道を意味したのかもしれぬ。(二七)

三　台湾における西郷とその軍隊

カッセルの報告はその上長ル・ジャンドルに宛てたるものを、ル・ジャンドルが更に大隈台湾蕃地事務局長官に送ったものである。かれは軍輔佐として熟蕃との交渉、道案内等の役を引受けたのだが、かれも日本人兵隊が命をきかずに前進することに不平をいっている。その一例としてあげたのが「ボンタン部」（牡丹社）に入る石門で起った事件だ。かれは蕃人案内者から、ここが要害堅固なところだと聞き知り、ボンタン人をここに誘引して、日本騎兵を以て背後より衝かせる計画であった。

然ルニ彼石門前ニ露営シタル「コムペニー」隊、廿二日ノ朝兼テ命セラレタル如ク直ニ退カスシテ、却テ石門中へ進ミ掛ケ土蕃ノ兵ニ出遇ヒ、二時間劇戦シ之ヲ退ケ、十五人ヲ殺シ、三十八人ヲ傷ツケ、我兵モ死者六人、傷者十人、或ハ十五人トモイフ。之ヲ聞キシ時、余ノ憤懣如何ソヤ。加之、我兵敵ノ首十二級ヲ切テ陣営ニ帰リケルニ、此村ノ支那人等皆「ホンタン」部ノ首酋「アロク」ノ首級全其中ニアリト云ヘリ。嗟、

日本人彼怖シキ野蛮ノ風ニ従ヒ、死者及ヒ傷ツキテ未タ死セサル者ノ首ヲ切リ、分取トシ敵ノ兵器装束ヲ褫取シ持帰レリ。(一八)

かれはこの不平を赤松に言ったらしい。そこで「船将赤松命ヲ待タスシテコトヲ為シタル者ヲ諭シ、全隊ニ令シテ直ニ此地ヲ退カシメ、以テ余カ策ノ猶行ハルヽ様ニ為サント云ヒケレトモ」、しかしカッセルは「兵卒此ノ如ク血気ニ猛ルノ時ニ当テ進撃セサルヘカラス、否ラサレハ事ナキヲ不足ニ思ヒ必ス忽マチ事ヲ企テ、之カ為ニ患害ヲ起サンモ計ラレ」ずと考えた。(一九)

西郷は生蕃地が略《ほぼ》平定したので、一方において谷、樺山を帰朝せしめて、蕃地の状態を政府に報告せしめ、他方また赤松、福島を北京に派して、その頃、清国政府と交渉していた柳原公使を補佐させた。この間、日本兵は台湾に何をしていたか。明治初代の外交官佐田白茅編輯の『日清貫珍』に「台湾来状ヨリ抜キ記ルス」とて左の如き記事がある。

瑯瑠ノ日本兵、空ク手ヲ措《ヲイ》テナス所ナシ。亦嗣テ何事ノ起ラントスルヲ知ラス。日本兵ハ尽《コトゴト》ク牡丹生蕃ノ地ヲ略シ、内地処々ニ陣営ヲ張レリ。然シ彼等自ラ手ヲ蕃族ニ出スノ道ナシ。故ニ日本兵既ニ其業ヲ成就セリト思フヲ得ズ。故ニ独身ニテ一営ヨリ一営ニ至ルヲ安全ト思フヲ得ズ。縦令二三ノ同伴アルモ猶然リ。出遊スル者屢々《シバシバ》砲発セラレタレトモ、幸ニシテ死傷ノ者ナシ。日本人ハ居地甚便ナラズ。日本人ハ心ノ儘、蕃地ニ留ルヲ得ベケレドモ、モハヤ此上ノ獲物《エモノ》ハナカルヘシ。亦野蕃ニ対シ、千数ノ番兵ヲ以テ保護スルノ不都合アルヘシ。此野蕃ハ既ニ数度ノ戦争ニ削リ弱メラレテ、今僅ニ二三百人ノ隊ヲナセリ。日本ニテ今日錨ヲ解テ去レハ、次日ハ蕃人又其地ニ帰テ、再タヒ其家屋ヲ造ルナルヘシ。(三〇)

清側の記述にはやはり西郷が台湾において立往生した意味のことがある。すなわち

既而従道違レ旨進攻不利、久屯二亀山一、酷暑多二病疫一、棺輓相望、進退維谷、又偵二探之一、巡撫王凱泰将二兵二万一、向二台地一。日本大恐遂以二参議大久保利通一、為二弁理全権大使一、委以二和戦之権一。当時英美各国之持議公平、日本窘急情形概可レ知已、若使下当事者、知中臨レ機応レ変、以レ逸待レ労、以レ主待上レ客、不レ急二於行一成、不レ難四使三彼就二我範囲一。乃利通陰託二英国公使威妥瑪《ウエードトマス》一、居間調停、彼反収二外人保護之効一、我乃入二彼轂中一、遷就求レ和。(三一)

これによると、西郷が台湾で困ったので、大久保が乗出し、その大久保は英国公使ウェード（Thomas Francis Wade, 1871–83）に頼んで居中調停をして貰ったことになっている。大久保については後にどうせ問題になるからここで言及しない。

西郷の一行の行動については清国側にも相当に情報が入っている。三月十二日の上海情報には「頃日長崎より得たる情報に拠れば、日本は有栖川宮を総督と為し、『リゼンドル』を参謀に任じたりとの事なるも、『リ』は去年副島に随て来遊せる事あり、よく台湾語を操る。外国の新聞には其兵数一万五千と称し居るも、実数は不明なり」とて、米国船をチ

ヤーターして兵を送ったことを記載している。(三二)「有栖川宮を総督と為し」というのは佐賀の乱と混線したものだが、本筋は伝っている。
西郷の一行が、どれだけ蕃地の苦熱と戦って苦しんだかは別として、そこで病人が頻出したことは事実だ。六月五日思召を以て御雇ドイツ人医師シェーンベルゲルを台湾に送る旨仰出された。同人は明治七年六月十二日から向う六カ月の契約で、一カ月五百ドル宛、その外に毎月飲食雑費代として百五十ドルが支給された。かれは現地の日本医員を指揮する権限を与えられた。(三三)
後の話になるが、この征台の役において戦死が十二名に過ぎなかったのに、病死五百六十一人に達したことが、その辺の事情を物語る。凡そ出征人数は三千六百五十八人であったから、約半歳の間に七分の一以上の死者があった訳だ。(三四)

四　柳原と清側との交渉

柳原前光は全権公使を命ぜられて五月十九日に東京を出発して清国に赴いた。政府から柳原に与えた訓条には、明治四年十一月、琉球人五十四名が台湾土人に劫殺された事件と、明治六年三月、小田県下備中浅江郡の住民佐藤利八等四名が同じく土人に衣類器財を掠奪された事件とを挙げて、然レトモ清国ノ政権逮ハスシテ、其化《ケ》外《ガイ》自肆ニ任セシハ、邇年米国政府ノ所行ニ因テ徴知シ、且去年特命全権大使副島種臣ヲ清ニ遣シ、換約ノ際、曾テ此事ニ談及ホシ、該国大臣ノ所答ニ据リテ、証跡判然タリ。若シ棄テ問ハスンハ、後患何ソ極ラム。今膺懲《ヨウチヨウ》ヲ行フ意ハ、野蛮ヲ化シテ良民ヲ安スルニアリ。敢テ釁隙《キンゲキ》ヲ隣国ニ開クニ非ス（三五）

といい、また琉球藩は「自レ昔、我控御スル所ニシテ、既ニ冊封ヲ奉シ、政化ニ服ス」（三六）ことを明かにして両属の問題などは取りあげることすらも不可である旨を明かにしている。柳原はまず上海に赴き、最初に江蘇布政使応宝時及び沈秉成と、後には沈葆楨及び潘霨と面談した。

柳原が上海に行ったのと行違いに、清国総理衙門から寺島外務卿に宛て照会の文書（三七）が来た。その意味は、副島大臣が在清した時、台湾地方の事件は両国が好意を以て相待つべしとの意はあったが、兵を用いるとの語はない。更に日清条約には両国所属の邦土侵越すべからざるを約したのに、北京の各国公使や諸新聞紙が伝うるところでは、日本が兵を蕃地に送ったという、この事、事実ならば何故に清国政府に報知がないのかというのである。その後シナの態度は一層積極的になって、福建総督李鶴年は西郷に書を送って、蕃地は清国の所轄だから撤兵されたしというに至った（三八）。

日本側としてはこれは、やや意外だった。清からの一応の照会ぐらいあることは予期していたにしても、清が蕃地をその領土と主張するとは考えなかった。明治六年三月、副島が清国に赴いた際、副使柳原前光、鄭永寧を総理衙門に遣わして、生蕃のことを尋ねさせたが、蕃地は化外に置いて治理せざるの言をえて、七月帰朝した。大久保が征蕃を決意したのはこの副島やル・ジャンドルの説を聞いての結果である。大隈が後にも論じたように、副島が「只、口頭を以て慥かめたるのみにして、別に外交上の公文書を徴し置かざりしこと」(三九)は遺憾であった。

清側は上海の柳原と、台湾の西郷との間が距離と権限の二つの点から疎隔がちであったので、これに乗じようとした。即ち、「西郷ハ軍事ニハ専権ヲ有シタレドモ談判ノ権ヲ有スル人ニ非ス」(四〇)、さらばとて柳原は一個の外交官だ。そこで沈葆楨と潘霨とは柳原と交渉を開始しながら、かれに無断で、台湾に行って西郷と逢って、撤兵方を交渉したりしている。この辺の事情については日、清両国側のいうところを見ると興味がある。清側の奏聞によると、

臣霨○幫弁大臣潘霨滬《コ》ヲ過キシ時、已ニ彼国公使柳原前光ト往復議論セル処ニテ、同使ハ初メ極力責任ヲ転嫁セントセルモ、忽然西人ニ売ラレタルコトヲ後悔スル処アル旨ヲ自陳シ、撤兵ヲ応諾シ、ソノ証拠トスヘキ手書有リ。然レトモソノ着台後ノ情形ヲ察スルニ、右ハ信ヲ置クニ足ラス。(四一)

といっており、西人の言を信じて日本が行動したことを後悔したといっているが、柳原自身は西郷が休戦を応諾したといっている。柳原より釜山駐在の森山理事官(茂)への書簡

に曰く、

下官、上海にて清国欽差幫弁大臣潘霨と及㆓談判㆒、退兵論を指斥候処、其後、同人、蕃地へ行き、西郷都督と及㆓開談㆒、西郷都督、其行懸により償金を請求したり。然るに、潘霨尚考案可㆑致申聞、恰も承引せし如く云たり。仍て西郷氏、誤て其甘言を信じ、其間休兵すべしと答候。尚、償金事件は、潘より下官へ応接可㆑致とて相別れたり。然るに潘、下官へ書面差越し、償金は不㆓出来㆒、且、西郷氏休兵を承引したり。此上は、速に退兵致承度申出、其形蹤、実に沈惟敬と同流にて、下官、西郷、隔地に在るを幸とし、如㆑是詭計を施したり。(四二)

柳原は上海では話が進行しないので七月十七日上海を去り、二十四日天津に李鴻章と会見した。李鴻章と柳原の会談では、李が柳原を呑んでかかっている。李は副島が辞めた理由を質問し、柳原が岩倉との意見の衝突の結果だというと、

十年の駐清公使伊達、十二年の副島共に帰国後直ちに職を退かれたるも、貴国の人事行政は総て斯く常なきものなるや、抑も、駐清公使なる職が不利なる為めなるや？貴下も九、十、十一、十二と毎年来清され、而もその度に陞官《しょうかん》されて、今年は公使になられ、些か御用心を要する時期となりしには非ざるや。(四三)

といった調子であり、また柳原が西郷は朝廷の命を受けて出征せるもので、余は令旨を奉じて通好を求めに来れるものに過ぎずというと、李鴻章は

一方にては我国領域内に出兵し、一方には人をして好みを通ぜしめむとす。即ち口に通好和平を称へつゝ、その実を挙げざる、思ふに日本なる国が二つあるに非れば、斯く一方には出兵し、一方に通好を求むるが如きことは不可能に非ずや。(四四)

と詰っており、「日本は無条約時代には二百余年一兵だも我領域を犯さなかったのに、今締約するや忽ち兵を以て我国に臨みたるは、貴方の不信たるは勿論、もし締約各国斯くの如くんば天下は挙げて大乱に到らん」といっている。李鴻章は柳原に北京に行っても無駄だといって阻止せんとしたが、柳原はこれに服せず、二十七日遂に天津を発し、三十日北京に入り、総理衙門と交渉した。総理衙門も日本の撤兵を促すことは同じである。

五　廟議積極論に一決す

日本内地においては、台湾から帰った谷の報告を中心に征蕃の役の後始末が問題になっていた。政府のある者はすでに生蕃が平定されて、出師の目的が達せられたのであるから、宜しく兵を撤退すべしといい、これに対して大久保、大隈、大木の如きは強硬論であった。柳原の私信によると、「武官の内意は、清と戦ふを最も冀《こいねが》ふなり、即ち来諭に言、条理も義務も暫く不レ問、大に十八省に横行せんとする也」(四五)とあって、武官の強硬論を伝えている。大久保の説は、談判交渉が終らないのに撤兵するのははなはだ不可である、清国政府をして之を弁償せしめねばならぬ、しかも李鴻章の如きが激論を主張し、その意志は戦にあるようだから、先んずれば人を制し、後るれば人に制せらる、宜しく朝議を確定して、清に対すべきだというにあった。(四六)

政府にあってすでに絶大なる勢力を有する大久保の意見が朝議を指導するのはいうまでもない。大久保の日記に曰う。

七月二日　木曜○上略　九時参　朝。今日蕃地処分ニ付、仏法律家某、李仙得被ニ召呼一云々ノ御尋問有レ之。○下略

七月三日　金曜　今朝条公御出、蕃地云々ノコト見込御承知相成度御内談有レ之、是非此上ハ断然ノ御確定コレナクテハ不ニ相済一、利害得失ヲ御返詞申上候。○中略条公亭江参上、蕃地処分ニ付、今后ノ御目的議論有レ之、断然見込申上置候。○中略伊藤子入来、今朝御評議ノ末ニ付異論有レ之、愚考十分ヲ論シ、終ニ此上ハ公評ニ決シ、何ク迄モ退カス、尽力ハイタシ候云々ノコトニテ別ル。○下略

七月四日　土曜　今朝条公江参上、岩倉公参議一同出席、蕃地ノ事件御評議有レ之。○中略八時条公召ニ依リ参上、蕃地ノ事件ニ付御談有レ之、議論分立ニ付、別而御心配有レ之故、小子確然申上候。

七月五日　日曜　今朝七時条公御出有レ之、今朝条公亭ニ於テ会議ニ付御内談有レ之。九時前野津子ヲ訪、留主。○中略四字ヨリ条公江集会、岩公、参議一同、山県子ナリ、

蕃地事件御評議有レ之、頗紛論ナリ。〇下略
七月六日　月曜　〇上略　九字ヨリ条公江参上、岩倉公一席ニテ猶蕃地処分結局ノ事ヲ御談有レ之、愚意確然言上、陸軍将校江山県ヨリ見込尋問ノ義申上ル。〇下略
七月八日　水曜　今朝野津子兄弟入来。九時参　朝。一字山県陸軍卿参　朝、台湾処分結局云々ノ義、将校評議ノ始末言上有レ之。今日猶又御評議、不レ得レ止戦ニ廟議相決。四字帰宅。野津子、石原子、五代子入来、囲碁。山岡（鉄太郎）子入来。(四七)

右によって如何に大久保が廟堂の群議と、軍人間の区々の意見を纏め、積極論に廟議を一決せしめたかが明かだ。七月九日、左の訓諭を陸海軍の両卿に達して出師の準備をなさしめた。

今般、台湾蕃地処分ノ為メ、都督発遣候ニ付、清国へ公使派出被ニ仰付一、精々両国和親ヲ不レ破様可レ及ニ談判一候得共、若シ彼ヨリ釁隙ヲ設候哉モ難レ測、不レ得レ止ニ出レハ戦争ニモ可レ及旨廟議一決候。方今陸海二軍創立日久カラス、固ヨリ其充分ヲ望可カラスト雖モ、我力ニ随ヒ、緩急ニ応シ、不虞ヲ戒ムル等ノ設備無ル可カラス。宜ク斯意ヲ体シ、篤ク省議ヲ尽シ、其方略籌画《チユウカク》可レ致事。(四八)

場合によれば清国と一戦を交うべく廟議は決定したが、それならば如何にして戦うか。ここに柳原と、赤松海軍少将、福島少佐が相謀って作製した作戦がある。柳原の手記によると左のようだ。

清と決戦之策は、先づ只今より後援の精兵二大隊を蕃地に送り、総計四大隊、外に甲鉄艦一隻を厦門に碇泊し置き、此海陸軍は、北京にて破裂の報を聞けば、直に台湾を襲撃し、並に甲鉄艦にて福州の往来を絶し、傍ら近傍諸島を蹂躙す。是、南部の戦術なり。扨、北部は、南部戦争の始る時分、後援と称し、陽に大に宣言して、清兵を悉く南方に向けしめ、筑紫海より直に転柁《てんだ》して、一万の精兵及軍艦数隻にて直に北京を陥落し、清帝を窮迫して、一時に十八省を瓦解せしむ。右一万の兵を送るには運送船入用ゆへ、在来回漕船を当今頻に修覆し、又「ニウヨロク」船外に良舟二隻御買入相成候間、又無二差支一。此両策は下官、赤松海軍少将、及福島少佐と密談。大隈氏へ建白し遂に登庸せらる。自ら想ふ、今般の大事、遺算なしと。(四九)

こうして対清強硬決意ができたので、政府は外務省四等出仕田辺太一を清国に派して、我朝議を柳原に通じて新訓令を与えた。その内容は「台湾事件ニ付、今後支那政府談判ノ儀、更ニ深ク遂二熟議一候処、近来新聞紙中竝外人ノ伝説等に拠リ候得者、李鴻章等激論主張、意志戦争ニ帰候趣、就テハ万一彼ヨリ先セラレ候而ハ、不二容易一不覚ニテ、実ニ国家ノ大患不レ過レ之被レ存候、内テ新ニハ兵備調製ノ儀、ユルカセニ難二相成一、外ニハ談判貫通ノ事、遅々スヘカラサル時態ニ候条……」(五〇)とて、談判要領書を添附している。

〇上略 再ヒ蕃民ノ猖狂《シヨウキヨウ》ヲ恣ニセシメサル方法ヲ立ルハ、日本政府ノ志ストコロ既ニカクノコトシ。故ニ清国政府、ソノ疆場ヲ固センカ為ニ、我コノ地ニ在ルヲ以テ、危懼不安ノ情アラハ、ソノ地ヲ挙テ之ニ与フルモ固ヨリ吝惜《リンセキ》セス、但爾来ノ処分如何ニアルノミ。即チ潘霨照会書中ニ云ヘル如ク、営汛ヲ設ケ、兵船ヲ派シ、望楼燈塲等以テ不虞ヲ戒メ、通航ヲ利スルノ備充実シテ、我日本政府ノ義務ニ代ルヘキモノアルヲ期シ、将タ今日ニ至ルマテ、清国政府其接壌ノ地ニ在リテ、其人ヲ化スルノ義務ニ怠リタルニヨリ、我日本政府不レ得レ止、コレヲ勦《ソウ》撫懐柔スルニ至リ、我日本政府ニテ糜スル所ノ財貨、所費ノ人命モ亦清国政府ヨリ、コレカ相当ノ償ヲ出サシメンコトヲ要ス。(五二)

以上を要約すれば蕃地はこれを返還して差支えなし、しかし償金を要すというにある。これについて同時に柳原に与えた心得書が政府の意志を極めてよく現わしているから、少し長きに過ぎるが左にこれを採録しよう。

清廷談判ニ付可ニ心得一条件

第一

清国委員ト蕃地処分ヲ談判スルハ都テ別紙要領ノ趣ニ照シ毫モ屈撓スル処アルヘカラス。且力メテ談決ヲ促シ、故ナク立約蓋印ノ期ヲ遅延スヘカラス。

第二

談判ノ要領償金ヲ得テ攻取之地ヲ譲与スルニ在リト雖モ、初ヨリ償金ヲ欲スルノ色ヲアラハスヘカラス、是毎ニ議論ノ柄ヲ我ニ取ランヲ欲スレハナリ。

第三

談判漸ク償金ニ渉リ其額数ヲ論スルニ至レハ固ヨリ所費ノ外ヲ要セストイヘトモ、力メテ我ヨリ其額ヲ言出ス事ナク、彼ノ云々スル所ヲ我政府ニ電報シテ其若干額ヲ伺定ムヘシ。

第四

談判ノ要領其欲スル所ノ如キヲ得ハ速ニ約ヲ立ツヘシ。尤立約ノ大旨既ニ定ラハ、或ハ人ヲ以テスルモ、或ハ書ヲ以テスルモ、一応政府へ通報し、其答尤用電信ヲ得テ之ヲ決スヘシ。

第五

前文ノ約成リテ公然コレヲ政府ニ通知セハ、政府乃チ都督ニ命シテ台地ニ在ル兵ヲ退カシムル事ニ手ヲ下スヘシ、故ニ約成ルノ日ハ必速ニ電信ヲ以テ預報スヘシ、但其兵退了ノ期限ハ預定スヘカラサルモノアレハ其旨ヲ伺出ヘシ。

第六

潘霨公然ノ照会書ヲ得ハ、乃チ談判ノ端緒ヲ開クモノト看做シ、先面論ヲ先ニシ、書通ヲ後ニシ、臨機制変ノ都合ヲ図ルヘシ。

但シ右照会書ハ近便ヲ以テ必ス政府ニ上ルヘシ。

第七

沈潘応接ノ為ニ別ニ一重官ヲ派スルモ其益ナキカ如シ、矢張最前ノ引合懸リヲ追ヒテ前書公然タル照会状ヲ得ル時ヨリ談判ヲ初ムルヲ可トス、但其地ハ双方ノ便宜ニ撰定スル所タルヘシ。

第八

謁帝礼畢台地処分ノ事宜奏稟ノ為一時帰京ノ命アリトイヘトモ、現地事務如是上ハ勢談判ヲ措テ謁帝ヲ先ニスルヲ得ス、且此事極メテ神速談決ヲ尚フナレハ、猶更然ラサルヲ得サルナリ。就テハ一時帰京ノ事モ太タ要用タラサルハ、必シモ前令ニ拘ラサルヘシ。

第九

今者李仙得ヲ派シ福建地方エ往カシメ、総督其他ノ官員ニ游説セシメ、周旋勦事ノ任ヲ授ク。就テハ双方ノ事情隔閡不通ハ必互ニ参差《シンシ》ヲ生センヲ恐ル。依テ両間実地ノ形況ハ毎ニ相電報シテ気脈ノ相通スル事ヲ要スヘシ。

第十

這回ノ機会ヲ以テ琉球両属ノ淵原ヲ絶チ、朝鮮自新ノ門戸ヲ開クヘシ。是朝廷ノ微意当職ノ奥計ナリ。

第十一

命令ニ準拠シ達意談判スルニ因リ万一両国ノ交和相保タサルニ至ルト雖トモ、注意尽力ノ上ハ責ヲ公使ニ帰セス、政府其責ニ当リ自ラ便宜処分アルヘシ、必ラス爰《ココ》ニ顧慮スル事勿レ(五二)。

田辺は右の書類を携帯して七月十六日横浜を出発し、八月三日北京に到着し、朝議を柳原に伝えた。柳原はそれによってその態度が「夫迄は只弁解を事とし、天津にて、李鴻章に逢しも態と爪をかくし居しが、其後正々堂々及二開談一(五三)」だが、清側は依然として自説を維持して屈しなかった。

柳原がこの書を得て、急に強硬になったことは清側の記録もいうところだ。即ち「柳原前光は旋いで北京に赴き、総理衙門と種々交渉を重ねたが、彼は悉く前言を翻して形勢甚だ穏かならざるものがあつた(五四)」とあり、これに対して清国側も「又急いで戦備を整へ、澎湖諸島に砲台を築き、台湾厦門間に海底電線を引き、新式の小銃を独逸より購入し、海陸の兵を台湾に向て動員し、且デンマークより甲鉄艦を購入せんとする等、形勢甚だ急なるものがあつた(五五)」。しかし清国は対外戦争については全く自信がなかった。「所謂戦備といふも、単に威虚仮《こけおどし》の張子の虎に過ぎざるを以て(五六)」機会を見て事件を解決することを考えていた。李鴻章と総理衙門の意見は台湾をして日本のみに独占せしめないで、通商港として開放する事、また相当の金額を撫恤慰労金の名目として支出することにあったようだ(五七)。これについては後に出て来る英国公使ウェードの意見も与かって力がある。明治七年、日本は明治維新を繞る内訌《ないこう》がなお完全に片がつかない間に、対外的にはすでに優に清を圧迫する実力を有するのを見るべきだ。清が事の対外問題に及んで紛議が生ずるのを見ると、まず責任を回避して譲歩する姿勢を示すに対し、日本は極めて積極的だ。

（一）『大隈侯八十五年史』一　五六二頁。
（二）松枝保二『大隈侯昔日譚』一八―九頁。
（三）『郵便報知』明治七年二月二十五日号。
（四）『新聞雑誌』明治七年四月十四日号。
（五）『東京日日新聞』明治七年四月二十三日号。
（六）『郵便報知』明治七年四月二十三日号。
（七）『新聞雑誌』明治七年五月八日号。
（八）『郵便報知』明治七年五月十六日号。
（九）『新聞雑誌』明治七年五月十八日号。
（一〇）『東京日日新聞』明治七年五月十五日号。
（一一）同上、明治七年五月三日号。
（一二）『郵便報知』明治七年四月十二日号。
（一三）「四月二十日〇明治七年陸軍少佐福島九成。今般領事ニ兼任シ。清国厦門港ニ在留シ。福州事務兼務被二仰付一。」（佐田白茅『日清貫珍』上　一頁）。
（一四）『大日本外交文書』第七巻　一一六頁。
（一五）Black, *op. cit.*, p. 438.

（一六）「西郷都督は此月二十九日（五月）参軍参謀と会し、総攻撃に就いて軍議した結果、愈々六月一日を期し、兵を三道に分ちて攻撃することとなつた。（聖代四十五年史、国史講習録、明治史要、明治歴史等に我軍五月廿二日、竹社、風港、石門等より進撃するといふは、六月一日、三道攻撃の誤である。又国史眼に牡丹社の降伏を五月廿二日の戦に依ると為すも亦誤である）」（落合軍医監回想談、東亜同文会『対支回顧録』上巻　一一四頁）。

（一七）『西南記伝』上巻一　六〇七頁。

（一八）『処蕃趣旨書』（明治八年一月蕃地事務局より発刊、『明治文化全集』第六巻　外交篇一五六頁）。

（一九）Black, *op. cit.*, pp. 429–38.

（二〇）『大日本外交文書』第七巻　一一五—一二五頁。

（二一）H. B. Morse, *The International Relations of the Chinese Empire* (London and New York, 1910, 1918), vol. 2, p. 227.

（二二）『大日本外交文書』第七巻　一二五頁。

（二三）Black, *op. cit.*, pp. 430–31.

（二四）*Ibid.* pp. 431–32.

（二五）*Ibid.* p. 432–33.

（二六）*Ibid.* p. 435.

（二七）*Ibid.* p. 438.

（二八）（二九）『大日本外交文書』第七巻　一二〇頁。

（三〇）　佐田『日清貫珍』上　六頁。

（三一）　吉田『倒叙日本史』大政維新編　三九八頁。

（三二）　王芸生（長野勲、波多野乾一編訳）『日支外交六十年史』第一巻　八六頁。

（三三）　『大日本外交文書』第七巻　一五一―五二頁。

（三四）　「征蕃の役、兵数凡そ三千六百五十八人、内、将校下士官七百八十一人、軍属百七十二人、兵卒二千六百四十三人、従僕六十二人。軍艦五隻。運送船十三隻、内、買入船七隻、雇船四隻、外国雇船英仏各一隻、死者凡そ、五百七十三人、内、戦死者十二人、病死者五百六十一人、負傷者十七人」（『西南記伝』上巻一　七八二頁）。

「我軍が蕃地に入つてから二三箇月は、南台湾の雨期に当つて霖雨が続き、暑熱烈しく、而も昼夜温度の開きが大きい季節である……六月、七月と患者は激増し、八月中旬以後は、全軍殆んど就蓐した状況であつた……此頃に至り、侯も遂に弛張熱の襲ふ所となつた。……九月十日前後になると、都督府の官員から使丁に至るまで全員枕を竝べて呻吟するといふ惨状を呈したが、其時などは、使丁の薬取に、侯自ら薬瓶を提げて病院に行かれたことが両三回もあつた」（山中樵「西郷従道小伝」（『西郷都督と樺山総督』所収、四九頁）。なお、山中樵「明治七年征蕃の役」（同上書所収）参照）。

陸軍軍医監　落合泰蔵談「センベルゲル氏が腸チフス及弛張熱《マラリヤ》に対する治療は、まづ三十九度以上の熱にありては、チフスと弛張熱とを問はず、水治法を主張し、其方法は風呂桶に水を漲らしてこれに患者を入れ、十五分乃至二十分間全身浴を行ひ、尚降熱せざれは一日に二回でも三回でも之れを反復した。衰弱の甚しきものでも努めて之を敢行した……私が在陣中に於て同氏が預つた患者にして順調の経過を辿つたものは一名だも見なかつた。故に一般の患者は同氏の治療を受ければ皆死ぬといつて、同氏の治療は絶対的に欲しなかつたので院長も閉口した……センベルゲル氏といふ人物は性頑急にして事を為すに協商しても兎角円満ならず、終始院長との間が疎隔して居つた」(『対支回顧録』上巻　一三三―三四頁)。

(三五)(三六)　『大日本外交文書』第七巻　二二頁。『岩倉公実記』下　一七〇頁。

(三七)　『大日本外交文書』第七巻　七二―七頁参照。

(三八)　『処蕃趣旨書』(前掲、一五六頁)。

(三九)　円城寺『大隈伯昔日譚』五一九頁。

(四〇)　『処蕃趣旨書』(前掲、一五六頁)。

(四一)　『日支外交六十年史』第一巻　九二頁。

(四二)　明治七年八月二十三日、森山茂宛柳原前光書翰(『西南記伝』上巻一　六一九―二〇頁)。

(四三)　『日支外交六十年史』第一巻　九七頁。

(四四)　同上、九九頁。

(四五)　明治七年八月二十三日、森山茂宛柳原前光書翰(前掲、六二〇―二一頁)。

(四六)　勝田『大久保利通伝』下巻　二八二頁。

(四七)　『大久保利通日記』下　二八四―八六頁。

(四八)　『大日本外交文書』第七巻　一五〇頁。『岩倉公実記』下　一七八―七九頁。

(四九)　明治七年八月二十三日、森山茂宛柳原前光書翰(前掲、六二一―二二頁)。

(五〇)　『岩倉公実記』下　一七七―七八頁。

（五一）『大日本外交文書』第七巻　一五五頁。『岩倉公実記』下　一七九―八〇頁。
（五二）『大日本外交文書』第七巻　一五五―五七頁、『岩倉公実記』下　一八〇―八二頁。
（五三）『西南記伝』上巻一　六二二頁。
（五四）『日支外交六十年史』第一巻　一〇五頁。
（五五）（五六）（五七）同上、一〇六頁。

第四章　全権弁理大臣として

一　大久保の決意と重臣の反対

柳原公使はすでに北京に在り、これに対し政府は田辺を派遣してその方針を伝達した。大久保は、しかし考えた。柳原の報告によってみるも、清側の戦争準備は進んでいる。このまま議論を上下し、柳原の報告を待って廟議を決定するというのでは、外交上の好機を逸してしまう懼《おそ》れがある。そこでまず廟議を確定し、更に重臣を派遣して清国政府と交渉談判をする必要があると。

直接談判に当る重臣は何人か。それは彼自ら以外にはない。元来、征台論はかれが最も中心の責任者だ。大久保の征蕃論の動機を以て「木戸は、窃に大久保の私情に徇《じゅん》するを含み、必、西郷・前原等を斃して、其内治主義を貫徹せんと希望せるに似たり」（一）と評して「私情」を以て観る者もある程だ。木戸が郷里に去り、また三条、岩倉もそれほど気が進まないのを、ここまで引張って来たのは大久保である。繰返していうが、明治の政治家は決して責任を回避しない。況んや五月四日台湾に派兵することを決した時「前条決着に付、難題を醸出し候節は、大久保始其責に任ずべき事」とその責任を明言してあるにおいてをやだ。

大久保は柳原を北京に送って清と交渉せしむると同時に、内を整うることの必要を痛感した。対外問題を考うる時に、かれは嘗て国内の整備を忘れたことはなかった。明治七年七月かれは左の如き覚書を三条に提出した。

一、諸省長官或者輔院使長官被レ為レ召、征蕃ノ挙粗平定ノ功ヲ奏シ御満足被レ為レ在候といへとも、清国談判之結局未如何ンヲしらず、実ニ内外危急国家国難ノ秋トいふへし、汝等一層憤発勉励鞠躬尽力あらん事ヲ希望すトノ御趣意ヲ以親補

勅語ヲ玉ハリ度

陸海軍両卿ハ分テ懇々

勅語ヲ玉ハリ、万一有事之日着手ノ目的其方略如何、既今兵員、大小銃、器械、弾薬、船艦、水兵等ノ備如何ヲ問ハセラレ度。終テ一同江陪食被ニ仰付一、御打解御懇話アラセラレ度。

一、大臣参議ノ内ヨリ御用之有無ニ拘ハラス日々

皇居江参仕スヘキ事。

一、今般柳原公使ヨリ報知ヲ見ルニ、彼ノ譎詐《けつさ》狡猾言語ニ絶え、必ラス平穏ヲ保ツコト能ハサルヘシ、固より廟堂止ヲ得サレハ戦ハント一決ノ上なれハ、敢テ驚クニ足ラストイヘドモ、政府信ニ戦ニ決スルノ実ヲ挙、夜以テ日ニ継、憤発勉励軍国ノ政ヲ行フヘシ。

一、軍事ノ方略上ニ於テハ陸海両卿ニ断然督促スヘキコト。

一、大蔵省金穀有高ヲ調査スヘキ事。

一、諸省切要ノ事件ヲ除クノ外、入費ニ関スルコト可㆓廃止㆒事。

一、参議ノ内ヨリ竜驤艦にて清国派出之事。

一、軍艦、大小銃、弾薬等外国へ調文之事。

　軍艦は明日川村より伺出之筈ニ談置候事。

一、孛漏生《プロシヤ》、米利堅《アメリカ》江至急公使派出ノコト。

一、各国派出之公使江征蕃ノ始末、清国関係之順序巨細ニ急報スヘキコト。

一、新参議ヲ命セラレ候事（二）。

大久保が国内整備に鋭意すると同時に、国際関係を重要視して、プロシャ、アメリカに公使派出、各国との諒解等というように眼を四方に配っているのを見るべきだ。

果然、大久保は自ら清国に赴き、交渉せんことを三条に申出でた。大久保が正式に申出でたのは七月十三日で、田辺が横浜を出発したのは十六日だから、大久保は朝議を「不レ得レ止戦に」（三）導いて行く間に、この決意が生れたのであろう。これに対し三条は、この際、大久保を東京より去らしむることに反対した。この点は岩倉、伊藤、大隈等も同意見であった。これにつき大久保日記にいう。

七月十三日　月曜

今朝条公江参上、小子支那行ノ事ヲ内願ス。八字内務省出席。十一字正院出仕。台湾一条支那関係ノコトニ付御評議有レ之。〇下略

七月十四日　火曜

今朝七時条公江参上。支那行内願ノコト御勘考、岩公江御談、何分今日内輪紛々ノ時、小子御出シ有レ之候テハ不レ可レ然云々ノ御答有レ之、不レ得レ止承諾。乍レ去、約《ツヅマ》リ重臣ヨリ御差出無レ之候而ハ不ニ相済一時宜ニ至ルハ案中故、其節是非御差出可レ被レ下旨申上置候。内務省江出席。十字正院江出仕。田辺江支那行被ニ仰付一候ニ付、柳原公使江差送ラル、談判順序結末ノ義ニ付御評議有レ之。（四）〇下略

一時中止した大久保の清行は、しかしその念願を断ったのではなかった。一度、熟考して思い立ったことは、飽くまで熱心に貫こうとするのがかれの特長である。かれは十二日間を経た二十六日に再びこれを内願した。

七月廿六日　日曜

今朝条公江参上。岩公御出ニテ小子清国行ノ事ヲ内願す。〇下略

七月廿八日　火曜

〇上略十一字参　朝。小子清国行内願ノコト、条公ヨリ切ニ止ランコトヲ御諭解有レ之、猶勘考可レ仕申上、二字退出。〇下略

七月廿九日　水曜

今朝七字条公江参上。八字内務省出席。〇中略林子長崎ヨリ帰リ、東郷ヨリ報知ノ次第云々承ル。〇中略六字過ヨリ岩公江参上。条公御揃ニテ猶又小子清国行ノコト切迫内願、機会ノ不レ可レ失ヲ申上ル。明朝同僚中御示談可レ有レ之トノコト也、是ヨリ川村子江訪、篤与示談イタシ候。

七月卅日　木曜

〇上略十一字参　朝、小子清国行ノコト、今朝御会議、凡御内定ノ旨、御内達有レ之(五)〇下略

大久保を清国に特派することに内定はしたが、それに対してはなお内部に異論があった。ことに大隈は大久保にして海外に去る如きことあらば、政府は殆んど何事をもなしえない、やむをえずかれ自身断然辞職の外なしと主張した。

七月卅一日　金曜

今朝、黒田子入来、伊藤博文子入来。小子清国行ノコトヲ異論アリ、云々弁解承知アリ。高島子、野津子入来。八字大隈子ヲ訪ヒ、云々ノコトヲ論ス、同人小子清国行ニ付異論有レ之、当人辞職云々ノ事アリ、小子見込十分ヲ諭シ、終ニ承伏ナリ。条公江形

行ヲ申上ル。参　朝。小子清国行未表向御達無レ之、御内意ノミナリ。伊地知、黒田江云々ノ上ト申コトナリ。二字ヨリ伊地知氏江訪、参議御請ノコトヲ談ス、異議ナシ。松方子、河村子ヲ訪ヒ、黒田氏ニ至ル、参議御請云々ヲ談ス、異議少シク有トイヘドモ終ニ承伏。条公ニ参上、形行言上帰ル。(六)〇下略

伊藤、大隈の反対を説得するため山県、黒田、伊地知を参議に任ずることを以てし、これを自から奔走して膳立したのだ。柳原はこれを以て、「山県陸軍卿、黒田開拓長官、伊地知議長の三名参議兼任被レ命たりと聞く。此三人は征清論を発し、大に勉励すと。蓋し大久保出使中、或は廟議の中変を慮かり三氏を入て、強く維持せしむる策と被レ存候」(七)とあるが、後にも示すように山県や黒田は必らずしも積極論者ではなく、この任命はむしろ内政的意味から大久保留守中の内閣補強政策であろう。こうした奔走の後、八月一日大久保は全権弁理大臣に任じ、清国派遣を命ぜられた。

八月朔日　土曜

今朝伊藤子江訪。山県陸軍卿云々ノ義等示談。休暇トイヘトモ八字参　朝、今日全権弁理大臣トシテ清国行被レ命候。右ニ付御委任状等ノ御評議有レ之候。〇下略

八月二日　日曜

〇上略十一字前参　朝、伊地知、黒田、山県、参議拝命相成候。二字退出。山県子江訪、種々示談帰。〇下略

八月三日　月曜

今日山田少将入来。小子清国行ニ付、種々議論有レ之。(八)〇下略

国内政治に対する大久保の布石も、重臣の危惧も当然であった。地方においてはなお不満の徒充満し、西郷隆盛の行動も目を離つことができぬ。

甲戌の春、征台の役起るや、旧藩士坂元鼎輔帰郷して西郷南洲に説くに、此出軍を機会とし、鋒を転して東京に突出し、姦魁《かんかい》木戸・大久保・大隈等を除き、政府革新を行はん事を以てせしも、西郷其奸計を覚り、笑ひて対ふる所無かりしと云ふ。(九)

こうした事態に処して大久保一人の存在は九鼎《きゆうてい》の重きに比すべきものであった。かれを東京から去らしむることに、重臣殆んどことごとくが強く反対したことが、かれの位置を示すものであり、同時にまたこの強い反対に拘らず、断然清国に赴いたことが、かれのこの日清事件に関する態度を語るものであろう。

二　広大なる権限と準備

三名の参議任命により対内布陣は整ったが、一層肝要なのは清国との交渉に関する準備である。大久保はまず事件解決の責任を一身に負うだけに、広大なる権限を得た。

八月五日、聖上は玉座に大久保を召させ給い優渥なる勅諭を賜わった。大臣、参議、諸

省卿等はことごとく参内して列席した。その節、三条から大久保に授与した委任状は左の如くである。

天佑ヲ保有シ万世一系ノ帝祚《テイソ》ヲ践《フ》ミタル大日本国皇帝此書ヲ見ル者ニ宣示ス。往歳我人民難船ノ為台湾島ニ漂到シ、土人ノ暴行ヲ受ケタルヲ以テ、其罪ヲ問ハンカ為ニ我委員ヲ命シ、且不虞ヲ警《イマシ》ムルヲ以テ之ニ兵士ヲ附属シテ送リタリ。此一挙ニ付両国間ニ不都合ヲ生シ交際ノ障碍トナラサル様深ク注意シ、曩《サキ》ニ我清国駐劄全権公使柳原前光ニ命シテ大清国政府ト平穏ニ商議セシメタリ、然ルニ爾後種々ノ論端ヲ啓クコトヲ致ス。朕又以為ク、事至重ニ属ス、宜ク更ニ朕カ切近ニ望ム所ノ意ヲ熟知セル貴重ノ大臣ヲ簡テ、委スルニ全権ヲ以テシ、其事ニ任セシムヘシト。朕深ク参議兼内務卿大久保利通ノ才幹忠直能ク其任ニ堪フルヲ信シ、乃チ全権弁理大臣ト為シ大清国へ遣シ、大清国皇帝ヨリ任スル右同権ノ大臣ト朕カ希望ノ趣ヲ達スヘキ条約ヲ約定シ、又ハ約書ヲ締成シ、而テ朕カ名ヲ以テ其決議シタル書面ニ調印シ、右事件ヲ充分ニ結落スヘキ権ヲ与ヘタレハ、凡ソ這般ノ事ハ朕躬《ミズカ》ラ其地ニ臨ミ親《ミズカ》ラ之ヲ処スルト異ナルコト無キヲ証ス。

全権弁理大臣　大久保　利通

また、委任権限訓条に、

今般全権弁理大臣トシテ清国へ被㆓差遣㆒候ニ付テハ、左ノ件々御委任候事。

一　全権公使柳原前光へ内勅ノ次第及ヒ田辺太一ヲ以テ被二仰遣一候件々綱領不動ノ要旨ニ候ヘトモ、実際不レ得レ止ノ都合ニ依テハ便宜取捨談判スルノ権ヲ有スル事。

一　談判ハ両国懇親ヲ保全スルヲ以テ主トストイヘトモ、不レ得レ止ニ出レハ和戦ヲ決スルノ権ヲ有スル事。

一　時宜ニヨリ在清国ノ諸官員以下一切指揮進退スルノ権ヲ有スル事。

一　事実不レ得レ止トキハ武官トイヘトモ、指揮進退スルノ権ヲ有スル事。

一　李仙得ヘハ御委任ノ次第有レ之トイヘトモ便宜進退使命スルノ権ヲ有スル事。（一〇）

とある。

大久保は断じて責任を回避しなかった。しかし責任をとる上からは充分なる権限を与えられることを期待した。佐賀の乱においても、かれは兵馬の権を与えられた。今回の北京行きにおいても、和戦の権を有した上に、清国における諸官員以下は勿論として、武官といえども指揮進退するの権を得たのだ。ル・ジャンドルに対する命令権を一項として挙げたのは、かれが、台湾蕃地事務局お雇いとして対清工作をする任務を持っていたからでもあるが、また宣伝その他に関しても一切を大久保に統合したのを語るものだ。政府は直ちに西郷従道、柳原前光に訓令を発して大久保の指揮に従うように訓諭した。

こうした広大なる権限を得た大久保は、その方針等についても他に相談しなかった。伊藤博文が「我々皆な心配しているんだから、大体の方針でも御話しを願いたい」というと、

「私は全権である、全権を以て臨む以上は何人にも予め相談しない」と言ったという。これは後の外相林董が、しばしば他に語ったところである。(一一) 伊藤は大久保を横浜埠頭に送って、いよいよ別れるに臨み、大久保が早く事を処置して帰朝する旨を語るに及んで、初めてその意が和平にあるのを知った有様だった。(一二) この事は伊藤自身が後年高島鞆之助に自ら語ったところである。(一三)

大久保はただに広大なる権限を得たばかりではなかった。かれは充分な交渉が出来うるように、場合によれば開戦する一切の準備を完了した。八月一日に全権弁理大臣に任命されるや、陸軍卿山県を対手にこの点は、特に入念に用意した。伊藤その他が、この決意を見て、大久保の意中を知らんとしたのは無理のないことである。かれの日記にいう。

八月四日　火曜

今朝山県子入来。過日相談置候変ヲ聞キ候臨機ノ順序ノ事ニ付、目的相立カネ候ニ付、小子発足迄ノ内治定イタシ度云々ノ義談有レ之、小子云々ノ愚考申入。猶今夕伊藤子、伊地知子、黒田子入来、会議ノ約束イタシ置候。内務省出席。参朝　臨御被レ為レ在候。二字過退出。伊地知子、黒田子、川村子、伊藤子、山県子入来。段々山県子ノ論有レ之、畢竟一発ノ時宜ニ臨ミ候得ハ、人心ノ取押ヘ六ケ《ムズカ》敷《シキ》トノ懸念、且兵ヲ台湾ニ出スヲ難スル論ニシテ、到底不レ到ニ治定一。今夕ハ猶勘考、明日可レ及ニ御談一ト申置候。(一四)

山県の兵に慎重なことは、この場合にも現われている。かれは責任者として、台湾に出兵することが不可能だと主張するのである。しかし大久保としてはこの問題について一層確定的な話し合いがなくては、清との交渉が困難である。かれは翌日も相談した。大久保日記にいう。

八月五日　水曜

〇上略伊藤子江訪、山県子云々ノ事ヲ示談ス。一応帰宅。今日十一字三十分皇居江被レ為レ召、両大臣、参議、諸省卿迄参内ス、初メ小臣一人玉座ニ被レ為レ召、太政大臣殿侍坐、今般使臣トシテ派清ノ義、不二容易一国家ノ大事、別而苦労被二　思食一候。精々尽力可レ致云々

勅語ヲ賜リ、不レ堪二感佩一謹而御請申上ル。次ニ一同ヲ被レ為レ　食、蕃地事件ニ付、粗平定ニ及候得共、清国関係ノ談判、結局如何ヲ知ラス、実ニ国家困難ノ秋ニ候間、各一層憤発勉励スヘシ云々

勅語アリ、一同謹而御受ノ義、大臣殿ヨリ御拝答有レ之、終而陪食被二　仰付一。三字比相済退散。

昨日ヨリノ談掛リニ付、山県、伊藤、伊地知、河村等入来。尚反復及二議論一候。尤事急ニ破レ候一報次第ニハ、一二三大隊ハ臨時繰出候都合可レ致云々之趣意ナリ。事十分ニ不レ至トイヘドモ、凡大体相付居候得ハ宜シクト存ニ付、先其通ニテ結局トイタ（二五）シ候。〇下略

事急に破れ候一報次第には、二、三大隊は臨時繰出候ように都合するというのである。これだけでは大久保が「事十分ニ不レ至」と考えることは当然だ。後の話になるが、大久保の北京談判が破裂に瀕して、いよいよ引揚げることを決意した時、それでも直ちに対清戦争に突進することを躊躇したのは、この事が頭にあったからであろう。大久保と山県が政、軍両部の中心におれば決して猪突はしない。

だが大久保が北京に行くに当っては、背後の準備はこれだけではなかった。既述の如く七月九日、朝議は出師の準備をなすことに決し、田辺太一をしてこの旨柳原公使に通ぜしめたが、その後、海外出師の議を定めた。これは長文に亙《わた》るものであるが、当時の外交論の傾向を示すものとして興味があるから、その一部を掲げよう。

○上略 夫レ兵ハ凶器、戦ハ危事ナリ、固ヨリ我カ欲スル所ニ非ス。然レドモ理勢既ニ此ニ迫マリ、兵権以テ彼ヲ壅制スルニ非レハ、何ヲ以テ彼ノ驕気ヲ破リ、又、帝国ノ帝国タル所以ノ体ヲ立ツルコトヲ得ンヤ。且試ニ彼我ノ利不利ヲ以テ之ヲ言フトキハ、即チ今日国論ヲ戦ニ決スルヤ、終ニ不戦ニ帰ス、若シ今日国論ヲ不戦ニ決スルヤ、終ニ戦ニ決ス、其故何ソ哉。今日戦議一決シ、現兵急進海陸并迫ル、彼兵備未タ充実セス、周章狼狽為ス所ヲ知ラス、遂ニ彼ヨリ和ヲ請ヒ罪ヲ謝スルニ至ラン。惜哉数月遷延、彼ヲシテ多少ノ備設ヲ為サシムルノ時ヲ与フ。然レドモ今日早ク之ヲ図ル、尚未タ晩シトセス。是レ所謂戦ニ決スルハ終ニ不戦ニ帰スルモノナリ。(二六)○下略

「今日国論ヲ戦ニ決スルヤ、終ニ不戦ニ帰ス」というのは西洋的論理からすれば一つの逆説である。しかし武士道的論理から観れば、それは説明の必要のないほどな自明理だ。ただ戦に決して不戦に帰するのは大久保の手腕と見識があって可能であった。右の「海外出師ノ議」と共に、宣戦発布の順序が左の如く議定された。

宣戦発令順序条目

一、宣戦ニ決シタル時ハ、其旨趣判然ト詔書ヲ以テ布告スヘキ事。
一、各国公使へ、公然と宣戦ノ旨趣通報ス可キ事。
一、海外駐劄ノ我カ公使、領事等同断ノ事。
一、地方官へ別段ニ訓令ヲ発シ、士族其他取締ヲ厳重ニ立ツ可キ事。
一、在清ノ我カ公使、領事等引払、并我カ国人去留等ニ関スル事。
一、西郷大将、木戸三位、板垣四位速ニ召サル可キ事。
一、軍用ノ郵便電信ヲ別ニ取設ク可キ事。
一、天皇陛下大元帥ト為ラセラレ、六師ヲ統率シ、大坂へ本営ヲ設ケラルヘキ事。
一、親王、大臣ノ内、先鋒大総督トシテ、直ニ長崎マテ進軍スヘキ事。
一、進軍大条目ヲ定メ、陸海軍大参謀へ授与セラル可キ事。
一、戦略ハ大参謀ノ籌《チュウ》図ニ属スルハ勿論タリト雖、其枢軸ハ内閣ト協議ヲ為スヘキ事。
一、先鋒大総督閫外ノ事件モ、奏聞ヲ経ヘキ条項ト、委任セラルヘキ条項ヲ決定スル事。

一、船舶、鉄砲、弾薬、糧食其外軍用ノ器具始メ、一切、陸海軍両省ニ於テ準備ヲ為ス可キ事。

一、進軍ノ海路陸路、幷攻守ノ土地ヲ決定スル事。

一、軍費支出ノ目途、及其金額概算ヲ予定スヘキ事。

一、諸官庁緊急事件ヲ除クノ外、入費ニ関スルモノハ、総テ中止スヘキ事。(一七)

右の如く背後の準備を了し、かつ自らは広大無辺の権限を有して大久保は、責任を一身に負うて北京に使せんとするのである。ちょうどその頃、英人ブラウンはクライドに於て製造されたる軍艦を受取るため英国に赴いた。「ブラオン氏ハ力ノ及ブ丈ケ急速ニ乗リ出シ、日本、支那戦争ニ其功ヲ顕サシメント勧メリ」と『東京日日新聞』は報じた。(一八)

三　大久保の出発と国内事情

大久保利通が東京を出発したのは八月六日のことである。

木戸は左の如く餞《はなむ》けた。

国難之日送大久保甲東

刎頸男子約　何関多別離　相逢談未尽

両心自真知　一船解纜垂柳下　千条万条仕風吹

聖上は侍従片岡利和を遣わして慰労の勅使を賜わった。随員は左のごとくである。

鉄道権頭　太田資政　陸軍大佐　福原和勝
三等議官　高崎正風　租税助　吉原重俊
内務五等行走　岩村高俊　権少内史　金井之恭
内務七等行走　池田寛治　司法七等行走　名村泰蔵
司法七等行走　井上毅　開拓七等行走　小牧昌業
陸軍中尉　関定暉　陸軍中尉　坂本常孝
内務権大録　萩原友賢　租税九等行走　平川武柄
内務十等行走　川村正平　陸軍十等行走　黒岡季備
陸軍十等行走　岸良謙吉　陸軍十五等行走　園田長輝

外

海軍少将　伊東祐麿　海軍権秘書官　百永享
海軍大尉　隈崎守約

右の随員の内、岩村高俊、井上毅は同行したのでなく、後発して北京に大久保と同日に到着した。井上毅は後に文部大臣となった人だが、大久保が東京を出発するや時局に関する意見書を呈出し、これが大久保の注意を引いてとくに随員に加えられた（一九）。この外に政府

の御雇仏人ボアソナードが顧問として同行した。この行が機会になって大久保はボアソナードとは最後まで親交を続けた。(二〇)

大久保一行は米国郵船コスタリカ号に乗って横浜を出発し、十日長崎に入った。横浜出発に際しては各国軍艦が十九発の祝砲を放った。ここで諸般の準備を整えたが、まず高崎正風、小牧昌業をして、上海及び北京に先発させた。大久保が軍艦竜驤に乗船して長崎を抜錨したのは八月十六日であった。

大久保が全権弁理大臣として清国に派遣されるに当って、国内の輿論はどうであったか。木戸孝允はその日記（八月二十一日）にいう。

〇上略終に支那と開二兵端一ときは、大挙して天津より北京を衝撃するの方略一定せりと、余深く憂ふるものあり、其故は大兵を以天津、北京を一衝撃する譬へ可能とも、其地に拠有する元より難し、然るときは大に国力を費し、人名を尽し、尚其決局に至るへからす。如レ此大事属二一児戯一、後来全国の進歩を妨害する不二容易一、又可二推知一なり。(二一)〇下略

民間においても固より諸種の説があった。政府は台湾問罪については最初は新聞に掲載を許したが、中途でこれに箝口令をしいた。その結果、種々なる風説が街に横行した。七月二十六日の『新聞雑誌』はいう。

台湾問罪ノ師起ルヤ天下騒然タリ。続テ六月六日ノ進軍竟《ツイ》ニ蕃賊ノ巣窟ヲ一掃シ、凱

旋近キニアルノ信報ヲ得テ、万衆欣躍邦家ノ為メニ賀セザルモノナシ。然ルニ近日ノ新聞紙ヲ閲ルニ、蕃地事務局ノ口達ニ、台湾軍機ニ渉ル事件記載ヲ不レ許云々トアリ。廟議ノ深奥測ルベカラズト雖モ、蕃地ノ奏効屈指日ヲ期スルノ今日ニ当テ此禁ノ出ル、天下復タ物情恟然《キョウゼン》トシテ、曰、台湾ノ進師一敗地ニ塗レ為ス所ヲ失ヒ、更ニ海陸軍ニ命ジ、幾万ノ兵ヲ海外ニ出サシムト街説紛々タリ。然レドモ此固ヨリ途聞途説ノ無限妄謬ナル言ヲ待タズ。(二二)

その翌日（七月二十七日）の『東京日日新聞』には「台湾信報」として相当詳しく台湾遠征軍の消息があり、更に八月六日の同紙には「支那北京雑記」とて「日本ノ兵ヲ台湾ニ用ヒシ事ニ付テハ、支那朝廷ニ於テモ、議論囂々タルコト日本ヨリモ甚シク、閭巷《リョ》ノ間ニ在テモ頃日紛々トシテ只此一事ヲノミ談ジ合ヘリ」(二三)とあって、日本側に議論囂々たるものありしことを語るに落ちている。

華族会館は明治七年八月二十三日に開館して、その宏壮なる規模は衆目を驚かしたが、翌日、太政大臣、左右両大臣に対し台湾事件について建言するところがあった。「近聞支那政府我征台湾ノ師ヲ嫌忌シ、兵力ヲ以テ我師ヲ攘《ハラ》ハントスト。設《モ》シ此説ノ実ナル、誠ニ国家ノ大事ト謂ハザルベカラズ」とて「応分ノ力ニ尽サント欲ス」といい、

故ニ願クハ征台ノ始ヨリ今日支那政府トノ応答ニ至ルノ事状ヲ詳ニ垂示シ、以テ其議ヲ尽スヲ得シメ賜ハンコトヲ。是レ一ニ愛国ノ衷情ニ出デ、之ヲ措ク能ハズ、仍テ其

庸劣ヲ顧ミズ、伏テ悃願《コンガン》ス。

と結んでいる。（二四）後半の文章によって、華族が政府の秘密主義に不満のあったのを知るべきである。

　こうした国内事情を後にして大久保は八月十八日揚子江に入り、十九日上海に到着した。馬車で郊外を見物し、二十二日再び竜驤艦に搭乗して天津に向け出発した。乗艦が芝罘《チーフー》に入ると、折しも碇泊中の仏国軍艦が祝砲を発した。この時、在清仏国公使が避暑のため同地に在ったが、ボアソナードを通じて大久保に会見を求めたので、仏国公使を訪問した。二十九日軍艦孟春を従えて解纜《かいらん》し、天津に到着したのは九月一日であった。埠頭には柳原公使から差遣された田辺太一在り、柳原と北京政府との交渉について報告を受けた。

　柳原公使は、それまでしばしば総理衙門に赴いて交渉をなしたが要領を得なかった。「処蕃趣旨書」によって計算してみると柳原が七月三十一日北京に入り、八月三日交渉を開始してから九月三日にいたる一カ月の間に、面接及び書面を以て十二回に及んでいる。（二五）その論点は要するに日本側が蕃地は無主の土であるから征蕃の事は義挙であるというに対し、清側は属地であるというに帰する。そして日本を以て「不和好ヲ以テ言ヲ立ツ」（二六）とした。

　柳原は九月四日、書を大久保に贈り、更に高崎と樺山を天津に派遣して大久保に説いて言った。清側の回答は要領を得ないから、大久保はそのまましばらく天津に逗留されたく、その間に柳原が強硬に談判する。それでもなお清国政府が回答をなさなければ、公使以下を撤去する意向を示せば譲歩するだろうから、大臣は当分天津で待機されたいと。しかし大久保としてみれば自ら弁理大臣として来て、交渉を柳原に託して置くことができるものではない。それならば最初から来ない方がいいのだ。大久保は九月六日天津を発して十日北京に到着し、日耳曼ホテルに投宿した。

大久保の日記にいう。

九月五日

○上略六字樺山、高崎両士着、柳原始終談合ノ旨趣、小子滞津、断シテ公使始ヲ引云々ノ事ヲ承ル、且書面モキタル。仝意《ドウイ》セスシテ、明北京行ヲ決ス。(二七)

この時、大久保は直隷総督李鴻章が天津にいるに拘らず、これを訪問しなかった。これは慣例に悖《もと》るもので、普通は各国使臣が、北京に赴くに当っては、まず李鴻章に敬意を表するのを常とした。柳原の如きも、まず李鴻章と談判している。大久保は全権大臣として、直接に北京政府を目がけ、李鴻章を無視したのだ。日記にも別にこの事について書いてないから、大した問題としていなかったともいえるが、しかし大久保ほどの注意深い政治家が、こうした形式に気がつかなかったと考えることは到底できない。(二八)これについて思い出されるのはル・ジャンドルとの問答である。明治五年九月二十六日、延遼館において副島外務卿がル・ジャンドルと応接した時に、台湾事件について左の如く問答している。

副島　此度の儀は李鴻章に掛合可レ然歟。
ル・ジャンドル　同人は日本との条約取結の儀、特に委任丈のものに付、矢張政府え直に御掛合の方と存候。(二九)

四　外人顧問ル・ジャンドル

ここで征蕃事件、北京談判を通じて挿話的色彩を添えるル・ジャンドルの行動を書いておこう。前にも書いたようにル・ジャンドルは、西郷従道の案内をして、台湾に行くはずであったのが、米国公使と直接交渉の必要があって東上し、ビンガム（米国公使）パークス（英国公使）等とも会見し、五月十八日（明治七年）には寺島外務卿と会見し、報告している。(三〇) 七月二日には参朝して大久保その他と、(三一) また七月十三日に大久保と会談した旨、大久保日記に見えている。(三二) この頃朝議は止むを得ずんば戦うことに一決し（七月六日）、大久保は七月十三日に自ら清国に赴くことを三条にまで申出でた。

このル・ジャンドルが八月六日には厦門の米国領事館によって拘留されている。(三三) かれが何日に東京を出発したかは不明だが、その資格は弁務公使である。かれは大久保渡清の事をシナにおいて聞いたのだから、大久保とのその辺の話はなかったろうが、政府がかれを外交工作の一翼として厦門方面へ送ったことだけは明かである。ル・ジャンドルの清行が問題になったのは七月二十七日にパークスが寺島外務卿と左の様な問答をしていることでも知られる。

一　**パークス**　李仙得と云人は新聞紙上にては此行特権を持ちし様見へ候。全く貴政府より其権を与へられしや。

一　**寺島**　否、其地方を管轄する上官の人多く李仙得は其中懇意の人もあり、且其地方を熟知の事なれは、其人に談判の為に行きし也。[三四]

ル・ジャンドルが拘留されたというので寺島は八月十二日、米国公使を公使館に訪うて抗議した。ル・ジャンドルは福州鎮台と懇意なので「此度の一件の情実等を弁解等の為差遣候義に候」だけで軍事には関係がない。それを拘留するのはどういう訳かというのだ。米国公使は権限外だから書面を以て申込んでくれといった。[三五] 越えて十五日には正式に抗議した。[三六]

この拘引事件については、その後、特に二つの現地からの報告によって問題の真相が明かになった。一つは厦門在勤呉外務一等書記生からの報告（八月十四日附、九月十五日到）[三七]と、他はル・ジャンドル自身からの報告である。[三八] 右によるとル・ジャンドルは一八七四年（明治七年）八月一日香港に到着し、そこで南シナ方面における清の兵備の模様を探り（報告によるとそれは必ずしも与えられた使命ではなく、ル・ジャンドル自身の発意であるようだ）、それから五日厦門に寄港した。しかるに六日、かれが香港の安藤太郎への暗号電報による

と、

予ハ支那ニ敵シ日本ヲ助ケテ戦フノ告訴ヲ受ケ、米利堅公使ノ求メニテ海兵ノ為メニ捕ヘラレ、朋友等ヨリ十二万五千弗ノ保証金ヲ出シテ赦サル、尤モ右ノ趣ヲ委《クワ》シク大隈君ニ報告セリ、田辺及ヒ鄭ヲ直ニ厦門ニ来ラシム可シ[三九]。

といっている。ル・ジャンドルの立場は「李氏は現下日本の公卿に準位し在れば、今米国の管束に制せらる謂れなきを以主張弁論あれ共、米領事は一途我公使の命已を得ずと而已申張り[四〇]」とて要領を得ないので、結局十三日に上海に向け出発し、同地の米国総領事館の裁判所で争うことになった。

ル・ジャンドルはこの間、前述の如く清兵備の模様を調査して大隈に報告し、また米国領事館の旧部下を使用して、生蕃事件に関する清官との旧往復文書を写してこれを併せ報告した。それには清側が、かれを雇入れんとしたのを断った旨があり、また、

右ノ諸事ニ由テ之ヲ考レハ、日本ニテハ延引スルトキハ聊《イササ》カノ利モナシ。支那ハ陽ニハ和議ヲ好ムノ状ヲナスト雖、陰ニ事ノ延引スルヲ喜ヒ、実ハ時間ヲ得テ以テ何事起ラントモ之ニ当ルノ備ヲナサントセリ、因テ予思フニ今ニ方テ日本ノ上策ハ急ニ事ヲ決シ、何レニモ台湾事件ヲ決議シ、其返答次第断然ノ処置ヲナスニ在リ[四一]。

といっている。清が甲鉄艦買入に奔走していることは各方面から情報が頻々として入っており、八月末にかけて在ロンドン本野臨時代理公使からも、その事を通報して、寺島外務

卿から三条太政大臣へ転送している。(四二)ル・ジャンドルは更に、近く新任米国公使が横浜を通過するので、同人に今回の拘留事件を洩れなく話し、

> 又此ニ一策アリ、彼レカ日本ニ滞留致シ候間、殊ニ意ヲ加ヘテ之ヲ待遇致シ候ハ、、支那ニテハ薄遇ヲ受ケ候事必然ニ候間、彼地ニ至テ後モ事ニ触レテ日本ノ厚意ヲ念起可レ致ト奉レ存候。(四三)

と勧告している。かれは最後に日本に対する熱情を記して曰く、

> 目今余自由ノ身ニ候得ハ、此地ニ在テ貴国政府ノ為メニ尽力スル事ヲ得。且ツ余若シ亜国政府ノ羈絆《キホン》ヲ脱シテ縦《ホシイ》マ、ニ余カ意ヲ行フヲ得ヘクンハ、悉ク亜国政府ノ保護ヲ失フモ亦厭フ所ニ非ス。是ノ如クニシテ閣下ヲ助ケ、或ハ大久保公ヲ助ケテ、方今諸公ノ胸中ニ貯フル所ノ大事ヲ行フ事ヲ得セシメハ、亦以テ六ケ月来余カ嘗《ナ》ムル所ノ艱難ヲ慰シ、胸中ノ不快ヲ破ルニ足ルヘシ。(四四)

かれは上海において許され、大久保と天津で落ちあった。(四五)その頃大久保はル・ジャンドルよりも、はるかに相談対手としてボアソナードに接近していた。ル・ジャンドルは副島種臣、大隈重信などの口添えがあって東京において松平藩（福井）の池田いと子と結婚した。明治二十三年（一八九〇年）に李載純外務大臣の下に韓国政府顧問となり、明治三十二年九月一日に京城で死去し、揚花津の外人墓地に葬られた。(四六)

（一）吉田『倒叙日本史』大政維新篇　三九四頁。
（二）明治七年七月、「三条公へ呈せし覚書」（『大久保利通文書』第六　一九―二二頁）。
本書は月日を欠いているが、七月中旬より三十日迄の間に提出したことは明かだ、当時利通がいかに対清問題を重大視し周到に画策したかが解る。
（三）『大久保利通日記』下　二八六頁、本書一三七頁参照。
（四）同上、二八七―八八頁。
（五）同上、二九一―九二頁。
（六）同上、二九二―九三頁。
（七）明治七年八月二十三日、森山茂宛柳原前光書翰（前掲、六二三頁）。
（八）『大久保利通日記』下　二九三―九四頁。
（九）「市来四郎自叙伝」（吉田『倒叙日本史』大政維新篇　三九三頁）。
（一〇）『大久保利通文書』第六　二六―九頁。
（一一）幣原喜重郎男談（朝日新聞社『日本外交秘録』四二頁）。
（一二）勝田『大久保利通伝』下巻　三〇四頁。
（一三）勝田『甲東逸話』一一九―二〇頁。
（一四）『大久保利通日記』下　二九四―九五頁。
（一五）同上、二九五―九六頁。

（一六）　明治七年七月九日、海外出師ノ議（『大久保利通文書』第六　三〇―四頁、『岩倉公実記』下　一八九―九二頁参照）。
（一七）『大久保利通文書』第六　三四―五頁。『岩倉公実記』下　一九二―九三頁。
（一八）『東京日日新聞』明治七年八月十九日号。
（一九）　大久保利通の次男牧野伸顕伯は、井上毅の文部大臣当時、次官を勤めた。牧野伯は筆者に語る。「井上は肥後人、元田永孚の高弟で漢学出身である。頭脳が鋭敏であり、読書力において優れ、常に海外の著書を漁った。その要領をつかむに天稟の才を有していた。当時大久保の調査その他には役立った人であり、また伊藤の憲法制定についても貢献する所多く、その点について、余り世に著聞せられないのは、同氏に対し不公平かも知れない。」
（二〇）　牧野伯曰く「ボアソナードの官邸は麴町区三年町の角にあり、大久保邸から一丁ぐらいしか離れていなかった。ボ氏が、しばしば来邸して話し込んでいたのを記憶している。両者相許した仲であった。」
（二一）『木戸孝允日記』第三　六九頁。
（二二）『新聞雑誌』明治七年七月二十六日号。
（二三）『東京日日新聞』明治七年八月六日号。
（二四）『新聞雑誌』明治七年八月二十四日号。
（二五）『処蕃趣旨書』（前掲、一五八―六一頁）。
（二六）　明治七年八月三十一日、「文祥の柳原に答へし略書」にある文字、同上、一六一頁。
（二七）『大久保利通日記』下　三〇八頁。

（二八）「利通は以為く、余は大命を奉して北京に到らんとす。先づ清国政府の当局者と交渉談判を開かざるべからずと、遂に李鴻章を訪はざりき。流石の李も後之を聞知して、心密かに驚きしと云へり。」（勝田『大久保利通伝』下巻　三〇六頁）。
（二九）『大日本外交文書』第七巻　一五頁。
（三〇）同上、八七―九頁。
（三一）『大久保利通日記』下　二八四頁、本書一三三頁参照。
（三二）同上、二八八頁参照。
（三三）厦門在勤県外務一等書記生の報告（八月十四日附、『大日本外交文書』第七巻　一八九―九一頁参照）には八月六日米領事館に禁錮されたとあり、寺島・ビンガム対話書（八月十二日、同上、一八三―八五頁）及び同上書、一九四、二〇四―一三頁参照。
（三四）『大日本外交文書』第七巻　一六三頁。
（三五）同上、一八四頁。
（三六）同上、一九一頁。
（三七）同上、一八九―九一頁。
（三八）同上、二〇六―一三頁。
（三九）同上、二〇六頁。
（四〇）県一等書記生の報告。同上、一八九頁。
（四一）同上、二一一頁。
（四二）同上、二〇二頁。

(四三)(四四)　同上、二一三頁。
(四五)　Black, *op. cit.*, p. 441.
(四六)　ル・ジャンドルを東京において松平藩（福井）の池田いと子と結婚させたのはかれの足を止めるためでもあったであろう。声楽家関屋敏子の母愛子はル・ジャンドルの実子に当り、俳優羽左衛門とも関係ありといわれる。かれは一八九〇年（明治二十三年）に李載純外務大臣の下に米人グレート・ハウスとともに韓国政府顧問となり、明治三十二年九月一日に病死、京城市外揚花津の外人墓地に埋葬された。その石碑には左の如く刻されている。

Charles W. Legendre
Brevet Brigandier General United States Army
Adviser of the Imperial Household Department of the Korean Government
Died at Seoul, Sept. 1, 1899. Aged Sixty Nine Years.
R. I. P.

ル・ジャンドルが副島と交ってよかったことは、現に関屋家に残されている副島の遺書その他によっても明かだ。副島正道伯の語るところでは、ル・ジャンドルは、副島外務卿に対し樺太買収をしばしば進言したとのことである。なお晩年の同人に関し昭和二年に、京城在住の仏人エミール・マーテルは左の如く語った。

ル・ジャンドル将軍は米国に国籍は持つてゐたが、英語は不充分で、私とは仏語で話してゐた。社稷洞の朝鮮家屋に住まひお互ひに往復してゐた。世話好きな円満な人格者で、朝鮮人から人望も高く、殊に外務大臣李載純氏や、御附武官で上海で死んだ李学均氏らとも昵懇の間柄であつた。誕辰日に宮中に招かれて毒薬を呑まされたといふ話しもあるが、これは全然無根で、老衰して居り、自宅が朝鮮家屋で低かつた鴨居で頭を打つたのが原因となり、一週間ぐらゐで逝去された。将軍の死によつて韓国外交界には一頓挫を来たしたものの如く、少なからずその死を惜まれ、葬儀は明治町のローマ教会堂で執行されたが、日韓両国政府から儀仗兵をつけ、韓国皇帝は勅使まで差遣された位である。記憶はしないが韓国政府からも最高勲章を貰つてゐたと思ふ。几帳面でいつもやさしく、老齢にも拘らず、引しまつた顔、純白な頭髪、小さい眼鏡をかけてゐたが、度が進むにつれて、朝鮮で新しい眼鏡が買へずに困つたことなど昔の俤が今にも目にちらついてゐる。(『京城日報』昭和二年五月十九日号)

ル・ジャンドルはその功労に対し二回勅語を拝している。

第五章　北京談判の行詰り

一　大久保の交渉政略

大久保は東京を出発する時から外交交渉に関して種々工風した。そしてその最も相談対手となったものが仏人ボアソナードであった。かれは武人の出、また内政問題に専心していたものとして、国際公法等について暗かった。渡清の船中においても(一)、また北京においてもかれはボアソナードを師とする国際公法の一生徒たるの観があった(二)。かれの相談相手は行動派のル・ジャンドルから公法学者のボアソナードに変って行った。北京に到着して、来るべき談判の内容についても相談した。

九月十二日

○上略法律家ボアソナードヲ呼ヒ開談ノ三ケ条ヲ陳シ、意見ヲ問、彼レ異論ナシ、尚同氏見込モアリ、名村○泰蔵訳官ヲシテ筆記セシム(三)○下略大久保は北京に来て柳原と総理衙門との往復文書を熟閲し、これ以上に反覆するも益ないことを思い、直ちに論点をつくところの疑問を最初に発することにし、井上毅をして文案を作らしめた。

第一回日清会談㈣

明治七年九月十四日、案を練った大久保は、公使柳原前光とともに、始めて総理衙門を訪問した。太田資政《すけまさ》（鉄道権頭）筆記し、鄭永寧（外務一等書記官）が通話した。清側は衙門大臣恭親王、文祥、宝鋆、董恂、沈桂芬、崇綸、崇厚、成林、夏家鎬が列座し、総弁周家楣以下四名が筆記した。大掛りな外交談判だ。

互いに皇帝の安康を祝賀し、寒暄《かんけん》の礼畢《おわ》ってから談判は開始された。まず大久保は派出された趣旨を述べ、大久保が来ても柳原公使は依然本権を有する旨を明かにした。対手が「貴大臣ノ言ハ都テ貴朝廷ノ意ナルヤ」と質問したに対し「然リ本大臣ノ言ハ皆我カ朝廷ノ言ナルヲ信セラル可シ」と答えた。大久保は従来の相互の主張が、「之レヲ要スルニ、貴国政府ハ生蕃ヲ属地ト云ヒ、我国ハ之レヲ無主野蛮ノ地ト云フノ両三句ニ止マル」一点にあるを述べ質問を発した。

大臣　〇大久保以下同じ然ラハ問フ所ノ者ハ、貴政府生蕃ニ於テ実地幾許ノ処分アリヤ。

文祥　実地ノ処分ヲ問ハルレハ一時細ニ悉《ツク》ス能ハス。一句ニ約スレハ、台湾ノ地アリテ生蕃アリ。譬ヘハ広東省ニ瓊州有ルカ如シ。其島中開港場有レドモ、周囲生蕃ノ如キ者多ク住セリ。

大臣　既ニ属地ト謂ヘハ、官ヲ設ケ兵ヲ派シ、多少ノ処分無キヲ得ス。故ニ実地施行セラル、処分ノ詳細ヲ領センコトヲ希フ。

文祥　中国地広ク、是等ノ事、坐上ニ於テ細カニ悉ス事能ハス。貴問ニ応シ難シ（五）。

清側は中国地広いから坐上に於て悉す能わないというのだ。大久保の舌端はこの辺から鋭くなる。

大臣　貴命ノ如クニテハ本大臣甚タ了解シ難シ。抑モ生蕃ノ事今日卒爾トシテ起ルニ非ス、五月ヨリ以来今日ニ至ル所。今苟モ本大臣使命ヲ奉シ公然面商ス。固ヨリ宜シク判然明白ノ答辞アル可シ。然ルニ貴大臣等答フル能ハスト云ヘハ、今日ノ商議固ヨリ無用ニ属ス。且ツ従来柳原公使ト論弁セラレシトキ蕃地ヲ属地ト謂ハレシ事、決シテ信シ難シ。

文祥　我政府事繁キヲ以テ、各官分職シテ各司ル所有リ。故ニ我ニ於テ一時即答スル能ハス。唯証拠トスヘキモノハ台湾府誌有リ。既ニ照会文中ニ詳明ナルヲ以テ別ニ点検スル所有ラス。

大臣　府誌ヲ引キテ照会セラレシ事既ニ之ヲ閲セリ。然レドモ実地上何等ノ証跡有リヤ。公法ニ云フ荒野ノ地ヲ有スルトモ、其国ヨリ実地之レヲ領シ、且ツ其地ニ政堂

ヲ設ケ、又現ニ其地ヨリ益ヲ得ルニ非サレハ、所領ノ権及ヒ主権アルモノト認ムルヲ得ス。(六)

大久保がボアソナードによって勉強した公法論が出て来るのを見るべきだ。ここで清側は行詰った。

そこで沈桂芬《しんけいふん》が口を出した。

沈桂芬　古ハ同地ヨリ歳々餉税ヲ納ムルヲ以テ、大清国ノ属土ナル事判然ナリ。

この時、筆官から大臣へ一書を出したりして敵陣頗《すこぶ》る慌てた形だ。文祥はホッとしていった。

文祥　貴大臣ノ問フ所虚辞ヲ以テ答フヘカラス。故ニ必ス出処ヲ分明ニスルナリ。

大臣　此輪税ノ事、今日ニ至ル迄官有リテ之レヲ司ラル、ヤ。

沈桂芬　頭人ヨリ征シテ、包括シテ之レヲ納ム。

大臣　何所ニ納ムルヤ。

沈　府県ニ納メリ。

大臣　例ヘハ牡丹社ノ如キハ何県ニ納ムルヤ。

崇厚　鳳山県ニ納メリ。

大臣　本大臣蕃地ニ至ル者ニ就テ実地探偵ノ状ヲ聞クニ、其土人ノ説ニ拠レハ曾テ税ヲ納ムルコトナシ。其証茲ニ一書有リ。一覧ヲ賜フ可シ。(七)

大久保はその場で台湾の車城人と借地に関する筆談の謄本を示した。それは蕃人と福島参謀との筆談で「無《シ》借納《スルコト》朝廷《ノ》国輸正供《ヲ》」とて租税を納めたことなきを示すものである。(八)清側では大久保はかかる問題が出ることを予想してこうした証拠書類を準備していたのである。清側では「我カ中国ハ生蕃ノ地ノミニ非ス、内地ニ於ケル亦此類多シ」とて、租税は所管村長から包括して之を納むるから百姓はこれを知らぬのだという。大久保は、右は村人のいうところではない、頭人の所言ではないかと駁する。大久保は続いて対手の矛盾を衝いていう。

大臣　本大臣再ヒ審問セサル可ラサル所以ハ、既ニ貴国ノ属地タレハ派官ノ定則、賦課租税ノ常例有ル可キヲ以テ之ヲ問ヒシニ、貴中堂初メ答ヘテ具備セリト云ヒ、後又民庄ノ説ヲ以テ収税セスト云ヘリ。貴中堂説ク所前後符合セス。本大臣尤モ解セサル所ナリ。

文祥　言語錯雑スル時ハ或ハ解セサル所有ル可シ。然レドモ貴国ハ同文ノ国ナルヲ以テ、文字ヲ分疏《ブンソ》スレハ自カラ分明ヲ得ヘシ。(九)

ここまで突込んで置いて、かねて用意していた二つの質問を、別々に出した。原文は漢文であるが、ここでは大久保の復命に附した摘要を掲げよう。

第一、既ニ版図と云ヘハ必ス官ヲ設ケ化導スルノ実アルヘシ、今生蕃ニ何等ノ政教アリ乎。

第二、万国往来シ、各国皆航旅ヲ保護ス。今蕃人海路ノ障ヲ成シ屢々漂民ヲ害ス。之ヲ度外ニ置キテ懲弁セス、他国ノ人民ヲ憐マスシテ唯生蕃残暴ノ心ヲ養フ。此レ理有ル乎。(一〇)

大久保は右の質問に対し明日或いは明後日を限って答弁を与えられんことを要請した。

大久保の日記には、

九月十四日

今日柳原公使、訳官太田、鄭同行、午后一字到ニ総理衙門一。恭親王、文祥始メ九人出会、開談。周章ノ体、実可レ笑。三字過退館。(一一)

とある。最初の日にすでに対手を呑んでかかっているのを知るべきだ。元来、理論からこれをいえば、台湾の蕃地を以て無主の地というのはやや無理な解釈だ。だからこそ駐日英国公使パークスも、後に出て来る駐清英国公使ウェードも、さような説は初耳だと必ずしも駆引きでなく言ったのだ。大久保としては無主の地だというならば、日本が自由に処分する権あるを主張し、清の属地だというならば清が野蛮行為に対する責任を負えという議論に移る伏線である。しかもその談判において攻防、その処を異にしたのは大久保が徹底的に準備したのに対し、清側の準備が皆無にも等しかったからである。

大久保がこの二条を中心として説き起した所以については、談判終結後、西郷従道に示した書において明かにしている。即ち曰く、抑モ此二条ヲ主脳トシ説キ起セシ所以ハ、彼ヲシテ我カ義挙タルノ旨趣ヲ貫徹セシメ、万国公法ノ至理ニ基キ彼我ノ曲直ヲ明ニシ、仮令ヒ議論協ハス事破ル、ニ至ルト雖モ、我カ名声ヲ損スル無ク、後世ニ至ル迄異議無カラシメンコトヲ庶幾《ショキ》スレハナリ。(一二)

かれは苟《いやし》くも日本の言動が大義名分に悖《もと》って、日本側が徒《いたず》らに事を起すかの印象を列国に与うることを恐れた。この点は西郷隆盛が征韓論において名分を尊ぶ建前に似ていた。その事は、後の引続く談判に出て来る。

英米公使との往来

第一回談判の翌日（九月十五日）大久保は米国公使を訪問した。一応の挨拶の後、「前年支那福建総督ヨリ貴国厦門領事ニ照会セシ公文台湾ノ支那版図外タル証拠トナル可キモノ現ニ貴公館ニ存スル有ラハ、借覧センコトヲ希フ」旨を申込んだ。(一三) 引続く談判に備えるためだ。

十六日には英国公使ウェード(一四)が大久保を旅館に訪ねた。表面は挨拶のためで、気候の話をした後でウェードは言った。

公使　当日存問ノ為メ修謁スレドモ、妨ケ無クンハ一事ヲ問ハンコトヲ欲ス。

大臣　之レヲ領ス可シ。

公使　台湾ノ事、我ガスイルパークス氏ヨリ来信ノ旨ニ拠ルニ、日本外務卿ノ説ニ、支那ニ於テ若シ日本征蕃ノ事ヲ非理トセサランニハ、兵ヲ退ク可シト云ヘリ。此事実事ナル可キヤ。

大臣　此説ハ大ニ異レリ。

公使　大意何等ノ異同ナルヤ。

大臣　日本発程前曾テ是等ノ事ヲ聞カサリキ。

公使　此ノ如クナルヤ。明後日ハ本国ニ幸便アリ。故ニ方今ノ景況ヲ知ラシメンカ為メ、本国ニ通報セント欲ス。邦人ノ支那地方ニ滞留スル者夥シキヲ以テ、形勢ニ因リ多ク船艦ヲ致シ、之レヲ保護スル等ノ備ヘ有リ。故ニ尊慮ヲ顧ミス尋問スル所ナリ。

大臣　貴慮宜シク然ルベシ。

公使　明日ハ家族ノ許ニ至リ、晩間帰京ス可シ。明後日ハ速カニ書翰ヲ本国ニ致サントス。故ニ存問ノ次テ遽カニ前件ヲ尋問スル所以ナリ。

大臣　貴眷何レニ住居セラル丶ヤ。

公使　本京ヨリ西方山際ニ於テ凡ソ十四「マイル」許リノ処寺有リ。其寺ニ住セリ。

大臣　貴息ハ幾位ナリ（二五）ヤ。

右の問答によって分る通りウェードは、相当に踏み込んで大久保の意を知らんとし、大久保は話頭を外らして、家族の事を聞いていることが意味深長だ。談判が山のものとも海のものとも分らない以前に、当方の方寸を第三国に知らすべきではない。しかしさらばとて全然、繋がりを断つべきでもない。別れに臨んで大久保は言った。

大臣　下顧ヲ辱ウシ感謝ス。滞留中再会ヲ希フ。

公使　鄙意之レニ同シ。(一六)

第二回日清会談(一七)

第一回の会談後の翌々日（九月十六日）午後一時、総理大臣董恂、沈桂芬、崇綸、崇厚の四名が大久保の旅館に来訪した。大久保の質問書に対する回答を齎《もた》らしたのである。議論の順序として清側の回答を掲載するの必要があろう。

第一条　台湾生蕃地方ハ其風俗ヲ宜クシ、其生聚ヲ聴ルシ、其力ノ能ク餉ヲ輸スル者ハ歳々社餉ヲ納メ、其性質ノ較秀良ナル者ハ遴ンテ社学ニ入ル。即チ寛大ノ政以テ教養ノ意ヲ寓シ、各帰シテ近庁州県ノ分轄ニ就カシム。官ヲ設ケサルニ非ス。特ニ我国ノ政教ハ漸ニ由テ施シ、毫モ勉強急遽ノ心ナシ。広東瓊州府生黎《セイレイ》瓊州島内ニ生黎ト唱フル一種ノ蕃人アリノ如キモ亦然リ。我国如レ此地方甚タ多シ。況ンヤ各省各処ノ弁法《トリアッカイブリ》相同シカラスシテ、蕃黎等ノ弁法尤モ同シカラサルヲヤ。此即チ条約中ニ所載両国政事禁令ノ各異同アルノ義ナリ。

第二条　我国各国ト通商交好スレハ、各国官商民人ノ船隻意外ノ風ニ遭ヒ、及ヒ交渉ノ案件、各国商民ノ害ヲ受クル等ノ事アリテ、一タヒ各国大臣詳細ニ事由情形ヲ将テ本衙門ニ照会セハ、必スヤ査明妥弁《ギンミノウヘトリアツカフ》ヲ為シ、難易遅速ノ不同アリト雖モ置擱《ウチステオキ》シテ弁セサルノ件ナシ。即チ生蕃ノ案ノ如キモ、貴国若シ向キニ詳晰《ツマビラカニ》ノ照会《カケアヒ》アラハ、本衙門査弁セサルコトナシ。且ツ本衙門甚タ此等ノ情事アルヲ願ハス。此後尚ホ法を設ケ、妥籌保護《フツガフナク》、以テ将来ヲ善クスヘシ。（一八）

大久保はその場で回答を一読し、何れ熟読して更に申告するところあろうと保留してから、直ちに一事を指摘した。

大臣　〇上略 答書中、蕃地ハ広東ノ瓊州ニ於ケルカ如シトノ事アレドモ、右等ノ地同様ニ見做スコトハ素ヨリ貴意ニ従ヒ難シ。抑モ蕃人我カ人民ヲ殺害セシヨリ起リタル事ナレハ、他ノ内地ノ蕃地ニ似タルモノヲ引キテ論弁セラル、トモ我カ承認スル所ニ非ス。

諸大臣　事々書面ヲ以テ示サルレハ、之ニ応シテ答覆スヘシ。（一九）

大久保は更にいま一つを質問した。生蕃を清の属地とするのは府志の二十両を納むるを以て確証とするのかと。これに対し清側は「此一条ヲ以テ証トスルニ非ス。此他累々証拠アリ。只其一端ヲ挙クルノミ」（二〇）と。

この日はこれだけで議論を打ち切って相携えて食場に赴いた。

翌十七日に駐清魯国公使ビューツォフが大久保を旅館に訪問して敬意を表した。普通の挨拶についで「従前ノ経験ニヨリテ能ク之ヲ知レリ。支那政府トノ議論ハ頗ル煩難ニ苦シ

ム。奉使ノ意ハ知ル所ニ非サレドモ、終ニ志ヲ遂ケラル可シ」といって別れた。(二二)

第三回日清会談(二三)

九月十九日、第三回日清会談は総理衙門において開かれた。列席の顔触れは大体同じだ。問答筆記者は金井之恭（権少内史）である。この日、大久保は清側の回答に対し、更に疑問二条を持参して、これを会議の劈頭に示した。前回の議論を詳説したもので第一問を六項に分ち、第二問は対手の矛盾を指摘し「向キニ官ヲ設ケ兵ヲ設ケサルノ語アリ。今ハ官ヲ設ケ分轄スト云フ。前後符セス、未タ何レニ従フヲ知ラス」といった文字がある。長文のものである。(二三)

第二回の会談までシナ的の外交辞令で受流した清側は、第三回目からはその態度が相当に硬化して来た。

大臣　〇上略　夫レ版図タラハ確乎タル証跡有ル可キ理ナルニ、曾テ其政権ノ及ヘル実跡ナシ。公法上ニ於テ、政権及ハサル地ハ版図ト認メスト云ヘリ。我ハ決シテ貴国ノ版図ニ非サルヲ信ス。

文祥　前日拝晤詳細陳述セシ如ク、互ニ難詰ヲ以テ弁論スレハ到底結局ナリ難キヲ以テ、茲ニ之レヲ約言セン。和約中ニ、両国ノ政事禁令ハ異同有ルヲ以テ互ニ予リ聞クコト無キヲ載セタリ。此ノ条約ニ基キ互ニ其治ヲ為ス可シ。是レ我論談ノ旨趣ナリ。貴大臣モ亦和好ノ趣意ナレハ、和談ニ至ル可キ商議有ランコト緊要ナル可シ。

又　万国公法ナル者ハ近来西洋各国ニ於テ編成セシモノニシテ、殊ニ我清国ノ事ハ載スルコト無シ。之ニ因リテ論スルヲ用ヒス、正理ヲ以テ熟ク商談スヘシ。若シ生蕃ノ地ニ於テ我カ政令ノ及ハサル云々ノ事ヲ言ハルレハ、即チ我政事ヲ咎ムルニ似タリ。生蕃ノ事ハ我国ニ任セラルヘシ。且ツ政事及ハサルノ故ヲ以テ中国ノ管轄ニアラストスル等ハ、幾回弁論アルトモ我レニ於テ拝答スル能ハス。

大臣　我ニ於テモ弁論ヲ好ムコト無シ。抑モ奉使ノ主意ハ和好ヲ欲スルコト素ヨリナリ。生蕃ノ件ニ於テハ、向キニ既ニ柳原公使ヲ派シ、今我又此地ニ来ルハ、猶一層和好ヲ重ンスルノ意ナリ。然ルニ貴国ハ依然生蕃ヲ版図ト云フ。今日ノ事ハ実ニ其属地カ否カヲ以テ是非ヲ定メントス。故ニ反覆論セサルヲ得ス。条約中、政事禁令ハ互ニ予リ聞カサルコトハ素ヨリ知ル所ナレトモ、蕃地ノ件ハ之レト異ナリ。過日来再三陳述スル如ク、蕃地ハ其人民凶暴極リナク、他国ノ人民ヲ害スルヲ常トス。是レ関係ノ大ナル者ニシテ、今日ノ事起ル所以ナリ。我国ハ其貴属ニ非サルヲ知ツテ着手セシニ、貴国確然之レヲ版図ト称スレハ、之レカ証跡ヲ問フハ止ムヲ得サルトコロナリ(一四)。

ここで清側がしばしば持ち出す和約というのは前年（明治六年）三月九日に批准され、副島外務卿によって齎らされた日清修好条規を指すもので、それには第一条に両国は邦土を侵越することなしと規定し、第三条には「両国の政事禁令各異なれば、其政事は己国自主の権に任すべし……土人を誘惑し聊違犯有るを許さす」とあるを指すものだ。(二五) それを引用するは正しいにしても、万国公法なるものは西洋で編成せるものであるから、清国に適応しないというのは、シナ的論理である。清は日本の武器とする万国公法を以て充分に日本に応酬しうべきはずであった。

大久保の蕃地無主論に対し、清側はまた清内地にも同じようなところがあり、それを以て一々清版図に非ずということはできないとの理論を繰返し、大久保はこれを駁して堂々めぐりをして果しがない。

大臣　互ニ旨意ノ齟齬スル所アリ。貴国ニ於テハ版図内ト云ヒ、我ハ無主ノ野蕃ナリト云フ。故ニ再三論セサルヲ得ス。若シ政権及ハストノ答辞アラハ一言ニシテ足レリ。

文祥　政教及不及ノ事ハ、貴国ノ審問ハ恐ラクハ当ラサル所。生蕃ハ我管轄版図ノ地ナリ。譬ヘハ貴国ノ長崎ニ於テ政教ノ及フヤ否ヤヲ我カ清国ヨリ問フカ如シ。此貴問ハ決シテ答フルコト能ハス。

大臣　貴答ナキトキハ、我レ生蕃ヲ以テ断シテ無主ノ野蕃トス。如何。

文祥　然ラハ我亦如何トモスルナシ。(二六)

大久保が、昨年副島が貴政府に告げたではないかというと、清側は、副島は派兵の事はいわなかったという。帯兵等の事は素よりいう必要なく、ただ連接の地の事だから告げたのみだと大久保は返す。

文祥 略○上本日討論スル処ノモノハ憑トスルニ足ラス。恐ラクハ反訳伝話ノ誤リアラン。故ニ示ス所ノ書ニ就テ詳答スヘシ。

大臣 苟モ大任ヲ奉シ貴大臣ト応接弁論スルニ、今日ノ討論ハ憑トスルニ足ラスト云フハ何ノ言ソ。本大臣ノ言フ所ノモノハ悉ク我朝廷ノ言フ所ニシテ、一々確拠トス可キモノナリ。

文祥 挙ケテ憑トナサスト云フニハ非ス。反訳ノ誤リ有ランヲ恐レテナリ。(二七)

大久保が時にとって激語をすら用うる攻勢的態度の当るべからざるものあるを知るであろう。

英国公使来訪

九月二十六日、英国公使ウェードが再び大久保を旅館に訪問した。ウェードは「従来台湾全島、我カ見ル所ヲ以テスレハ、支那ニ属スルカ如シ」、それだのに日本が属地にあらずというのはなんらの根元なるやと質問した。これに対して大久保は正面から答えず、いずれ近く解決するから、その上で告ぐるところあろうといった。

公使 唯聞クヲ願フ所ノモノハ、台湾ノ兵ハ永ク之ヲ駐メラル可キ哉、或ハ事情ニヨリテ退兵セラル可キ哉。若シ決シテ退兵セラレサレハ、両国間是ヨリ紛擾ニ及フ可シ。此ノ如クハ我レニ於テモ備フル所有ラント欲ス。故ニ之ヲ聞カンコトヲ希フ。

大臣 決シテ退兵セスト云フニ非ス。商議ノ結局ニヨル所ナレハ今ニ於テ詳答シ難シ。

公使 若シ事情ニヨリテ退兵セラル、事、日本政府決定ノ事ナルニ於テハ、我レ其意ヲ体シ、此件ノ結局ニ至ルコトヲ以テ支那政府ヲシテ之レヲ肯ンセシメント欲ス。

大臣 厚誼辱シ。是レ前陳ノ如ク不日両国政府ノ間ニ於テ決定ス可クト思ヘリ。故ニ勉メテ配意ヲ煩サ、ランコト我カ希フ所ナリ(二八)。

大久保はこの時においても英国公使の介入を排して、両国の直接交渉によって解決せんことを決意していたことが分る。しかしかれは充分の余裕を残していたのである。この頃、後に載せる岩倉の大久保への書簡にも示す如く、日本においては駐日英国公使パークスは日本政府に対し和平解決を勧めていた。

ウェードは三十日に大久保を晩餐に招き、大久保はこれを承諾した。

第四回日清会談(二九)

明治七年十月五日午後一時、大久保は柳原公使と共に第四回の談判をなすために総理衙門に到った。列座する者は前と同じである。

第三回会談と第四回会談との半カ月の間、大久保は無為に過ごしたのではなかった。清

大日本全權辦理大臣參議兼内務卿大久保 公文賫至
大清總理各國事務 當堂開拆

大久保全権の論議文書

清国総理衙門の答覆書（9 月 22 日附）に対し、9 月 27 日、「公法彙抄」を附して反駁を加えた我が大久保弁理大臣の論議文書。

側は大久保の二カ条の質問に対し、九月二十二日にこれに答えた。大久保は更にこれを反駁して、九月二十七日総理衙門に照会するところがあった。長文のものであるが、この外に、公法彙抄をこれに添えた。公法彙抄はボアソナードの提供になる国際公法の摘録であって、仏、英、独の四権威者の学説を網羅している。例えば、仏人ハッテルが「一国新ニ曠地ヲ佔メ、実力ノ佔有ニシテ、即チ其地ニ就キ館司ヲ建設シテ実益ヲ獲ルニ非サレハ、公法上其主権ヲ認メス」という如き章句だ。これに対し清側は九月三十日「本大臣前次声明セシ言ヲ以テ弁理スヘシ」とて多くをいわず、(三〇)大久保は十月四日に更に、清側の無誠意を詰問した。その翌日、第四回の会見となったものだ。大久保がひとたび、力を用うるや徹底、残すところなきを知るべきだ。

清側は事を曖昧に附することが利益だ。文祥は「病中ナルヲ以テ多々弁論ノ事ハ苦悩スル所」と最初から迷惑気である。大久保の言に対し、

諸大臣　瞭然奉答セサルヲ以テ責メラルレトモ、此ノ如クニテハ総理衙門ノ言ヲ信セラレサルナリ。

大臣　然リ、信シ難シ。

諸大臣　此件ニ於テハ幾回答覆スルトモ信セラレサルヘシ。(三一)

双方の言論にやや殺気がある。大久保は、清側が外国の知照により査弁するというが、米国の知照に対しては査弁しなかったではないかと、台湾府吏から厦門駐在米国領事に送

る照会書を提示した。米国公使館から得た材料であろう。これに対し清側は、右は地方官の怠慢だったからこれを処罰したと答える。大久保が前年清側の副島に語って、無主の地としたことを信ずるといえば、清側は「副島大臣ヨリハ此ノ説話無ク、柳原公使ヨリ説話セラルレトモ、生蕃ノ事而已ニ非ス、朝鮮其他ノ事有リ。謁見前ノ事ナリ」と屈せず、「如レ此大事件ニ及ハントセハ、副島大臣ヨリ固ク協議有ル可シ。特ニ一場ノ説話ヲ以テ無主ノ野蕃トセラル、ハ、我ニ於テ決シテ受ケサル所ナリ」(三二)という。

調子が激越なので文祥は通訳官鄭に向って、談論かくの如くなれば徒らに和好を破るに至るから、遺すことなく説明してくれと依頼した。

大臣　昨年副島使臣ニ答ヘラル、所ヲ以テ窮竟信用セリ。貴大臣等ト幾回談論ニ及ブトモ決ス可キナシ。因ツテ近ク帰朝ス可シ。

毛昶熙　昨年ノ事ヲ証トセラル、トモ、我ヨリ無主ト答ヘシ事曾テ之レ無シ。

文祥　我レニ於テ貴問ニ応セサル等ノ事無シ。然レドモ帰国セラル、事ハ強ヒテ駐ムル所ニ非ス。(三三)

大久保はここで最後の切札を出して帰国すると言い切ったのである。時にすでに暗黒、咫尺《しせき》を弁じない。燈を点して旅館に帰った。かれの日記に「彼ノ模様中々折合付候勢ニ無レ之、不レ得レ止断然申切候。井上、小牧、田辺入来、段々及二示談一候」(三四)とある。

二　談判、破局に瀕す

大久保が帰国することを言い切って、日清談判は一段落ついた。これだけ反覆してその立場を述べれば、事破れても我が努力の足らないのでないことは中外に明かになったはずだ。だが彼は清側にも、進んで日本と事を構える決心のないことは、それ以前から観取していた。かれが九月二十七日に三条に与えた書翰にいう。

○上略小臣着以来、意外時日ヲ移シ、定テ御旨趣ニ触レ候事ト恐縮仕候得共、和戦両条之帰着ハ、名義判然相立不レ申候テハ、外国之公評モ有レ之事故、決テ軽易之所断ニ及候訳ニ難レ至、着以来焦慮配神、唯我道理之所レ有ヲ以、百方不レ撓論弁ヲ尽、彼ヲシテ是非服従セシメ度、仮令屈撓スルニイタラス、終ニ破談ニ相成候トモ、道理上ニ於テ勝ヲ取候処ヲ一大眼目トシ、初発ヨリ談判往復ニ及候義ニ御坐候。○中略支那政府終ニ戦ニ決候カ、或ハ平穏ニ成局之意カ、未其実ヲ得不レ申候得共、英米公使ノ語気ヲ以考慮スルニ、何トカシテ無事ニ収メ度トノ意ハ有レ之様推察イタサレ候。就テハ今一度ノ照会談判ハ十分理ヲ詰メ、是非凡ノ結局ヲ付度トノ愚考ニ付、両様何トカ相分可レ申トノ心算ニ候。彼暴ニ出候得ハ、固ヨリ我政府ニ於テハ戦ヲ決セラレ候事ハ、不レ待レ論候得共、彼ヨリ戦ヲ啓候迄ハ、我ヨリシテ戦ヲ起シ候条理無レ之、因テ小臣談判破裂ニ及候テモ、彼ノ来ルヲ待候ヨリ外致シ方無レ之候。尤熟実地ノ事情ヲ察スルニ、迄《トテ》モ彼ヨリ急卒兵ヲ起シ候事ハ、決テ無レ之ノミナラス、談判調ハス、使節引払候場ニ至リ候テモ、彼ヨリハ容易ニ蕃地ノ我兵ヲ攻撃スル等ノ事ハ無レ之ト見据候。若シ我ヨリ暴ニカヽリ候事有レ之候得バ、則彼術中ニ陥候訳ニ候間注意セスンハアルヘカラスト愚考仕候。且又厚鉄船御調文相成候由、於二彼地一引渡ノ手順ニ条約有レ之候ハン、左スレハ十一月中頃ニハ相請取、乗出シ候都合カト相察候。西郷都督ヨリ一報有レ之、児玉利国、河合某当地へ着、事情具ニ承候、流行病ニテ西郷始相悩ミ候由、甚以関心仕候得共、気候モ追々宜ク候付、最早格別之事モ有レ之マシク候。前条ノ次第ニテ、仮令事ヲ急キ候テモ、則戦端ヲ啓クト申訳ニ至ラス、甚困難ノ一事、小臣ニ於苦心スル処ニ候間、御高察可レ被レ下候。(三五)

外国の公評、清側の態度、日本国内の準備等八方に目を配って、外交交渉を進めるところ、政治家大久保の面目を見ることが出来る。文中、西郷軍の流行病についていうのは、他の文書に「我兵ノ蕃地ニ在ル日久シ。熱病陣中ニ伝染シ、将士以下患ニ罹ルモノ十其九ニ居ル。客月以来報告日ニ繁シ」(三六)とあって、現地報告によってこれを知っていたのだ。

かれが断然帰国を清側に言い渡した後においても、それが彼の最後の手段ではなかった。かれは次に打つべき手を苦慮した。この経過についてはかれの日記をして、これを語らせよう。大久保の帷幕《いばく》の諸僚は、何れも和戦好むところを主張して衆論紛々たり、それに対して如何に処したかの経過をも明かにするものがある。

十月六日

今朝井上、田辺、小牧入来、ボアソナード氏ト種々質問ニ及。午后柳原入来、再度照会遣候ニ付、結局ノ見込云々承ル。

十月七日

今日照会ニ付種々議論有レ之、井上艸案《ソウアン》ヲ作、田辺之ヲ修正ス。然ルニ、此結局ニ付、黒白分明決絶ニ及候趣意云々ヲ論スルアリ、或ハ其マ、ニテ引払候趣意云々論スルアリ、実ニ小子進退此ニ谷《キワマ》リ候一大事、困苦ノ至リ、依而反覆熟慮、此上ハ義ノ所レ有理ノ所レ有ヲ以テ相決候外無レ之ト決定ス。併シ衆論ヲ聞テ未可否ヲ言ハス。柳原公使其外入来。今晩ボアソナード氏江公法上戦ノ名義、且日清今日ノ景況ヲ以テ、段々及二質問一、通弁池田。

十月八日

今日田辺、井上両子入来、照会艸案成。尚少々以二愚考一添削。午后柳原公使入来、李仙得氏入来、質問ニ及。今晩柳原公使等入来。

十月九日

今朝ボアソナード氏江質問。田辺氏ノ見込有レ之、照会ノ艸稿持参、猶可レ及二勘考一旨申入置。午后柳原公使入来。○中略今般支那政府ト談判ノ結果、五日総理衙門面晤ニ既ニ帰国ノ旨ヲ述テ帰レリ。就而ハ、今次照会ニ付、和戦ノ両道ニ係リ候大事故、各々異同ノ見込ヲ以、議論端アリ、到底此決ニ於ケル、小子方寸ニアリ、豈ニ軽易ニ之ヲ断スヘケンヤ。併、今次照会ノ文意、即其奥意ノ有ル処ニ由テ、趣意ヲ述サルヲ得ス、是非其結末ノ意ヲ聞カサレハ能ハスト、再三聞クトイヘトモ敢テ之ヲ言ハス。先井上艸案稿ニ付テ之ヲ補綴スヘシト、終ニ今日其稿成ル。然ルニ、猶種々ノ説アリ。殊ニ田辺子別ニ稿ヲ成シ、平穏ノ趣意ヲ以、普通ノ別ヲ告去ルニ如スノ意ナリ、小子之ヲ拒マス、今日中熟考スヘシト答フ。柳原公使論アリ、云ク、断然和親ヲ破、戦ヲ以テスルニ如カス、其名義トスル所ハ、彼レ照会中無礼ノ語アリ、侵二越疆土一不二一矢加一遺一等云々ヲ鳴ラシ、且謁見ノコトモアレハ十分名義ノ存スルアリ、名ナキヲ憂ヘスト。井上、高崎等大同小異ノ論ナリ。一ニハ戦ノ名義十分ナラス、先ツ半途ノマヽニテ引クニ如カス。或ハ之ヲ、蕃地ニ十分手ヲ伸シ、彼地ニ於テ必事端ヲ啓クヘシト、是福島参謀等ノ論。田辺、鄭此際先ツ平穏ヲ保ツテ余地ヲ残シ、可レ図ノ機ニ投シ、再ヒ手ヲ尽スヘシノ意アルニ似タリ。福原、岩村ハ名義十分ナラス、暴ニ戦ヲ啓クヘカラス。吉原モ又大同小異ナリ。此際ニ当リ、殆ント一身ニ迫リ、苦慮云フ可カラス、深思熟慮スルニ他ニ手段ナシ。若照会ノ答覆依然曖昧ヲ以テ来ル時ハ、小子断然去ルニ如ス、是和交ヲ破ラサレハ止ムヲ得サルノ勢ナレハナリ。然リトイヘドモ、談判ノ纏ラサル而已ニテ決絶ヲ以、表面戦ヲ期シテ帰ルハ不レ宜。小子発途間モナク柳原公使

モ亦帰ルヘシ、然ル上
宸断以テ之ヲ決セラルヘシ、是上策ナリ。如何トナレハ、於㆓当地㆒決絶ノ形ヲ露ハストキハ、各国公使ノ論ヲ来シ、多少ノ害ヲ醸ス、且支那ニ於テ弥相決シ、其用意モ十分ヲ尽スヘシ。我情況ヲ考フルニ、用意稍調トイヘドモ、軍艦ノ都合其余実地ノ手当十分ト云フヘカラス、緩急弛張ノ権ヲ我ニ於テ有スルヲ以、上策トス。且時季ノ都合モ大ニ注意セサル能ハス。
右之旨趣粗相決シ候ニ付、照会明日可㆑送ニ決シ、今晩柳原公使江密談ス、公使無㆓異論㆒、弥内定ス。是一大事機密ニ関スル故、決シテ他ニ示サヽルヲ約ス。(三七)

右によって大久保一行中において和戦両派に分れたことが明かだ。これを大別すると左のごとくだ。

主戦論　柳原前光、井上毅、高崎正風、福島九成、樺山資紀、児玉利国
非戦論　吉原重俊、福原和勝、岩村高俊、田辺太一、鄭永寧

この両論に対し大久保は最後までその意志を発表せず、固く決意を内に秘した。その日(九日)、英国公使ウェードは紛争を国際仲裁裁判に附託する意向あるかどうかを柳原に問うたが、柳原はこれを拒絶した。今は大久保のみが断の字を下す位置にある。大久保は今一度、五日間を限った最後通牒を発することにした。かれの日記に曰う。

十月十日

今朝照会ヲ総理衙門ニ送致ス。午后柳公使入来。是結末ノ照会ニテ、十分ニ相認（ママ）スルニ五日ヲ以ス、一刀両断決着ナク、若曖昧ニ出レハ断然発途。（三八）

十月十日に大久保の発した照会は、いま一度、日本の立場と、清側の矛盾を責め、強い文字を使用して、事の破れる日に備えている。だが大久保はここまで押して来て、少し体を躱した。即ち「両便の弁法」をいって妥協的道を開いたのである。（三九）該照会の最後にいう。

乃チ誣言《フゲン》相加へ、多辞相擾シ、実ニ意外ニ出ツ。侵越ト云ヒ、犯約ト云ヒ、実案未タ具セス、人ニ加フルニ容レサルノ罪ヲ以テシ、其反覆討論情事漸ク露ルルニ及ンテハ、猝《ニワ》カニ又諉シテ弁論ヲ好マストシ、斥ケテ煩瀆《ハントク》ニ堪ヘストシ、柳原大臣ノ請覲《セイキン》ニ至リテモ許サスシテ、貴国ヲ軽侮スル等ノ語アリ。本大臣ハ明カニ貴王大臣ノ好意ヲ以テ我国ヲ待タサルヲ知ル。本大臣亦何ノ求ムル所アリテ久シク都門ニ踟蹰《チチユウ》センヤ。抑モ我国再三使ヲ派ス、恪《ツツシ》マサルトセス。本大臣誠ヲ輸シ欵《カン》ヲ致ス、竭《ツク》サストセス。衅《キン》ヲ啓キ端ヲ滋ス、其咎孰レカ任セン。今五日ヲ期ス、貴王大臣果シテ好誼ヲ保全セントセハ、必ス翻然図ヲ改メ、別ニ両便ノ弁法アラン。我国素ヨリ土ヲ貪リ兵ヲ住スルニ非ス。両国人民ノ慶ハ本大臣固ヨリ深ク望ミアリ。去ルニ臨ミ両国ノ和好ニ惓々タルハ、以テ其分ヲ尽スニ非サルナシ。（四〇）

大久保がこの最後通牒において柳原公使の謁帝事件を持ち出したのは、所謂和戦両条の帰着に於て名義判然たらんとの目的からだ。かれの心事に関しては、当日、三条に贈った書に明かである。

〇上略小臣着以来、日夜苦心、負荷之任ヲ徹底イタシ度、百方肝胆ヲ砕キ、今日ニ至リ候処、彼レ中流ニ在テ種々之遁詞ヲ搆へ、忌避シ我意ヲ達スル不レ能、終ニ五日之談判結局ニ至リ、遺憾至極、畢竟微力短才之然ラシムル所、唯々恐縮之外無二御坐一候。併茲回、最期之照会ヲ送致イタシ候ニ付、此答覆ヲ待、而テ有無ヲ決候心底御坐候間、夫迄ハ御有量被二成下一度奉レ願候。何共難レ図候得共、察スルニ、彼レ激発ニ出ルカ、二ニハ曖昧ニ出ルカ、三ニハ図ヲ改テ弁法ヲ談スルカ之三ツニ不レ過、第一第二ニ出候得ハ、少シハ面白候得共、多クハ二等ニ出候半カト被レ存候。我一歩ヲ譲リ、去ルニ臨ミテ、両国和好之誼ニ惓々トシテ送致スルノ一言ヲモ取ラス候得ハ、最早術計尽ト言フヘシ。然ルトキハ手段モ無レ之候ニ付、今后蕃地ヲ占有シ、凶暴ヲ開導シ、恤内憐外之義務タル我政府ノ目的ヲ益可二拡充一之旨趣ヲ明瞭ニ記載シタル照会ヲ送ルヲ以テ結末トシ、帰装発途ノ心算ニ有レ之、乍レ去、可レ尽之道ニ就、粉骨砕身スルハ小臣之分上ニ付、五日内、彼ヨリ返詞之模様ニ依、其機ニ投シ、猶此上従事勉励仕候義ハ、預《アラカジ》メ何共難レ期候ニ付、其段ハ御了得可レ被レ下候。追々申上候通、和戦両条之帰着に於テ、名義判然タラス候而ハ、容易ニ所断ニ難レ及ハ勿論ニ候処、茲ニ一大緊要ナルハ、柳公使謁帝之事件ニ候。支那政府ヨリ断然相拒、剰《アマツサ》へ中国ヲ軽侮スルノ文言有レ之、実ニ屈辱ヲ蒙ラセ、和約ヲ破ルノ所為、難二差置一之大事ト愚考仕候。照会書柳公使ヨリ差進候事ト相考候ニ付、夫ニテ御承知可レ被レ下候。就而者若、小臣談判愈相破レ、帰　朝之期エ至候者、表面ハ談判纏ラサル而已ヲ以テ、当地引揚、追テ柳公使謁帝之故ヲ以テ、発程之順序ニ取計可レ仕候。如何トナレハ、小臣断然決絶ニ及、柳公使共ニ引上ケ候テハ、忽チ騒然ト相響、多少之障碍有レ之、大ニ考慮スル所御坐候間、蘊奥《ウンオウ》之秘意ト相決シ居候。最緩急弛張ノ権ヲ我ニ有シ、軍機之一大事ニ関係仕候ニ付、随員中ニモ決シテ談シ不レ申候ニ付、其段厚御注意御体認可レ被ニ成下一候〇中略再白、本文ニ付五日内支那政府ヨリ何トカ答覆可レ有レ之、其模様ニ付、有無相決候間、相分次第則随員ノ内、急ニ差立候ニ付、静ニ御待可レ被レ下候、各国公使ヨリ何トカ申出候事モ可レ有レ之候得共、少シモ取合サル様、外務卿御注意肝要ト愚考仕候。(四一)

右によって大久保としては、清国側の回答次第によって、かれのみまず北京を引揚げ、つぎに日本側の準備次第によって柳原を謁帝の故に引あげしめる決心であったことが分明だ。

翌十一日に総理衙門から前後二通の書翰が来た。一つは四日の大久保の照会に対する答覆書で、これは米国の行動は清国政府と照会請弁を経たものであるに対し、日本のそれは自ら兵船を以て前往したもので相違があると論じたもの。他は十日附最後通牒に対する回答で、恭親王以下清帝に扈従して南苑に赴くので、五日の期限以内に覆答するのは不可能だというにある。大久保は十二日、書を送って三日の延期を諾した。

三　英仏米その他の動き

大久保は列国の動きに対しては深甚な注意を払っていた。米国側にはル・ジャンドルを使い、仏国側にはボアソナードが動き、また英国側に対しては英人ピットマンを通じて画策した。これらの外人によって、大久保は併せ清側の動向も知ることができた。かれの日記にいう。

十月十一日

今日総理衙門ヨリ去ル四日送致セル照会ニ答覆ノ照会来ル、幷昨十日送致ノ照会答覆ハ、皇帝南苑行幸ニ付、五日内ニ答覆不レ調、延期ノ旨申来ル。午后柳公使入来。ピツトマン氏英公使江内探索ヲ以テ、事情具ニ相分ル。今日ノ模様、支那政府狼狽、英公使モ之ヲ助ケ、是非両国ノ仲裁ニ立、戦ヲ止ント欲ス。然ルニ小子ヨリ内々ニテ一言頼ムトノ事アレハ、説諭尽力シテ償金ヲ出サシムヘシト。且償金ニテ小子承知可レ致カ、是非、戦ノ決着ナルヘキカ、其意ヲ知ラント欲スルノ趣ナル由。小子之ニ答ルニ、仲裁ヲ頼ノ趣意決シテナシ、我国ノ情実危急切迫、中々人心難レ押ノ勢ニ而、不レ可レ禦、尤今日、本国ヨリ至急汽船ヲ以報知ノ趣ニ付、時日延引イタシ候テハ別而困難ノ実況ニ付、談判纏ラサレハ早々可ニ引取一旨申送レリ。我今曖昧ノ所置ニ出、復命致候テハ、日本政府ノ趣意、且人民ノ意ニ適セス、是戦ニナルハ事実ニ於テ見易キ処ニシテ、曖昧タル和ニ附シ候テハ甚タ難ンスル所以ナリ云々ノ意ヲ伝致セリ。是深ク慮ルトコロアルナリ。英公使ノ言ニ、実ニ此度ハ日本ノ威権ヲ支那政府ニ振ヒタリ。是迄日本ノ事ハ、新聞等ニテ伝聞スル而已ナリシカ、初而小子ニモ面会、実ニ感伏、此節ハ必支那政府償金ヲ出スノコトニ至ルヘシ、夫ニテ結局ニ至リ、和好調候得ハ、是ヨリ日本ノ日本タル名誉欧洲ニモ輝キ、誠ニ可レ賀ノ至リナリ云々。

又云、支那政府実可レ憐ノ次第故、必ス此度和好ニテ為二相済一、今后日本ハ朝鮮ニ手ヲ出スヘシ、夫ナレハ英第一ニ助力可レ致、其方日本ノ為ニハ上策ナルベシ云々。今晩教師ノ見込書ヲ訳ス。(四二)

英公使ウェードはすでに二回も大久保を訪問してその意志を伝えた。大久保をして「頼ム」といわしめんためである。しかし大久保はそういわないばかりでなく、却って国民が昂憤して抑え切れないから、成るべく早く帰国する旨を伝致した。大久保の言によれば「是深ク慮ルトコロアルナリ」である。

この辺の事情について大久保が十三日に三条に贈った書面が興味がある。

○上略 以二公信一申上候通、五日期限延引之儀申参候間、今三日猶予致置候。段々探偵仕候得ハ、去ル五日談判、翌日ハ仏公使、英公使江衙門大臣各尋問、別而狼狽之様子。英公使ハ屢《シバシバ》衙門江出、既ニ去ル十日ニ照会送致之日ハ、英公使ハ両度衙門へ出候由

ニ御座候。仍而考ルニ、茲回之返詞ハ於二支那一モ不二容易一国家之大事、安危存亡ニ関スル際ニ当リ、必死困難之内情ニ相違無二御坐一ト被レ察候。英公使ハ頻ニ仲裁いたし、是非両国之戦を止メ度趣意ニ而小臣ヨリ一言頼を受度ト之事、内々承候得共、勘考之次第も有レ之候故、相断置候。全体公使仲間ニ而も種々議論も有レ之、孛魯之如キハ両国共独立之権ヲ以、談判相成居候事故、何く迄も相任セ置方宜クト之事、英米ハ自国利害ニ関し候故、仲裁ニ入リ戦ヲ止メ度ト之意、仏ハ双方ニ拘わらず、稍日本を助ケ候意味有レ之、是も頼を受度ト之意ハ十分有レ之候、右之次第ニ候間、英公使ニ而も外へ対し、彼ヨリ仲裁を求め来ル事ハ、難レ調内情も有レ之由ニ相聞得申候。是ハ別而我幸ニ有レ之、仍而先ツ傲然動キ不レ申候。昨日中之模様を承候得バ、第一英公使支那政府へ尽力致候趣ニ相聞候得共、同公使ハ十余年当留在公使ニ而、十分相助ケ候事情も有レ之趣ニ相聞候間、此上如何衙門之答覆可レ有レ之哉ト屈指仕候。再三申上候通、此上曖昧之答覆有レ之候得者、決定之通、帰装発途之心算ニ有レ之候故、左様御承知可レ被二成下一候。今三日之内ニハ、必成否相分可レ申候付、則随員之内ヨリ至急出立形行御報知可レ仕候。去ル十日玄武丸天津江着、調所、松村両人被二差遣一候由、昨日中参候付、則入京致候様返詞仕置候付、明日ハ着可レ仕、其上御用筋も承知可レ仕候。(四三)

英、米は何とかして戦争を止めさせたく、これに対してドイツ、魯国は戦争を始めさせたく考えていることが明かだ。この事は後に載せる岩倉の大久保宛書簡によっても知られる。英国は南方において事を起されては迷惑だから、日本をして朝鮮の方に力を用いしめたがっている。それから約三十年後の日英同盟の萌芽が、すでにこの頃からみられるのである。

英国公使の心情と、清側の動静は、大久保の利用しているピットマンによって齎らされる。大久保日記にいう。

十月十三日

今朝本邦江電信ヲ出ス。公使館ヨリノ公信ニ托シテナリ。条公江私書ヲ出ス。福島子入来。昨日ピットマン氏、英公使進メニヨリハート氏江至ル。是支那雇人ナリ、英人ニテ支那政府ニ信用セラル。全氏咄ニテ愈償金ヲ支那政府ニ出サセルトノ話有レ之、ピットマン氏ハ、モー軍ニナラヌト云ヘリトゾ。尤、恭親王モ如何シテ宜キヤト相談ニ参リタル旨ナリ。支那政府ハ、別而狼狽ノ由、全氏モ日本ハ朝鮮ニ手ヲ付ルカ利益ナリ、若、日本此挙アレハ、欧洲ニ異論スルモノナシ、我英ニ於テハ則助力スル云々。今朝ピットマン氏英公使ニ至レリ。猶此方ノ内意ヲ移スニ、英公使大悦セリ。此上ハ頼ムトノ一言ナシトイヘドモ、談判ノ形行ヲ一通リ御咄有レ之候ハ、至而大幸ナリトイヒシト。

公使云ク、日本ノ権ヲ振ヒ、此度ハ支那政府随分眠ヲ醒スヘシ、内情歓喜イタシ候由。

午后柳原公使入来。今夕福原、高崎入来。(四四)

英国公使は今や頼むと大久保が言わなくても、調停に動き出す形勢になってきた。大久保は、十三日にピットマンを英国公使に差出して、一層強硬な決意を披瀝させた。尤もこれは大久保の伝言ではなくて、ピットマン自身の発意の如く見せかけ、日本側に帰装発足の決意できたようにいわしめたのである。英国公使は、兎に角、一通りの咄を聞きたいと間接に申込んだ。(四五)

これだけの下工作をしておいて、十月十四日に大久保は英、仏両国公使を訪問した。まず英国公使ウェードに会見して、前日来訪された時には「支那政府ト商議ノ次第ヲ問ハルレドモ、爾時不日結局ノ目的アルヲ以テ詳答ニ(四六)」及ばなかったが、今日はその報告に来たと切り出した。そして一応その経過を語った。

英公使　副島公使北京ニ於テ告示セラル、所ハ書翰ナリシヤ。

大臣　否、代理ヲシテ総理衙門ニ面晤ヲ以テ告知セシナリ。

英公使　然リシヤ。(四七)

外交官としては当然質問したい点であろう。日本側の議論の弱点は実にここにある。

英公使　先日貴寓ニ至リシトキ、事情ニ因リ退兵セラルヘキ哉ヲ問ヒシニ、事情ニ因リテハ退兵セサルニ非ス、然レドモ其事情ハ即チ今言ハレ難キ由貴答アリタリ。今日其事情ヲ聴クコトヲ得ヘキ哉。

大臣　此回ノ挙素ヨリ我国ノ義挙ニシテ、蕃人ヲ懲シ且ツ之レヲ開化シ、我ガ国民ヲ始メ宇内航海者ノ安寧ヲ保チ、将来ノ患ヲ除クノ本意ニシテ、敢テ土ヲ貪ルニ非サレハ、我レ其名誉ヲ保ツコトヲ得ハ退兵ス可キナリ。

英公使　名誉ニ触ル、事アレハ退兵セラレサルハ尋問ヲ須《マ》タサル所ナリ。事情ト云ハル、ハ外ニ望マル、所アリヤヲ問フナリ。

大臣　知ラル、如ク、此挙ノ初メ、我カ政府国民ニ誓フニ此義務ヲ遂クルヲ以テセリ。且ツ彼地ニ於テ我カ兵士櫛風沐雨《シップウモクウ》ノ大艱苦ヲ受ケ、死傷スル者有ルニ至ル。殊ニ莫大ノ経費ヲ用ヒタリ。故ニ我カ国政府ノ満足スル所ト、人民ニ対シ弁解スヘキ条理アルニ非スンハ、未タ退兵シ難シ。

英公使　至当ノ説ナリ。如何セハ満足ノ地ニ至ル可キヤ。

大臣　是レ支那政府ニ於テ定メテ思慮有ル可シ。

英公使　彼レノ主張ニ任セラル、哉。

大臣　然リ。

英公使　帰国セラル、時ハ柳原公使モ共ニセラル、哉、又ハ公使ハ滞留セラル、ヤ。

大臣　是事未タ決セス。其期ニ臨ンテ決ス可シ。(四八)

大久保はこの日初めて間接に賠償の問題を持出したのである。だが一切の条件は清側より持出すことを期待した。柳原の帰国問題の如きは、大久保の胸中に決定していたのは三条への書翰によって明かだ。当日、仏国公使の会談においては、

仏公使　凡ソ幾許ノ経費ヲ用ヒラレシ哉。

大臣　莫大ノ経費ナリ。(四九)

とだけいって内容には触れなかった。

この日の大久保日記にいう。

十月十四日

今朝福原入来、昨日、猶英公使江ピツトマン氏参リ、此方ノ旨趣、具ニ伝致イタシ候処、英公使別而歓ヒ、此上ハ小子及ニ尋問一大要形行御咄被レ下候得ハ、夫ニテ十分満足イタシ候旨申居候由。伝致ノ趣意ハ、英公使仲裁ノ義、希望ノ由故、中人ヲ頼ミ候テハ、我独立ノ権ヲ枉《マ》ケ候故、是ヲ防クノ術ヲ以、御国内情切迫、今般態々玄武丸差立、談判纏ラスハ其儘可ニ帰朝一云々申来候。因テ今次総理衙門答覆、依然頑固ヲ唱候得ハ、断然帰装発足ノ決心ナリト云々ノ旨ヲピツトマン氏ノ考ヲ以、申入レサセ候。午后二時、英公使ヲ尋問、是迄ノ談判初終ヲ大略相咄候。〇中略仏公使ニ尋問、仝様ノ談話ニ及、(五〇)是モ応接書有レ之候故相略シ候。両公使共満足ノ模様ニテ、都合宜ク安心イタシ候。〇下略

四　清に妥協の色

果して清側から十六日に返書があった。日本側の議論に答え、かつ「貴大臣若シ真ニ両弁法ヲ求メントセハ、詳細熟商スヘシ。貴大臣一日時ヲ函定セハ、貴館ニ赴キ面談スヘシ。若シ果シテ定議セハ、従前往返弁論ノ詞ハ彼此掣回《セイカイ》シ、痕跡ヲ存スルヲ免ル亦不可ナシ」(五一)と云って来た。大久保は十七、十八両日内を指定した。従来の議論を変更するも差支えないというのであるから、大久保の勝利である。

第五回日清会談(五二)

十月十八日、総理衙門大臣董恂、沈桂芬、成林、夏家鎬の四名が大久保をその旅館に訪れた。大久保は「今日晤談ノ事ハ両国和好ノ存否ニ係ル重大事件ニシテ、本日ノ談論ヲ以テ可否ヲ決シ、且ツ其事ノ動カス可カラサル事ハ、貴大臣等ノ権ニ在ルナル可シ」(五三)と止めを刺したが、四大臣にさような大きな権限のあるはずはない。

大久保はいわゆる両便の弁法について清側から口を切らせようとした。先頃、「両便ノ弁法アラハ来臨セラル可シ」といって、今諸大臣が来られたのだから、清側に意見があろうというのである。ここで両者とも、執拗に対手をしてまず提案せしめようとする。

沈桂芬　貴大臣両便ノ説ハ両国便利ノ事ナル可シ。
大臣　我レニ於テ両便ト云フハ必ス両国ノ便宜ト考ヘラル。貴国ニ於テモ異議ナカル可シト思ヘリ。然レドモ先ツ貴大臣等ノ弁法ヲ領スルコトヲ得ン。(五四)
対手が何といっても切り出さないので大久保はその論を進めた。
大臣　文中堂ヨリ柳原公使ヘノ書面ニ日本撤兵アラハ将来ノ処分ヲ為ス可シトアリ。今日モ右ノ趣意ナレハ決シテ両便ノ法ニ非ス。貴政府ノ偏便ナル可シ。此レ確答アランコトヲ欲スル処ナリ。
諸大臣　撤兵セラル可シト云フハ本政府ニ於テ言フ可キコトニ非ス。又貴国ノ公使ニ対シテ命令スヘキ権ナシ。只和好ヲ重ンシテ来ルトノ趣旨ナルヲ以テ、然ラハ我カ管内ニ派兵アリテハ和好ニ至ラサル可シトノ意ヲ以テ商議スル処ナリ。(五五)
蕃地がその主張する如く属地ならば、日本に対し撤兵を要求するのは当然ではないか。清側の立場が動揺して来たのを観るべきだ。そこで大久保はいよいよその賠償に関する要求を提出した。
大臣　貴国ニ於テ我レニ撤兵スヘシト云フハ、管轄内ノ見ヲ以テスルナラン。我レニ於テ承允《ショウイン》セサルハ我カ所見アレハナリ。我カ政府討蕃ノ旨趣ハ、我カ人民ヲ保護シ、蕃民ヲ開導シ、将来航海者ノ安寧ヲ保スルノ大義ニシテ、我カ将士兵卒等露宿風餐ノ艱苦ヲナシ、殊ニ幾多ノ生霊ヲ殞《オト》シ、加フルニ我カ政府莫大ノ費用ヲ惜マサルハ是ノ目的ヲ達センカ為メニシテ、決シテ廃ス可キコトニ非ス。今我レ此兵ヲ撤セントスルトキハ、蕃民ヨリ必ス我レニ尽ス可キノ義務有ラン。今貴政府之レヲ有セントセハ、貴政府我ニ尽ス可キノ義務アリ。即チ亡者ノ祭資ハ勿論、蕃地ハ百事不便ニシテ我カ需用ニ供スル者一トシテ之レ無シ。陣営ノ造営、修築及ヒ兵士ノ食料等ニ至ルマテ其費用莫大ナリ。之レ貴政府ノ我ニ償フ可キコト当然ナリ。然ルヲ貴政府之レヲ拒ムトキハ、我カ政府ニ於テハ、徹底当初ノ目的ヲ達スルカ為メ益々着手スルハ終始変ラサル確乎不動ノ大義務ニシテ、豈ニ地ヲ貪ルノ意ナランヤ。

董恂　貴国討蕃ノ旨趣ニ於テ、我カ政府ニ於テ従前ヨリ不是ナリト云ヒシコト無シ(五六)。

討蕃を不是と云ったことがないというのは非常な譲歩だが、こう言って、清側が再び版図論を持ち出すのを大久保は抑えて、今日は最早属不属の議論をなすべきではない、便法について返答をせよと主張して屈しない。

大臣　去ル五日論弁既ニ尽キ帰朝ノ事ニ及ヘリ。故ニ今日両便ヲ以テスルハ、図ヲ改メテ和好ヲ重ンスルノ趣意ナリ。然ルヲ、今日ニ至リ遭害ノ件ヲ査弁スル等ノ事ヲ以テ談セラル、ハ、我カ弁法ニ於テ肯ンセサルニ似タリ。

沈桂芬　一タヒ生蕃ヲ査弁セシ順序ヲ経ルニ非サレハ、我レニ於テ面目ヲ失スル所ナリ。

大臣　然ラハ如何為サル、ヤ。

沈桂芬　生蕃実地ニ就テ査弁シ、後来ノ難民ヲ保護スル方法等ヲ設クルナリ。

大臣　然ル後ニアラサレハ前陳ノコトハ為サレ難シト云ハル、哉。（五七）

この談話において清側は賠償を原則的に承認したが、しかしさような重大な事件を決定すべき権限は四大臣にはなく、恭親王、文祥に協議することになった。大久保は十九、二十日両日の間に明答を要求して「此他ノ議論ハ一切聴ク可ラス」（五八）と附言した。大久保は今や事を曖昧に附するを許さない。

この時の事情については、大久保がその翌十九日三条に送った書面が要をつくしている、左のごとし。

〇上略　昨日之談判結局ニ至ラス候得共、明廿日迄決答ノ期限ヲ約候間、今回ハ必ス真ノ成局ヲ可ㇾ見候、談判之模様ハ此一会ニ於テハ大ニ従前ト相違シ、一歩ヲ進メ候カト覚候、総理衙門ノ内、周家楣トイヘルモノ、我外務大丞ノ如キモノニテ、談判之度毎ハ大臣江随従相助ケ候モノニテ、昨日諸大臣去ルニ臨ミ、同氏ヨリ鄭訳官江申入レ候ニハ、今日弁理大臣ヨリ御談ノ件、猶拙者ト及ニ御内談一度トノコトニ候由、必今明日中ニ鄭方ヘ参リ可ㇾ申、何様之趣意ニ候哉、予知スヘカラストイヘトモ、金額ノ数ヲ偵知スル為カ、或ハ名義上之事ニ付而事共カト被ㇾ察候、何モ信憑スル不ㇾ能候得共、若右辺之事ニ出候ハヽ、臨機ノ所断ニ可ㇾ及ト考慮仕候。

一、英仏公使ヘ尋問ノ次第ハ、公信ヲ以申上候通ニテ、我趣意篤ト吐露イタシ候処、随分徹底イタシタル趣ニ有レ之、内々探偵スルニ、即今ノ処ニテ日本政府ノ議論正理ニテ、能キ位置ヲ保テリト、英公使申居候由。仏公使ハ固ヨリ異論コレナシ。其余在住公使一躰之論モ、日本ヲ不可トハ不レ言趣ナリ。兼テ追々申上候通、談判破裂ニ及候而モ、道理ノ上ニ於テ趣旨明瞭相貫キ度、初終苦慮イタシタル処、当分ノ景況ニテハ前条ノ通ニテ真ニ我幸トスヘシ。

一、今両日ノ内ニハ成否可二相分一候ニ付、幸玄武丸ヲ以、急報可レ仕ニ付、ソレ迄ハ御待被レ下度、其内種々紛論モ百出可レ致候得共、御動揺無レ之様誠願仕候、小臣出発后数旬ヲ経、未了局ニ至ラス、彼是ト荏苒《ジンゼン》機会ヲ誤リ候事、万死之罪不レ可レ遁、然トイヘドモ、国家和戦ノ一大事ニ関シ候得ハ、無理ニ処断ニ及候事ハ、我奉命ノ重ニ対シ、小臣衷心ニ於テ安ンセサル所ナリ。何レニセヨ、其責ハ初発ヨリ負荷スル処ナレハ、他日必期スル処アリ。閣下、夫是ヲ諒シ玉ハランコトヲ（下略）。（五九）

これより先、また一行の引きあげ準備のために玄武丸は、十月十日を以て天津に来り、今は芝罘に在って待機している。（六〇）大久保の舌鋒益々鋭く、清側が歩一歩、後退しつつあるのは、その決意の相違からである。

五　日本国内の動揺

日本国内においては第一の場合に備えて、海陸軍備を修め、大久保からの飛報を待っていた。当時、岩倉から大久保に宛てた書翰（十月十五日附）はこの辺の消息を示すものがある。

○上略 聖上倍御安寧被レ為レ渉、定日政庁御親臨、且大臣参議隔日皇居参入、万機ノ政被二聞食一、別而外務上ニ就テハ御専務被レ為レ遊恐縮此事ニ候。条公始新参議ニ至ル迄一同励勤、決而異論枝梧《シゴ》之憂無レ之御放慮可レ被レ給候。山県、川村大奮発緩急ニ応スル必死ノ用意重畳至極、御顧慮不レ可レ有レ之候。内地モ異状無レ之、只々両国開戦ニ立至ル可クヤト人気相振上下一致、貴卿ノ報信ヲ屈指企望之姿ニ候。鹿児島ハ至テ平穏、高知ハ一時志願兵トカ相唱ヘ大兵可二募集一由ニ候処、右出願ハ素ヨリ陸軍ニ而許可無レ之、其後格別懸念之筋不二相見一候。貴卿北京着到後之景状ハ書信ニ而熟知致、今更申モ愚之至ニ候得共、今回之御出張ハ其任至重至大、殊ニ盤根錯節《バンコンサクセツ》頗ル御苦慮之程千万令二遥察一候。此上御尽力ヲ以テ和戦一決、一日片時モ早ク其成局専要ト日夜渇望ニ不レ堪候。英公使「パークス」氏時々入来、頻ニ平和ニ帰シ候様忠告、又調停致度口気モ有レ之、他ノ各公使モ略同意ノ様ニ推察被レ到候。独リ魯公使ハ窃ニ開戦ヲ速カニスル方御国ノ利ナリ、魯政府ニ於テハ必ス御国ノ為ニ尽力可レ到云々トノ語アリ、畢竟魯国ハ自国ノ為ニ別ニ謀ル所有レ之儀ト思料致申候。此辺御含迄ニ内啓致候、御聞置可レ被レ給候。何分前途之利害得失ハ筆頭ニ不レ可レ尽候。（六一）

各地において義兵を志願の者続出したのは左の新聞記事によっても見うる。

日支葛藤ヲ生ジ、和戦ノ機已ニ今日ニ在リ、邦内憂国ノ士、慨然身命ヲ致シ、国ニ報ゼント従軍ノコトヲ切請セル者、旧水戸、旧下妻、旧笠間、宍戸、松岡、館林、宇都宮、河越等前後競ヒ起リ、各軍備ヲ調シテ一大号令ノ下ルヲ待ツ。中ニモ旧下舘士族二百名計総代ヲ以テ頃日左ノ表ヲ出セリ。(六二)〇下略

更にまたその頃の新聞には石川県士族斎藤定之なるものが、憤起徴令に応じ体格検査に合格せず、「露霜の白きをおのが心にて、今朝くれなゐにそむるもみじ葉」との辞世を残して割腹した記事がある。(六三)十月二日には、日本政府はとくに居留清国人に告諭して、左のごとくいっている。

仮令事已ムヲ得ザルニ出テ、開戦ノ時ニ至ルト雖モ、汝寄留人民等何ノ咎カアル。苟モ其間牒、探偵、戦事ニ関係シテ、我国ノ妨害ヲ為ス者ニ非レバ、之ヲ捕縛シ之ヲ剝奪スル等ノコトハ、我大日本政府ノ為サヾルトコロナリ。(六四)

十月二十三日に、陸軍卿山県有朋は、陸軍諸将校に内諭書を与え、台湾事件の顚末を記して軍隊の決意を促し、(六五)また同日、川村海軍大輔は随員と共に品川から筑波艦へ乗組み長崎に向った。(六六)この日、蒸気船高雄丸は海軍兵半大隊と小銃六万挺を装載して九州に向い、更に、この頃政府が外国蒸汽船二艘を買入れ、これを瓊浦丸、豊島丸と改名したことも、時局の逼迫を思わせた。

第六回日清会談(六七)

大久保は約によって十月二十日、柳原公使と共に総理衙門に赴いた。十八日の提議に対する回答を得んためである。

第五回会談において、すでに清側は原則的に、日本の征蕃を義挙と認め、また賠償についても暗々裡に、事件調査の結果を条件として承認した。大久保の議論は自然にそこから出発する。大久保は、日本は巨額の費用を費消したのであるから、これを撤兵せんとするのには充分な理由がなければ、人民に対して弁解の辞がないという。これに対し清側も人民を持ち出していう。

文祥　貴大臣撤兵ニ於ケル貴按ハ既ニ之ヲ詳ニスレドモ、昨日稟告セシ如ク、生蕃ノ地ヲ査弁スルニ非サレハ我ニ於テ不便トスル所ナリ。貴国既ニ義務ヲ以テ来レハ、我ニ於テモ亦我カ人民ニ対シテ義務ナカル可カラス。今支那ノ属地トスル所ノ地ニ於テ貴国ヨリ派兵シタルニ、我ヨリ償金ヲ出シテ退兵ヲ乞フハ、実ニ我政府ニ於テ面目ヲ失フ所ナリ。故ニ我政府ヨリ一タヒ査弁ヲ経ルニ非サレハ、人民ニ対シ出金スル能ハス。然レドモ貴国討蕃ノ挙ノ大義タルコトハ我カ政府ニ於テ認可スル所ナレハ、貴大臣豈ニ義ニヨリテ来リ義ニヨリテ去ルノ意ヲ以テ撤兵セラル可キ賢慮ナキ哉。(六八)

清側のいうところは、日本はまず撤兵せよ、清はその後において報いんというにある。大久保はこれに対し査弁とは何か、報いとは何かを詰問する。

沈桂芬　貴国退兵ノ後査弁スルトハ、我カ人民ニ対シ外面ヲ修ムルナリ。労兵ノ為メニハ出金シ難シ。我カ大皇帝ヨリ貴国ノ難民ニ償フナリ。能ク此義ヲ領セラレ、勘按セラル可シ。撤兵ヲ乞フノ後ニ至リ異議スル等ノ事ハ、我カ政府ノ決シテ為サヽル所ナリ。(六九)

出兵に対しては出金せず、難民に対し慰問金を出すというのが清側の条件だ。大久保がこれを書面によって示せというと、これは皇帝の償うところだから書載し難しと答える。大久保は、それでは「上ハ政府、下ハ人民ニ」弁解の辞がないから撤兵はできぬという。両者押問答して屈するところがない。この時に清側は四条の案を出した。しかもこれを二回に分けて提案したのは対手の顔色を見ていい出したのである。

第一　貴国ノ兵、従前台湾蕃境ニ到ル。既ニ台蕃ヲ認メ無主ノ野蛮トス。並ニ是レ清国地方タルヲ明知シ兵ヲ加ユルニ非ス。夫レ清国ノ地方タルヲ知ラスシテ兵ヲ加フルハ、之ヲ明知シテ兵ヲ加フルニ同シカラス。此一節ハ日本ノ不是トハ思ハサルヘシ。

第二　既ニ地ノ清国ニ属スルヲ説明ス。将来清国ハ、貴国退兵ノ後ニ於テ、断シテ従前加兵ノ事ヲ再提セス。貴国亦清国ニ譲ルノ事ニ係ルト謂フヘカラス。

第三　此事台蕃漂民ヲ傷害スルカ為メヨリ起ル。貴国退兵ノ後、清国仍ホ査弁ヲナスヘシ。

第四　貴国従前被害ノモノハ将来査明シ、清国大皇帝ノ恩典ヲ以テ酌量撫恤ス。(七〇)

この清側の提案は一歩進めていることは事実だが、大久保はこれでは承認できない。今清側の言を信じ、後それがわが人民の意に満たなければ、必ず難事あるべく、それこそ和好を破る所以ではないかと大久保は論ずるのである。

しかし大久保はただ頑張るだけではない。当方も考えるから貴方も考えろといい、具体案をといわれて、公文上は四カ条の如きでよいから別紙を以て確証を明示することを希望した。別れに臨んで清側は、明日日本側通訳官鄭の来臨を乞うた。会談が終えた時は、もう燈が点ぜられていた。

六　談判不調、帰国に決す

翌十月二十一日、鄭は総理衙門に赴いたが、右は清側が日本の要求賠償額の瀬踏みをするためであった。鄭は清側の質問に答えた。征台の費用は五百万ドルで、右の内戦艦、機械買収費が二百万ドル、蕃地の実費は三百万ドルである。名義のことはいずれ相談するけれども、三百万ドルは増減できないらしいと。清側は「風聞ニハ貴国ノ実費五六十万ト云フニ非ス哉」と質問した。(七一)清側がその辺に目安を置いていたのを見るべきだ。これより先西郷従道は現地において清側に対し可なり正直に種々話している。(七二)

第七回日清会談(七三)

第七回目の日清会談は十月二十三日に総理衙門に開かれた。この日の午前、英国公使は大久保を宿舎に訪れて意見を交換したが、これについては後に説こう。会談において首席大臣文祥は前から病気を以て、談話中にも不快を訴えていたが、今日は心地殊に不快を覚えるというので、沈桂芬が大久保の矢表に立った。沈は清国全権中の論客である。

清側はいう。日本は撤兵するのに報償を要すというから、撫恤《ぶじゅつ》ということにして支出しようというのだ。撫恤と兵費とは同じからず、撫恤ならば相当であろうのに、兵費には少なかろう。その額において双方に相当な相違があり、殊に金額を明示することはできないと。大久保は負けてはいない。できないというならば強いて乞わない。撫恤ということすらが当方として非常な譲歩なのだから、書類で明示することが不可能ならばそれまでだと突っぱねた。

大久保が断乎として譲歩しないので、沈桂芬は思い出したように大久保に問うた。

沈桂芬　玆ニ別事ヲ問ハントス。貴大臣ニ於テハ、蕃民処分ノ事ヲ以テ、支那ニ於テ当然ノ事ヲ受クルト思ハル、ヤ、又ハ受クヘカラサルモノヲ受クルト思ハル、哉。(七四)

別言すれば日本の要求は無理と御自身考えないかというほどの意味であろう。大久保は撥ね返してさような属不属の議論は過去の事だ。今は便法を議しているのではないかと問題を他に転ずるを許さない。元来、清側としては属不属の議論について、更に徹底的に法理的に論じて置くべきであった。不属の地だというならば、日本がそこに兵を出して置いて、支那から賠償をとることが議論としては無理があろう。が今はすでに遅い。

ここで談判は破裂した。

大臣　○上略 然ルニ過日四ケ条ノ書辞ニ至リテハ、我カ独立ノ権利ニ拘ハルヲ以テ直チニ返却ス可シ。然ルトキハ去ル五日ノ談判ニ復リ、不日帰朝ス可シ。弁法ノ議ハ今日ヲ限リテ止ムヘシ。然ル後ハ、我レニ於テハ蕃地ノ処分始終貫徹センカ為メ、愈当初ノ目途ヲ拡充ス可シ。此事先ツ稟告ス。

沈桂芬　元来、此ノ両便ノ弁法ナル事ハ、我レヨリ稟請セシニ非ス、貴大臣ヨリ示諭セラル、ヲ以テ、斯ク迄商議セシ所ナリ。○中略 我カ政府ニ於テハ四条ノ外、経費ノ名目ニ於テハ些シモ協同スル能ハス。蕃地ヲ無主ノ野蕃ト見做スノ説ハ、我レヨリモ陳述セシ如ク、蕃地ハ我カ支那ノ属地ニ非サル無シ。此レ又稟告スル所ナリ。

大臣　四条ノ弁法ハ貴国ノ便ニシテ我ノ便ニ非ス。殊ニ皇帝陛下撫恤ノ説ノミニシテ、茫漠トシテ其数目ヲ書セス。本大臣信用スルニ由ナシ。蕃地ヲ属地トセラル、コトハ之レヲ領セリ。我ニ於テハ到底貴轄ト為サス、当初ノ目的ヲ貫カントス。此旨固

ク通告スル所ナリ。（七五）

正面衝突だ。一時楽観した大久保も、二十一日以来は清側の強硬態度を知って、悲観的に傾いた。二十一日のかれの日記に、

十月廿一日

今日午前井上ヲ呼、条約等ノ取調ヲ托ス。柳原公使入来。鄭書記官総理衙門ニ至リ、内談有レ之趣、弥《イヨイヨ》事成ナラヌ模様ニ候。（七六）

とあるによっても知られる。しかしかれはかくのごとく正面衝突するとは予断しなかった。その日の日記に言う。

十月廿三日

今朝十一字、英公使来、其後ノ模様承リ度トノコトニ付、大略ノ談ニ及候。一字総理衙門ニ至ル。談判結局ニ至ラス、彼両便ノ弁法我便ノミヲ謀リ、殊ニ書面条約イタシカタキトノ断然タル答ニ付、此上ハイタシ方コレナク、破談ニ及候。此ニ至リ和好調ハサルハ実ニ残念ニ存候得共、十分ニ歩ヲ譲リ、是ヲマトメ度百方談シ候上、如レ此ニイタリ候上ハ、誠ニ人力ノ不レ及所ト愚考決断イタシ候。今晩来人多シ。今晩柳原公使江示談、来ル廿六日発途帰朝ヲ決ス。最玄武丸芝罘ニ在ル故、同船江乗組ノ筈ニ決ス。（七七）〇下略

すでに談判は破裂した。二十四日には各国公使を訪問して別れを告げた。二十五日には

福原を上海に、樺山、比志島を厦門および台湾に出発せしめた。またル・ジャンドルも北京を離れた。

だが大久保の外交官としての真価は、その議論の周到とともに、かれのねばりにある。かれは尽すべきは総べてを尽さなくてはやまない。前記の如く同じ論点を何日となく繰返したに拘らず、かれは最後に、井上毅に命じて国際公法と実際上との論拠によって照会書を作り、総理衙門に送った。

〇上略 仁義ノ挙変シテ寇讐《コウシュウ》ノ名ヲ得タリ、是ヲ曠古《コウコ》ノ遺憾トス、我国自ラ我民ヲ護ス。已ムヲ得スシテ懲蓄ノ挙アリ。今ヨリ以往、山内山後将ニ益々榛莽《シンボウ》ヲ開拓シ、服者ハ之ヲ撫シ、梗者ハ之ヲ鋤キ、以テ吾事ヲ終ヘン。〇中略 嗣後縦令千万ノ弁論アルモ、断シテ教ヲ領セス。即チ善巧ノ弁法アルモ亦聞クヲ願ハス。本大臣倥偬《コウソウ》起程、貴衙門ニ踵《イタ》リ告辞スル能ハス。(七八)

事破るるに至らば、清国に対し、また世界に対し、わが国の立場について、一毫の誤解なからんことを期する用意を見るべきだ。

(一) 渡辺国武談「明治七年全権弁理大臣として支那に行かれたときに、天津よりの舟中などでも、碁を打たれて、大難問題が前途に横はつてゐるにも拘らず、其手筋が分毫も乱るゝところがなかつたというて、一緒に同行した随員の碁好きの人が感服恐縮して居つたといふことである。鉄心石腸といふのは、実にこの人の事であると思ふのである。」(鹿児島県教育会編『甲東先生逸話』四三二頁)。

(二) 勝田『甲東逸話』一二六頁。

(三) 『大久保利通日記』下 三一〇頁。

(四) 「使清弁理始末」(『明治文化全集』第六巻、外交篇 八四―七頁)参照。

(五) 同上、八五頁。

(六) 同上、八五―六頁。

(七) 同上、八六頁。

(八) 同上、八七―八頁参照。

(九) 同上、八六―九頁。

(一〇) 「使清始末摘要」(『明治文化全集』第六巻、外交篇 一四八頁)。

(一一) 『大久保利通日記』下 三一一頁。

(一二) 「使清趣意書」(『明治文化全集』第六巻、外交篇 一五〇頁、『大久保利通文書』第六一八五頁)。本書付録三四二頁参照。

(一三) 「使清弁理始末」(前掲、八八頁)。

(一四) ウェード (Sir Thomas Francis Wade, 1818-95) は一八三七年極東派遣軍に従軍して阿片戦争に参加した。後駐清公使館に勤務し、エルジン卿 (James Bruce Elgin) のシナに来たりたる時にレイと共に選ばれてその通訳となった。一八七一年公使となり(―八三年)、一八七六年芝罘協定を清国政府と結んだ。帰英後、一八八八年ケンブリッジ大学教授として、第一回シナ学講座を担当した。所謂 Wade System は彼の翻案に係る。
(一五)(一六) 「使清弁理始末」(前掲、八九頁)。
(一七) 同上、九〇頁参照。
(一八) 「処蕃趣旨書」(前掲、一六二—六三頁)。「使清弁理始末」(前掲、九一頁)。
(一九)(二〇) 「使清弁理始末」(前掲、九〇頁)。
(二一) 同上、九二頁。
(二二) 同上、九三—六頁参照。
(二三) 「処蕃趣旨書」(前掲、一六五頁)。「使清弁理始末」(前掲、九六—七頁)。
(二四) 「使清弁理始末」(前掲、九三頁)。
(二五) 日清修好条規(明治四年七月二十九日調印、明治六年三月九日批准)の第一条、第三条全文は左の如し、
第一条　此後大日本国と大清国は弥和誼を敦くし、天地と共に窮まり無るへし。又両国に属したる邦土も各礼を以て相待ち聊侵越する事なく、永久安全を得せしむへし。
第三条　両国の政事禁令各異なれは、其政事は己国自主の権に任すへし。彼此に於て何れも代謀干預して禁したる事を取り行はんと請ひ願ふ事を得す。其禁令は互に相助け、各其商民に諭し、土人を誘惑し、聊違犯有るを許さす。(『旧条約彙纂』第一巻第一部)。
(二六) 「使清弁理始末」(前掲、九五頁)。
(二七) 同上、九五—六頁。

(二八)　同上、一〇〇頁。
(二九)　同上、一〇六―一〇頁参照。
(三〇)　「処蕃趣旨書」(前掲、一六七頁)。
(三一)　「使清弁理始末」(前掲、一〇六頁)。
(三二)　同上、一〇九頁。
(三三)　同上、一一〇頁。
(三四)　『大久保利通日記』下　三二六頁。
(三五)　明治七年九月二十七日　三条実美宛大久保書翰(『大久保利通文書』第六　八一―二頁)。
(三六)　『処蕃趣旨書』(前掲、一六九頁)。
(三七)　『大久保利通日記』下　三二六―一九頁。
(三八)　同上、三三〇頁。
(三九)　随員小牧昌業は語る。「大久保公も宿に居て時々『どうも支那の奴はヌラクラでかなはない』と言つて苦笑して居られた。遂に公は……それは両方に便宜な方法を取る事である、と言つて暗に最後の通牒を送られた。初めは条理を立ててやり、敵の屈するを待つて、相当の条件を持ち出す筈であつたが、相手が支那人だから遂に露骨に出られたのである」(『甲東先生逸話』二四七頁)。
(四〇)　「処蕃趣旨書」(前掲、一六九頁)。「使清弁理始末」(前掲、一一〇―一二頁)。
(四一)　明治七年十月十日、三条実美宛大久保書翰(『大久保利通文書』第六　九三―六頁)。
(四二)　『大久保利通日記』下　三三〇―二二頁。

（四三）　明治七年十月十三日、三条実美宛大久保書翰（『大久保利通文書』第六　一一五―一一六頁）。
（四四）『大久保利通日記』下　三二二―二二三頁。
（四五）同上、三三三―二二四頁、本書二〇五頁参照。
（四六）「使清弁理始末」（前掲、一一四頁）。
（四七）同上、一一五頁。
（四八）同上、一一五―一一六頁。
（四九）同上、一一七頁。
（五〇）『大久保利通日記』下　三三三―二二五頁。
（五一）「処蕃趣旨書」（前掲、一七〇―七一頁）。「使清弁理始末」（前掲、一一七頁）。
（五二）「使清弁理始末」（前掲、一二一―一二四頁）参照。
（五三）同上、一二一頁。
（五四）同上、一二二頁。
（五五）（五六）同上、一二三頁。
（五七）（五八）同上、一二四頁。
（五九）明治七年十月十九日、三条実美宛大久保書翰（『大久保利通文書』第六　一一九―一二〇頁）。
（六〇）大久保の顔色は常に同じだ。随員小牧昌業は語る。「いよ〳〵明日北京を立つ事になつた。本国へも其旨を言ひ送つて戦争するより外に仕方ないと決心された。かういふ場合には、流石の公でも顔色が穏かではあるまいと思ふだらうが、公は人が驚いたり、急込んだりするやうな事に逢へば逢ふ程落付かれた。此時でも平気なもので顔色は曇っても居なかった」(『甲東先生逸話』二四九頁)。

(六一)明治七年十月十五日、大久保宛岩倉具視書翰(『大久保利通文書』第六 一〇四―一〇五頁、『岩倉具視関係文書』第六 一三五―三七頁)。

(六二)『新聞雑誌』明治七年九月二十八日号。

(六三)同上、明治七年九月三十日号。

(六四)同上、明治七年十月二日号。

(六五)『朝野新聞』明治七年十月二十四日号。

(六六)『東京日日新聞』明治七年十月二十四日号。

(六七)「使清弁理始末」(前掲、一二五―二九頁)参照。

(六八)同上、一二六頁。

(六九)同上、一二七頁。

(七〇)「処蕃趣旨書」(前掲、一七三頁)。「使清弁理始末」(前掲、一二九頁)。

(七一)「使清弁理始末」(前掲、一二九―三〇頁)。

(七二)『大日本外交文書』第七巻 一二九―三一、一三三―三四、一三六―四〇頁参照。

例えば、次の如き談話を試みている。

「潘(幫弁潘霨)曰、此行之費用其数凡若干ナルヤ。

(西郷)曰、即今兵ヲ撤セハ許多ニ至ラサレトモ、此上曠日持久ニ及ンテハ兵員ノ俸給其他百般ノ費不レ尠、今之ヲ算スレハ凡二百十余万弗ナルヘシ。

潘曰、是迄ノ現費若干ナルヤ。

（西郷）曰、全ク消却スル所ノ失費現在凡ソ百二十万弗ナリ。

於レ是潘問レ夏（台湾道台夏献綸）、清国銀ニ比較シテ若干ナルヤ。

夏曰、一百弗ヲ清銀七十両ト見做シ、凡ソ八十万両余ナルヘシ」（同書、一三八―一三九頁）。

（七三）「使清弁理始末」（前掲、一三一―一三三頁）参照。
（七四）同上、一三二頁。
（七五）同上、一三三頁。
（七六）『大久保利通日記』下　三二六頁。
（七七）同上、三二七頁。
（七八）「処蕃趣旨書」（前掲、一七五頁）。

第六章　交渉妥結に到る

一　英国公使ウェードの調停

英国はその通商主義の立場から、東亜が戦禍を蒙るのを好まない。その事は一貫して、英国極東政策の基調だ。駐英公使ウェードは八月十三日すでに柳原公使を訪問して征蕃事件に対する日本の態度を打診し(一)、またしばしば大久保を訪問し、日清談判が破裂に瀕した第七回会議当日（二十三日）午前にも大久保を訪問したことは既述した。

大久保は過日来の談判の経過を話した。清国は皇帝の恩典として支出するというけれども、確証とすべき書面無くんば承知しがたきことを説明し、また鄭書記官が三百万ドルと切り出したことをも告げた。

公使　然シテ若シ支那ニ於テ、貴大臣請求セラル、如ク此旨ヲ書面ニ記載シテ呈スル時ハ、直チニ撤兵為サル、事、閣下ノ権内ニ在ル哉。

大臣　然リ。若シ支那ニ於テ此意及ヒ其他巨細ノ事判然書面ニ記載シ、亦我カ望ニ随ヒ条約ヲ結フ時ハ、即チ撤兵ノ権ハ拙者奉スル処ノ使命ノ内ニ在リ。（三）

大久保に撤兵権があるや否やを問うは、調停の底意を有する英国公使として当然であろう。英国公使は更に撤兵に要する運送船の費用はどうするか等の質問を出した。その総額を減ずる名義を立てる工夫である。大久保は船は日本が用弁するが、名義の問題ならば、清の情実にも同情するから方法があろうと答えた。この会談は第七回会談に赴く日午前中の出来事である。大久保としては、こういった立入った英国公使との話の後に、清国側の態度が強硬だったので、やや意外に感じたであろう。

いよいよ二十六日に出発するに決したので、二十四日、大久保は英国公使を訪問した。英国公使の話によって、昨日の会談後、衙門大臣の内五名が、英国公使を訪問して会談内容を報告したことが明かになった。

公使　〇上略　抑モ彼等〇支那側ニ於テハ二箇ノ故障アリ。其一ハ面目ヲ汚サン事ヲ恐レ、其二ハ金額ノ事ナル可ク察セラル。因ツテ爰ニ貴意ヲ候スルノ一事有リ。是レ素ヨリ彼等ノ意ニ出ツルニ非ス、只拙者一己ノ意ヲ以テ問フ処、閣下ニ於テ妨ケ無キ事ト思ヘリ。右ハ衙門ニ告知セラル、金額ヨリ多少減スレドモ障礙無カル可キ哉。

大臣　是レ素ヨリ実費ノ額ヲ告ケタルナレハ不動ノ所ニシテ、之ヨリ減少スルハ不便ナル所ナリ。然レドモ〇中略万一支那ニ於テ後証ノ書面ヲ出シ、相当ノ条約ヲ結ヒ、且ツ其減少ニモ相当ノ限界アリテ大ニ径庭ヲ生セサレハ、其金額ハ不動ノ者ト確守セサル事有ル可シ。然シ拙者ノ所見ヲ以テスレハ、彼等到底改図ノ意無キヲ信セリ。

公使 高喩ノ如シ。我ニ於テモ昨夕彼等ト面晤ノ時、此事件ノ結局十分ニ至ルコト保タレ難ク覚ヘリ。因ツテ問フ、柳原公使ニモ退京セラル可キ哉。

大臣 是ノ事未タ確定セス。

公使 両国ノ議論相協ハサルハ甚タ遺憾ナリ。未タ布戦ノ場ニ至ラサレドモ公使館等相継イテ退京セラル、順序ナレハ、我ニ於テモ上海ニ至リ海軍都督ニ会晤シ、諸事ノ備ヘヲ為ス可キコト緊要ト思ヘリ(三)。

大久保と英国公使が前途を悲観したのは決して駆引きからと思うべきではない。もはや、実際施すに策のないのを感じたのだ。

大久保は翌二十五日ドイツ公使館に行った。ドイツ公使は従来、事件について関せず焉の態度をとっていたが、会談が決裂したことについてはかえって慶賀した。

公使 〇上略在北京各国公使始メ日本在留各国公使ニ於テモ、日本政府其当務ヲ尽サレン事ヲ深ク冀望《キボウ》セリ。今日此始末ヲ聴クヲ得ルハ、日本政府ノ利益ノミナラス、又西欧洲各国ノ利益ト思フ可シ(四)。

日清交渉が決裂して戦争になることが、日本政府の利益となるべしというドイツ公使の言葉は大久保を鼓舞するためか、それとも他に理由あるか、固より明かではない。

十月二十五日午後五時頃、英国公使ウェードが大久保を訪問した。通訳は例によって太田資政だ。ウェードの言うところによれば、かれはその日総理衙門に行って長談した。その結果、伝言を嘱せられた。「固ヨリ衙門大臣来リテ我ニ請フニ非ス」と注意深く断って話を進める。

公使 ○上略 何故日本ノ望ニ応シ証書ヲ出サ、ルヤヲ以テ逼リシ処、衙門ノ大臣答ヘテ、貴公使只日本ノ論ヲ助ケテ何ソ我カ論ヲ助ケサルト云ヒシニヨリ、日本在留ノ英国公使ハ固ヨリ日本政府ニ対シ交際上ヨリ利害ヲ説クコトハ妨ケナシ、然レドモ我ハ支那在留ノ公使ナルヲ以テ、只両国ノ和ヲ謀リ貴政府ヘ斯クノ如ク勧ムレトモ、日本公使ハ即チ我カ同僚ノ人ニシテ、之レニ如何ノ議ヲ加フルハ全ク権外ナルコトヲ説明シ、漸ク熟語セシ後、支那政府ニ於テ十万両《テール》ハ難民ノ給トシ、外四十万両《テール》ハ日本諸雑費トシテ出ス可ク、証書モ亦与フ可キ由、然レドモ十万両ハ一時ニ償ヒ、四十万両ハ退兵後ニ償フ可クトノ議ニ至レリ。此事我ヨリ閣下ニ申述スルコトヲ嘱セラレタリ。此ノ如クニテハ尊意如何。

大臣 事々懇篤ノ次第辱《カタジケナ》ク感謝セリ。(五)

右の談話によって英国公使が、相当に清国政府に圧力を加え、結局五十万両（十万両は即時、四十万両は退兵後）を支出することを承諾せしめたことが明瞭だ。大久保は即答を避けて、熟考の後、参上拝答しようという。

公使　今夜ナル可キヤ。粗餐ヲ奉セント欲スレハ、七時ニ来駕セラル、コトヲ得可キヤ。

大臣　七時ニハ障碍アリ。願ハクハ八時ニ参堂ス可シ。

公使　然ラハ八時ニ光臨セラル可ク翹望スル所ナリ。(六)

大久保は約によって午後八時、英国公使齎らすところの和議案に答うべく英公使館に赴いた。大久保はその談話を開始するのに、一応過去の経緯を簡単に叙述するのを常とする。この場合がそうであった。そして回答の内容に入ろうとすると、英国公使は忙しく口を挟んだ。

公使　其一条ヲ聴カサルニ及ンテ先ツ一言ヲ陳フヘシ。支那政府ニ於テ最モ嫌忌ノ処ハ即チ出銀ノ名義ニ在リ。難民撫卹ト称スルモ三百万弗《ドル》ノ額ニ至リテハ言ハスシテ兵費ノ償ヒタルコト顕然タリ。然レハ面目ヲ失フヲ免レ難キトノ事ナリ。此条過刻詳告セサリシヲ以テ今更ニ稟陳スルナリ。(七)

シナの面目を尊ぶは従来の談判においてもしばしば経験したところだ。大久保は最早、そこにこだわっていることの愚を知っていた。かれは談話を進める。

大臣　尊喩之レヲ領セリ。告クル所ノ一条ハ、懇談ノ余熟思スル処アルヲ以テ、銀額ノ多少ハ更ニ論セス、支那政府ノ述フル処五十万両《テール》ニテ可ナリ、因ツテ第一ニ征蕃ノ事支那政府ニ於テ認メテ義挙トナス事、第二ニハ征蕃ノ事ニ関スル従来ノ紛論ヲ消除スル事、第三ニハ十万両ヲ難民撫卹、四十万両ヲ修路、建営、開榛、鋤梗ノ諸費トシテ退兵前ニ支那政府ヨリ出ス可キ事、支那政府ニ於テ此三条ヲ承諾セハ、余ノ事ハ和好ヲ重ンシ、又足下ニ対シ相譲ル可キナリ、此内一条ト雖モ欠クル所アレハ止ムヲ得サル所ナリ。

公使　愚按スルニ、征蕃ヲ義挙ト認ムレハ蕃地ハ支那版図外ノ地ニ属スル故、同意スマシクト思ハル。

大臣　面商ノ時義挙ノ言アリ、又公文中ニ不レ為二不是一ノ字アリ。支障無カル可シト思ハル。若シ異議有ラハ破談ノ外無キナリ。

公使　外国人ハ過半支那ト親誼深カラサレ共、誰モ蕃地ヲ支那版図ト唱ヘサル者ハ無シ。版図外ノ論ハ近日始メテ聞ク所ナリ。又支那ノ属地ニ非サレハ支那ヨリ銀ヲ出スノ謂ハレ無キトノ論ニ帰スヘシ(八)。

属不属の問題が再び英国公使との間に繰返されそうになった。大久保としても話を纏めるにはこの問題に余り煩わさるべきではなく、事実主題は一歩を進めている。英国公使はそこでその旨を記載することにした。即ち、

公使　然レハ征蕃ノ事ハ日本ノ義挙ニ出テ、支那政府之ヲ不是トセサルノ意ナレハ、書載スヘキコトナリ。此ノ如クニテハ如何(九)。

英文の草案が出来、それを太田資政が訳読した。大久保は大切な点だから今一人の書記

官も呼ぼうというので吉原重俊を呼び寄せた。英国公使も同じく書記官メイヨルを招いた。その間に英国公使は語る。

公使　拙者斯ク焦慮スル者ハ、日清両国ノ間若シ兵事起ル有ラハ、其隙ヲ窺ヒ、幸ヒトシテ自己ノ利ヲ図ルモノ多ク、外国政府ニ非サレハ其人民ナリ。加フルニ兵止ムノ日ヲ期シ難シ。然レハ清国而已ナラス、日本国モ其損害至ラサル処ナキノ憂ヒアラン。我英国ハ、日本国近来駸々《シンシン》開化ニ進ミ、外国交際ノ道ヨリ百般ノ事ニ至ル迄、新ニ利益ノ道ヲ開クコト盛ンナルニ、此ノ難事ヨリ終ニ画餅トナランコトヲ深ク患フルヨリ、偏ニ両国ノ和ヲ謀ルナリ。

大臣　其ノ懇篤ノ事ハ詳カニ之レヲ領セリ。(一〇)

英国の利益が極東平和と並行するからでもあるが、英国が和平を専念し、また保守の清国に対するよりも、進歩の日本に同情を有していたことは、後掲する同公使の報告によっても見得るところである。そう話している間に英国書記官メイヨルが来、吉原租税助も来た。公使が作った文按を示した。一同これを読む。

公使　漢文ニ翻訳シテ後貴覧ニ備フヘキ哉。

大臣　是ノ如クハ最モ妙ナリ。(一一)

大久保が漢文を立どころに解するのは、日清談判中も、書類を出されて、その場で批判反駁したのでも分る。漢文の草案ができあがって相談の上それを改刪《かいざん》した。

大臣　此文ニシテ妨ケ無シ。既ニ明朝八時当京ヲ発スルノ心算ナルヲ以テ、人ヲ諸方ニ派シテ其旨ヲ伝ヘ、諸事ノ備ヘ悉ク成レリ。今ニ至リテ延引スルハ実ニ困惑スル所ナレハ、十二時ヲ限リ支那政府ヨリ可否ノ答詞有ルコトヲ得可キ哉。

公使　切迫ノ事ハ我ニ於テ之レヲ察セリ。又其理有ルヲ知レリ。然レドモ十二時ト云ヘハ条目ノ改正而已ニシテ時間既ニ終ルヘシ。恐ラクハ及ハサル可シ。

大臣　高喩理アリ。然レハ午後二時ニ至ラハ必ス決答有ランコトヲ欲ス。此ニ至リテ猶ホ議定マリ難ク延引スルコト有ラハ、我真ニ之レニ困シム。

公使　我カ心算ニハ、明日詰朝ヨリ衙門ニ至リ大臣等ト商議ス可キヲ以テ、二時ニ至ル迄ノ間、可否ノ報先ツ我ヨリ之レヲ為ス可シ。

大臣　支那政府ヨリモ別ニ可否ノ報知アランコトヲ欲ス。是亦二時ニ至ル迄ト定ム可キ哉。

公使　切迫セラル、コトハ能々之レヲ察セリ。然レ共我ヨリノ報答、纔《ワズ》カニ二時ニ及フ可キ哉ト思ヘリ。衙門ノ答ハ今少ク時間ヲ緩ウス可ラサル哉。

大臣　然ラハ更ニ二時間ヲ延シ四時ト定ム可シ。若シ右時限ヲ過キ衙門ヨリ何等ノ報知ナクンハ、彼ニ於テ不同意ナルヲ認メ発程ス可シ。

公使　此旨具サニ衙門ニ通告スヘシ。報知ノ書ハ必ス照会ニ非スンハ不可ナル哉。又ハ啓文ナルモ可ナル哉。共ニ妨ケ無カルヘシト思ヘリ。

大臣　共ニ妨ケ無シ。

又　過刻ノ書、文字改正ノ事ハ妨ケ無シト雖モ、動カス可ラサルノ文字有ルヲ以テ側ラニ圏点ヲ加ヘタリ。注意セラレンコトヲ乞フ。

公使　之ヲ領ス（二）。

問答によって大久保が、徹頭徹尾積極的であって、当方から和を乞う如き態度は毫しもないことを知るべきだ。圏点を附して動かす可らざる文字とは左の如くだ。

条約三条草案

惟因《テ》乙各国人民有《リ》下応《ニ》《ヘキ》二保護《シテ》不《ル》レ致《サ》レ受《クルヲ》レ害《ヲ》之処上。宜《シク》《ヘシ》下由二各国一自《ラ》行《フ》中設《ケ》レ法《ヲ》保全《ヲ》上。且《ツ》以《テ》下台湾生蕃曾《テ》将《テ》二日本国属民等《ヲ》一妄《リニ》為《スヲ》レ加《フルコト》レ害《ヲ》日本国本意為《メニ》二該蕃是《レ》レ問《フ》一。遂《ニ》設《ケ》二義挙《ヲ》一。遣《リ》レ兵《ヲ》往《キ》レ彼《ニ》向《ヒテ》二該生蕃等《ニ》一討責《スルニ》甲。今議《シ》二数条《ヲ》一開二列《ス》于左一。

第　一

日本国此《ノ》次所《ノ》レ弁《スル》義挙。中国不三指《シテ》以《テ》為《サ》二不是《ト》一。

第　二

所レ有《ル》前《キニ》経《ル》レ遇《フヲ》レ害《ニ》難民之家。中国議《シテ》給《スル》二撫卹銀款十万両《ヲ》一外。又《タ》以《テ》下日本国修道建房及《ビ》在《ル》二該処《ニ》一各項費用銀四十万両《ヲ》上亦《タ》議《シテ》補給《ス》。至《リ》二該処生蕃《ニ》一。中国亦宜《シク》《ヘシ》下設《ケ》レ法《ヲ》妥二為《シ》約束《ヲ》一。

以期永保航客。不能再受兇害。

第　三

所有此次往台之挙。両国一切来往公文彼此撤回註銷。以為将来罷議之拠。其所議給銀合共五十万両。内将一半先行立　為付交。其余一半即応妥立憑単。一俟此項銀欵付交及憑単給過後。遂将日本在台之軍師立　行撤退回国。(一三)

談は更に支払いの方法及び撤兵の時期に及び、大久保と英国公使の間に左の如き問答が続けられた。

公使　銀両交付ノ事ハ如何ノ尊意ナルヤ。

大臣　願ハクハ一時ニ収受スルヲ得ン。

公使　一時ニハ行ハレ難カルヘシ。

大臣　一時ニ行ハレ難クハ、半額ニ分チ二次ニスルモ可ナリ。

公使　何レノ地ニテ収受セラル、順序ナル哉。

大臣　天津ニ於テ収受スルコト便宜ナリ。然レドモ上海ニ於テスルモ可ナリ。

公使　上海ノ方便利ナル可シ。半額収受ノ後ハ退兵セラル、哉。

大臣　半額現貨ヲ以テ収受シ、半額ハ固ク抵当有ル証書ヲ出サハ之レヲ実貨ト視做シ、退兵ス可シ。

公使　退兵ノ事ハ凡ソ幾十日ヲ用フ可キ哉。

大臣　凡ソ一ケ月ヲ用フ可シ。勿論今日ノ議局ヲ了ヘ約書調印ノ後ハ、急ニ退兵ノ備ヘヲ為ス可シ。

公使　然レハ半額ノ現貨何レノ日収受ヲ望マル、哉。

大臣　十一月廿日ニ半額ヲ収受シ、十二月廿日ニ半額ヲ収受スル事ニ定メラレンコトヲ欲ス。尤モ半額現貨収受ノ時、残リ半額ノ証書ハ確然タル抵当品、譬ヘハ上海税関ノ収額ヨリ渡ス所ノ正金ト視做サル可キモノヲ要ス。

公使　此旨具サニ衙門ニ商議ス可シ。

大臣　深夜ニ至ルマテ貴体ヲ労シ、我カ意殊ニ安カラス。只和ヲ好ムニ因リテ事々相譲リ、閣下ノ懇篤ニ対シ件々相恕スル所、我カ意中ノ事亦亮察セラル可シ(一四)。

その具体的処理案に対し、大久保の回答は流るる如きものあるを知るべきであろう。辞して帰ったのは午前一時頃であった。大久保の日記にもあるように、右の決定は全く大久保の独断であって、柳原はこれについて異議があったけれども、これを容れなかった。

二　ウェードの本国政府への報告

大久保の当時の心事をその日記によって知る前に、英国公使ウェード自身の筆になる事件の経過を読むことは興味があろう。右は外相ダービー（Edward Henry Stanley Derby）に宛てた報告書であって、北京を十一月十六日（一八七四年、明治七年）に発し、ロンドン着、翌年一月三十日となっている（二五）。

本日附前便において、予はその前夜（五日）総理衙門において署名されたる約書の本文を正式に発表したるところの、六日附恭親王布告の翻訳を封入した。予はここに五月以来、協約成立して終結したる論議の経過を簡単に報告したいと思う。それ以前までの経過報告は、すでに閣下によって承認されたるところである。

予は、日本の台湾への派兵及び日本政府の態度について予が受領する確実なる情報は、如何なるものであれ、これを注意深く総理衙門に通告した。しかし総理衙門の或る大臣達が、自発的に台湾問題について予に語るために来たのは、予が海岸港へ向け北京を出発する意図を発表した七月末のことであった。彼らの目的は明かに外国の意見と、外国において船舶と弾薬を獲得する可能性ありやを知らんとするにあった。予は彼らにこの問題を仲裁に委すべき希望を述べた。しかしこの点で、その後の経緯が示すように予は誤っていた。

右によって清が最初において相当に強硬であったことを知りうるであろう。ウェードの報告は続いて、外国一般の同情が進歩的日本にあったことをいっている。

予がここで繰返さざるを得ざることは、その事件の内容が何であれ、外国人の同情は清国にあったということはできぬ事実である。これは清国が条約を遵守しないからであり、また日本における進歩的傾向に対比して、清国の反動的精神が、清国をして明かに外国人の意見に不利益なる位置に立たしめるのである。全体的にいって、予は清国の目的が外国において援助さるべしとは考えざる旨を明かにし、該会談は何等の結果を齎らさなかった。

その後、予はある公文書に於て、日本の問題に関し不注意なる（unguarded）文字のあるのを見て、大臣の注意を喚起したことがあった。清国は日本と確かに戦争を好まないのである以上は、徒らに刺激を生むようなことを書き、あるいは語ることほど愚かしいことはない。

この事は再び彼らを接近させた。そして長談の後、清国大臣は再び外国代表者を招いて仲裁せしめんとし、予は八月十二日にこの問題について覚書を提示した。

大久保の東京出発は八月六日、長崎出発が十六日であるから、右はなお大久保の清到着の前であり、清国側において遅蒔きながらこの問題に注意したことが分る。

日本からの情報は益々戦争的になったことを伝えた。台湾においては衝突の報があった。日本将軍と清使節の間には、予の知る範囲では賠償のことが論ぜられたが結着を見なかった。柳原公使は北京に向け上海を出発した。清国側のいうところでは、それは交渉の最中においてである。日本においては大々的に戦備を修し、清側も亦抵抗のために兵備した。予は戦争が目前に迫ったことを認むるに至った。しかして、若しさような衝突があるとすれば、それは商業及び宣教師関係をふくむすべての外国の利益に最も重大なる結果を与うるであろう。そこで予は総理衙門に提案するに、清が列強に対し、清の沿岸と河川を一定の期間中立化すべく訴うべきことを以てした。しかし、予が考えたところでは、この事は、訴えられた列国が共同動作をとる諒解を必要とし、また相当なる手数と費用との犠牲を払わねばならぬ。従って列国としては何らかの代償物を与えられずんば、かかる誓約はなさないことも確実だ。英国の利益は、総理衙門の大臣も知っていたように、全然通商的である。

その後更に論議の後、予は九月廿八日に恭親王に書簡を与えて、過去及び現在の予の忠告を説明した後、五つの質問を提議した。第一は清国は実際、仲裁を望むのであるか。もし然りとすれば如何なる点を仲裁者に附託するや。日本が仲裁を承諾すると信じうる根拠ありや。清国政府に提案ありや、もし然りとすれば日本に対し如何なるものなりや。もし交渉破れれば清国政府はいかなる道を取らんとするや。

これに対し、予は清国政府からここに封入するところの短い、かつ鄭重なる回答を受領した。それには大臣が説明のため公使館を訪問するとある。彼らは約束の如く来訪したが、結局予の質問には答えなかった。

大久保一行の北京到着は九月十日であるから、右の英国公使の報告によって、かれが日清談判中に清側に働きかけていたことが分る。英国公使が五カ条の質問を清に提出した二十七日の前日（二十六日）、かれは大久保を訪問して日本側の意志を知らんとするにつとめ、大久保は交渉が順調に進展しないに拘らず、英国の調停申入れに対してはこれを謝絶している。この時、ウェードが「日本政府が事情により退兵の決定あらば、我れ其意を体し、清国政府を肯んぜしめんとす」といったのは、清側からなおさような言質をとっていたのではなく、単なる見透しとして日本側に申出でたのだ。

今やドゥ・ギオフロイ氏（de Geofroy）〇仏国公使が帰って来た。かれは仲裁を持来すについて完全に協力する準備ある旨を言明した。かれもまた清が仲裁を希望する意志あるのを信じた。その上に予は一時提案はドゥ・ギオフロイ氏を通じて可能であると信ずべき理由があった。弁理大臣大久保は仏国法律学者にしてボアソナードと称する人を随員とした。予はこの紳士とは会見しなかったが、かれに関して予の聞いたところは総べてかれに有利であった。そして予は、かれが有するところの勢力が何であれ、その努力は平和の方面に払われるべきを信じた。しかしながら彼らは問題の解決に近づかなかった。十月十日大久保弁理大臣が五日の期限を附して回答を要求し、これを得ざれば北京を去る旨の通告を致したと知るに及び、予もドゥ・ギオフロイ氏も、それが単独にしても、或はまた他の同僚の援助があるにしても、論議の平和的解決の希望を放棄せざるを得なかった。恭親王が不在だったので大久保はこの条件を延期した。

大久保が最後通牒を投げつけた時に、英、仏両国公使も、最早匙を投げていたことを見るべきであって、事態は決して楽観すべからざるものがあった。英国公使の報告は続く。戦争が起った場合、わが港湾、居留地を保護する必要から、予は凡ゆる場合に於て、日本の両代表から情報を得んことを努めた。しかし、予は両代表から、日本の要求のステートメントと見らるべきものを得ることができなかった。両者共仲裁について考うることを嫌悪するようであった。日本弁理大臣が予を訪問し、始めて要求について詳しい説明をなしたのは十月十四日であった。

通告期限は三日後に満期になるのである。その間弁理大臣と総理衙門との交渉はなお継続中であるが、それは余の諒解するところによれば、要するに二つの問題に対する回答を要求するまでに縮められて来た。その二つの質問とは既報の如く、要するに下の如きものだ。即ち清は何故にその領民を教育することをしなかったのであるか、またすでに教育無き結果、彼らが罪科を冒した場合、何故にその領民を罰しないのであるか。もし清がこれらの蕃人をその国民なりというならば、清は日本が出兵してこれらの人民に期することに対し、満足を与うる責任を有するではないかと。

予はこの会話によって弁理大臣が開戦の不動なる決意を有するのでないことを推断し得た。日本は遠征により、すでに該加害蕃人をひどく膺懲したのであるから、その声明したる遠征目的の一つは完成したわけであり、従って開戦の理由は少ないはずである。事実、賠償問題については、しばらくの間、間接的に交渉中であったのであるが、予はそれについては公式に知るところがなかった。

この英国公使の報告は、日本側発表の交渉経過と照合して謬《あやま》りも、誇言もない。大久保が英国公使と会談して、断然たる態度は示したが、また決して戦争を好むものではないことを言動を以て示したので、英国公使は調停可能に一縷の光明を発見したのだ。

要約すれば、清国側は銀を支払うことにある程度の意志を示したが（兵費に対してでなく、蕃人に殺されたる者の家族に対する撫恤費として）、なおその額を明白にすることを拒んでいると弁理大臣はいう。かれは約三百万ドルを要求したが、これを拒絶され、また如何なる支出に対する保障も不可能であることが明かになったので、北京を去る準備をしたのである。柳原公使は清国皇帝の覲見が延期されたことは、日本に対する非友情的感情の現れだという点を理由として、かれの僚友と共に去ることになった。弁理大臣自身が十月廿四日、土曜日、訣別のために予を訪問した。それはドゥ・ギオフロイ氏が離京した二、三時間後のことである。ドゥ・ギオフロイ氏も予と同じく、仲裁或は調停について絶望していた。かれはいずれにしても年内には欧洲に帰るはずであった。それがかれの健康の故に、考えたよりも早く南行せざるを得なくなったのである。予もまた毎日、上海に赴くことが予の義務ではないかを思い煩った、というのは予はサー・チャールス・シャドウエル（Sir Charles Shadweel）に書面を与えて、日清衝突が不可避と観らるるに至らば、かれと会見することを約束したからである。

弁理大臣の説明を聞いて、予は直ちに秘書長邸に赴き、かれが恭親王に勧めて、清国が即刻銀を支払うべき事（弁理大臣がこれを兵力に対する支払いとして明記することを主張しなかった点を注意すべきだ）、また支払いは如何なる方法で保障さるべきやについて恭親王を動かすべきを要請した。他の方法にして失敗せば、そして弁理大臣にして承諾せば、予は自身その支払いを保障せんとしたのである。

英国公使が一時調停について絶望した事、また大久保の態度を観て、直ちに清国側に要請し、場合によれば自己が支払い保障をなして、戦争を防止せんとしたことを観るべきだ。

翌日、予は弁理大臣に対し五十万両を提案することの権限を委託された。その額の五分の一は殺されたる琉球人の家族へ、残りは戦争賠償ではなく、日本の遠征によって生じた小雑費（後には明記されたところの）に対するものである。

予が安堵したことは、弁理大臣はその出発を延期し、予を仲介として総理衙門と交渉を再開したことである。

我等の前に横わった困難は、第一には形式であって、その協定をして、清及び日本の何れもの行動が、他の命令に従ったという如き外観を呈さないような文章を以てしなくてはならぬ。次には内容であって、基本的行動の期日、即ち日本による台湾からの撤兵、清による銀支払い——しかしてこれらの行動の完成に対する保障だ。六日間に亙る論議の後、ついに約書は大久保弁理大臣及び柳原公使によって、総理衙門において署名され、その写しはすでに閣下に送致したところである。この長文の報告を閉ずるに当って二つの注意を乞いたい点がある。最初予が調停者として協力せんと希望して招いたところの予の僚友が離れ去ったことと、しかして日清両全権によって署名されたる書類の一つに、予自身の名が現れたことである。予の叙述が示したであろうように、後半の交渉の第一歩において、予の秘書長訪問が直ちに行動に導かれたのは、予として寧ろ意外としたところであった。弁理大臣は予を土曜日午後訪問し、月曜日朝早くには北京出発のはずであった。予の名が現れたことについては、予は提示された書類に、予の名を挿入することを二回反対した。予の名が現れたものは最終的に下準備されなかったもので、最後にその文字を変更するのにはすでに遅過ぎたものである。

以上の報告によって英国公使の立場がよく現れている。公文の関係から大久保個人に対する批判はないが、大久保日記に現れているように、大久保に対し充分なる尊敬を表している一事は、これをそのまま受取るべきであろう。

日本政府はウェードの努力に感謝し、寺島外務卿は十一月十二日附を以てパークス公使に感謝の書簡を送って英国政府及びウェードに伝達方を乞い(一六)、また十一月十五日にはパークスに対し内廷に於て謁見を賜い、とくに御満悦の旨の勅語を下し、英国政府と北京英国公使に伝達すべきとの御言葉があった。パークスは謹しんで叡慮に奉答した(一七)。

三　清側の経過報告書

英国公使記すところの経過を見た我らはここで清側の報告を一瞥する必要があろう。左は恭親王奕訢等より奏請して勅許を得たる奏文である。その内容は既述のものと重複する嫌いがあるが、日本側の記述、英国公使の報告とよく合するものあるを以て全文を掲げよう。

日本国、使節ヲ続派シテ来京セシメ、臣等ト屢次《ルジ》ニ亙リ台湾蕃社ヘ出兵ノ件ニ関シテ面談セルモ、局勢未タ端倪《タンゲイ》スヘカラサル情態ナル趣ハ臣等本月十日附ヲ以テ密奏致シタル処ナリ。査スルニ日本使節大久保利通ハ、九月二日照会ヲ寄セテ執拗ニ狡弁ヲ弄シ、数日内ニ弁法ヲ講シ得サル時ハ直チニ帰国スト言ヘルヲ以テ、我方ヨリ照覆弁駁ヲ加ヘ、且ツ同使節ノ照会中ニ両得策云々ノ語有リシヲ以テ、別函ヲ以テ、真ニ両得策ヲ講セント欲スルナラハ来署ノ上詳細熟議スヘシト通告セシニ、旋イテ同使節ヨリ来函アリ、期ヲ定メテ面議センコトヲ申越シ、同期日ニ至リ臣等ト会談セルモ、同使節ハ我方ヨリ発議スヘシト言ヒ、臣等ハ又同使節照会中ニ在リシ両得策ヲ先ツ説明スヘシト為シ、彼此相譲ルコト再三ニ及フ中、同使節ハ覚ヘス真情ヲ露ハシテ、日本ノ初志ハモト生蕃ヲ無主野蛮トシ、一意徹底ヲ期シタルモ、清国之ヲ属地ナリトシ自ラ弁理セントトシタルヲ以テ、日本若シ初志通リ遂行セハ和好ノ道ニ反スヘキヲ以テ、本国兵ヲ撤回シ中国ノ自主弁理ニ委ネントスルモ、惟日本国民並ニ軍兵ノ心圧ヘ難ク、必ス相当ノ名目ヲ得ルニ非レハ撤兵スル能ハス、此次事件ニ於テ財力尽キタルヲ以テ台湾ヨリ賠償ヲ取ラントスルモ台蕃モソノ力無シ、清国ハ如何ニシテ日本兵ヲシテ空手帰国スルニ至ラサラシメントセラル、ヤト謂ヘリ。是ヨリ先、日本中将西郷従道ハ台湾ニ於テ藩司潘霨ト会談シテ費用ノ弁償ヲ求メタルコト有リ、同国使節柳原前光着京後臣等屢々切々理ヲ説キタルニ、同使節モ日本ヲシテ徒労ニ終ラシメサル様請フ処アリ、明言ハセサルモ意ハ猶此ニ在ルモノ、如シ。今、日本ノ大久保利通ヲ続派シ来ルヲ聞クニ及ヒ、各新聞紙ニハ同使節ヲ派シ来レルハ軍費四百万両ヲ要求シ、得ハ兵ヲ退クヘキモ、否レハ兵ヲ進メテ清国各海口ヲ乱シ、或ハ天津ヲモ攻略セン等ノ無稽ノ謡言紛々トシテ伝ヘラレタリ。臣等ハ惟理ニ拠リテ力争シ、些タリトモ之ニ乗セラレサランコトヲ期スノミ。大久保利通着津スルニ至リ、曾テ米国副領事畢徳格ハ李鴻章ニ対シ密函ヲ以テ、使節ノ来意甚タ平和ナラサルヲ以テ、清国ヨリ先ツ照会ヲ発シテ査弁方ヲ承認シ、該国ノ所謂属民ノ被害ニ対シテハ相当ノ撫卹ヲナシタル上臨機ニ開導スヘシト申越セル趣ヲ以テ、李鴻章ヨリ畢徳格ノ所論ヲ録述シテ密報シ、臣等之カ対策ヲ講スヘシト謂ヘルコトアリ。同使節ノ来京セシ時ハ清国ノ政教ノ蕃境ニ施ス処如何、等ト問ヒ居タルモ、于廻百折、今ニ至リテ遂ニソノ真実ヲ吐露スルニ至レルナリ。臣等当時、兵費ノ一件ハ体面ニ関スルヲ以テ万々応シ難キ処ニテ、且両得ノ策トモ全然相反スルモノナリト謂ヘルニ、同使節ハ若シ然ラスンハ本国ニ撤兵ヲ勧告スル能ハスト称シ、旋イテ又、中国ノ両得ノ策トハ如何ナルモノナリヤト問ヘルヲ以テ、遂ニ清国ハ切ニ和好ヲ念スルヲ以テ、日本ノ此挙ノ非ヲ責メサルヘク、同国ノ兵撤退ヲ待チテ清国ヨリ自ラ査弁シ、ソノ被害者ニ対シテハ適宜撫卹ヲ加フヘキヲ告ケシニ、同使節ハ仍ホモ兵費ノ件ヲ固執シタレハ、臣等モ断然之ヲ駁シ置キタリ、翌日トナリ文書ヲ以テ面会期ヲ詢《ト》ヒ来リ、我方ヨリモ同使節ノ拠ル所ノ方策ニ礙難ノ点有ルヲ以テ期ヲ定メ再ヒ議セント約シ、其期日ニ至リ直接種々申聞ケタリ。初メ遽カニ、清国ノ礙難ト称スル点ハ已ニ諒解セルモ、撫卹ニ関シテハソノ数目ヲ明カニシ置ク要有リト謂ヒタレハ、臣等ヨリ、日本撤兵スルニ非レハ我国ニテハ査弁スル能ハスト告ケ、又ソノ撫卹ヲ兵費ノ名ニ代ヘルモノナルヲ誤解センコトヲ恐レ、重ネテ前議ノ通リ清国ノ自ラ査弁スル各節ヲ概要説明シ、只此ノ結案アルノミナルコトヲ伝ヘタルニ、同使節ハ更ニ撫卹銀数目ヲ認メタル別書ヲ要求シテ止マス、一二日内ニ確報ヲ与フヘキヲ約シテ帰ラシメタリ。臣モト同使節ノ欲スル所如何ヲ知ラス、因テ同国書記官鄭永寧ヲ来署セシメテ実情ヲ詰問セントセシニ、同書記官ハ来署スルヤ、詳詰スルニ及ハス直チニ、同使節ノ意ハ洋銀五百万元ヲ要求シ、少クトモ銀二百万両ヲ索ムルモノニテ、之ヲ下ル能ハスト謂ヘルヲ以テ、前同様反駁セシニ、同使節ハ十五日臣ノ衙門ニ来訪シ、切々所要銀数目ノ許与ヲ謂ヒ、ソノ言中総テ軍費ヲ指シ居リ、殆ント撫卹ノ二字ノ満足ナル能ハサルモノト看破シタルモノナル如ク、臣等厳ニ答覆シ置ケリ。尚同使節ハ去ルニ当リ、議未タ成ラスシテ帰国セントス、斯クテハ台蕃ハ依然無主野蛮ナレハ、日本ハ一意徹底ヲ期スヘシト謂ヒ、臣等モ台湾ハ清国ノ地方ナレハ応ニ清国ニ於テ自主スヘシト答ヘ、彼此妥協ヲ見スシテ別レタリ。大久保利通着京以来、同国ノ駐京使節柳原前光ハ台湾事件ヲ議スル際ハ常ニ同席シ、其説ニ参与シ来リ、台湾事件ノ議合ハサルコト有ルヤ、必スソノ翌日ハ照会ヲ寄セ或ハ来署面会シ、専ラ観見ヲ説キタルモノナリ。此次大久保利通ト議論合ハサリシ翌日モ同使節ハ我署ニ訪レタルモ、観見ヲ許サレサルヲ以テ来使ヲ拒絶セルモノナリトシ、大久保利通ト共ニ帰国セント欲スル旨申シ居リ、嗣テ両使節ヨリ各々照会シ越シタルニ拠レハ、何レモ決裂ノ辞ヲ述ヘタルモノニテ、ソノ意ハ、前者ニテハ、日本ノ台湾ノ地ニ永踞スル基礎トシ、後者ノ説ハ後日我海港ヲ擾乱スル名目ノ基礎トセルモノニテ、臣等悉ク之ヲ聞キ及ヒタルモ、其ノ去留ニ委セ置ケリ。誠ニ同国ハ貪狡《タンコウ》飽ク無ク、其ノ要求スル所ハ我方トシテ、如何ニスル能ハス、撫卹トシテ弁理セントスルモ要求額多キニ過キ、兵費ノ名無クトモソノ実ヲ取ラントスルモノニテ融通妥協ノ余地無キモノナリ。此役ニ当リ沈葆楨ハ外交聯絡ヲ要義ト為シ居リ、李鴻章ハ仏国使節熱福理天津ヨリ来京セル際然ルヘク談合シ、同使節モ居中調停シ度キ旨述ヘ居リ、上海道ノ沈秉成ヨリ上海ノ官紳等ノ建言トシテ上レル中ニモ、各国使節ヲ邀請《ヨウセイ》シテ曲直ヲ評論セシムルヲ上計トセリ。而シテ英国使節トーマス・ウエードハ尤モ此事件ニ始終関心ヲ有シ、調停ノ任ニ当ラント欲シ居レリ。臣等亦曾テ日本トノ間ノ往復文書ヲ全部ニ亙リ鈔録シテ各国使節ニ照会シ可レ然応酬シ、不即不離ノ間ニ在ルモノニテ、各使節等ヲシテ調停ヲ為サント欲セシムルモ、ソハ彼国ノ求ムル処ナルヘク、素ト我方ノ意ニ出ツルモノニ非ルナリ。十六、十七両日ニ亙リ、日本使節ハ已ニ悻々然トシテ帰途ニ就カン気勢ヲ示シ、ウエードハ臣等衙門ニ来リ、最初ハ関心ヲ示シタルモ、継イテ恫嚇ノ言ヲ発シ、日本ノ要求セル二百万両ハ断シテ多キニ過キス、之ニ応セサレハ結了ヲ見ル能ハサルヘシト謂ヒ、臣等ハ専ラ鎮静ヲ以テ之ニ応酬セル処、ウエードハ辞去スルニ至ル迄尚ホ堅ク清国ノ許スヘキ数目ヲ聞カント欲シタルニ依リ、臣等利害ノ軽重ヲ権衡シ、其ノ情勢切迫セルヲ思ヒ、若シ茲ニ些カ転換策ヲ講セサレハ、独リ日本ヲシテ暴挙ニ出テシムルコトノ明白ナルノミナラス、我カ武備未タ充実セサルニ際シ憂慮スヘク、且ツウエードヲシテ面目ヲ施サス帰ラシムルハ、却テ彼国ノ援ヲ堅クシ、我敵ヲ益スル所以ナルヲ思ヒ、遂ニ、清国ハ既ニ撫卹ヲ允シ居リ、只撫卹トシテ実行シ得ル処ニテ、更ニ些カ譲歩スルトスルモ十万両ヲ愈ユル能ハス。同国ハ本事件ニ於テ軽挙妄動シ、今ニ及ヒテ退ク能ハサルニ立至リ、自ラ亦実ニ苦境ニ有リ、清国ハ人ノ急ニ乗スルコトヲ為サス、更ニ同国ノ蕃社ニ於テ修築セル道路家屋等ノ全部ヲ留メテ清国ノ用ト為シ、銀四十万両ヲ与ヘンコトヲ承認セルモ、所詮合計五十万両ヲ愈ユルコトヲ得ス、ソノ諾否ハ之ヲ彼国側ニ聴クヘシト答ヘタルニ、ウエードハ同使節ノ寓所ニ赴キテ談判スルコト長時ニ及ヒタル後、撫卹等ノ費用ノ数目ハ日本使節モ已ニ応諾セリト回答越シ、嗣テ解決弁法三条ヲ議定シ、別ニ附属書類一葉ヲ作製交換セリ。同使節ハ該金交附後撤兵セント欲スルモ、臣等撤兵後ニ非サレハ交附スルヲ得スト謂ヒ、互ニ譲ラス、又ウエード中ニ入リ始メテ議ハ成立セルナリ。ソノ附属書類中ニハ先ツ撫卹金、銀十万両ヲ交附シ、其他ノ道路家屋等ニ対スル費用四十万両ニ関シテハ十一月十二日即日本国ノ十二月廿日ヲ期シ、日本軍ハ全部を撤退シ清国ハ銀両全額ヲ交附スル旨、並ニ同国ノ兵全部撤退ヲ了セサルニ於テハ、清国モ銀両全部ヲ交附セサル旨ヲ声明シ、上奏ヲ経テ彼此署名捺印ノ上、各一葉ヲ保有スルコト、シ、本月廿一日議定レリ、伏シテ査スルニ、本案ハ日本ノ背盟興師ニ発セルモノニシテ、我海疆ノ武備ニシテ恃ムニ足ルモノ有ラハ弁論ノ要モ無ク、決裂ヲ虞ル、カ如キ事無カルヘキニ、今ヤ彼ノ理由ヲ明知シ、我備ヘノ不足ヲ悲シムモノナリ。台湾事件突発以来屢々甲鉄艦ヲ購入セルモ尚充分ト為シ難シ。沈葆楨ノ所謂戦端未タ開カレサル前ニ防クヘクシテ且防クヘカラサル所ニテ、李鴻章ハ閩省ノ防備ハ必シモ武ヲ用ヒントニ非ス、総テ目前ノ大局ヲ統籌シ絶エス牽制ヲ示ササルヘカラスト謂ヘリ。且一面日本ニ就キテ見ルモ、同国ニ江藤新平ノ乱有リテ以来、招撫セラレタリト雖モ乱民多ク安穏タルヲ得ス、新聞紙上屢々同国ハ将ニ此等ノ人民ヲ台湾ノ境内ニ安置セントスト伝ヘ居リ、仍テ同使節ハ常ニ軍隊ノ服シ難キヲ謂ヒ、ソノ間実ニ言ヒ難キ隠意アルナリ。今若シ一モ得ル所ナクンハ措置甚タ難カルヘク、此輩尚清国ノ辺境ニ留ルニ於テハ我災患亦言ニ勝フヘカラス。然シテ同使節ノ原意ノ要求セル各情ノ如キハ、或ハ国体ニ関ル或ハ名ノミ然ラスシテ其実ハ取ラルヽコト、ナリ、之ニ応シテ取返シノツカサル悔ヲ招クハ為シ能ハサル処ナリ。然レトモ既ニシテ英国使節ウエード居中調停ノ任ニ当リ、給スヘキ撫卹銀ノ数量モ我欲スル範囲内ニ止リタルモノナレハ、此ノ議ニ就キテ解決セサル能ハス、我自強ノ計ハ、一日モ緩ニスヘカラサルモノナリ。(一八)

右において清が譲歩したのは英国公使ウェードが圧力を加えたこと、また日本に「言ひ難き隠意」あり、これに対し清の備えが全からざることが明かにされている。

四　談判中の大久保の心事

さしも難関を極めた日清交渉も、英国公使ウェードの仲介によって原則的に諒解した。この辺の事情については大久保の日記をして語らしむることが最も適当であろう。多くは簡潔なるかれの日記が、この日(十月二十五日)のものが特に長いのは、その心持を示しているものといえよう。英国公使官邸を辞したのが午前一時だというから、それから帰って書いたものである（日記は註一九参照）。牧野伸顕伯の談に、大久保はどんなに遅くとも帰宅後日記を書いたもので、夏の如きは家人が日記を書いている大久保を、団扇を以て煽いでいたのを記憶するとのことだ。

十月廿六日

今朝柳公使入来、昨夜英公使談判ノ形行ヲ話ス。今朝随員井上、田辺、高崎、福原、小牧等ヲ招キテ、昨日独決ヲ以テ英公使ニ談判セシ趣キヲ示ス。

英公使来館、昨夜談セシ趣、総理衙門相示シ候処、退兵ノ後金額ヲ払云々ノコト有レ之、其外文章上ノコトニ付少々異論有レ之、弁解イタシ置候。今日十二字ノ期限ヲ二字迄ト延引イタシ置候得共、猶公使ヨリ断有レ之候。（二〇）○下略

頭脳の優れていた大久保は、この独決に対する批難と問題の焦点がどこにあるかを知り、それに自問自答している。第一には大義名分の問題だ。大久保は日清戦争における勝敗の数は問題にしていなかったが、常に名義に対し深い考慮を払っていた。かれがそのまま帰れば、日本国内の人心は纏るに由なく開戦になるのは明かだが、それが日本に利益であり、また名分が正しいかどうか、それを常に顧みた。第二には金額の多少の問題であり、第三は英国公使を仲介にした問題だ。これについては大久保がいう通りに、大久保は嘗て自ら英国公使に仲裁を依頼したことがないのである。最後にかれが最も懸念したのは撤兵の事だ。「殊ニ兵隊等ニ於テハ必ス不平ヲ唱フル者アルヘシ」と考え、帰朝前に厦門と蕃地に

到り、川村と西郷に説諭せんことを決心した。
二十六日から二十九日までの日記は処理文案に関する手続き上の交渉経過だ。償金も十万両は直ちに支払い、残額四十万両は期日を定めて支払うことに決定した。

十月廿七日

今朝英公使江吉原、太田ヲ送リ、猶金額払方ノ事申含遣候。午后英公使書記官ヲ以入来、種々示談、我趣意艸案相渡候。午后書記官ヲ公使ヨリ送リ、三ケ条ハ総理衙門異議ナク、追付書翰送致アルヘシトノ報知アリ。

三字頃総理衙門ヨリ略啓来ル、本文三ケ条ノ趣ハ同意ノ趣ニテ、明日面晤ノコトヲ申来レリ。

柳公使入来、田辺ヲ招、条約艸案ヲ製セシム。

十月廿八日

今朝吉原、太田両子ヲ英公使ニ遣シ、尚条々ヲ申送レリ。午前英公使来館、金両渡方ノ事ニ付、総理衙門異議アリ、因テ其段ヲ示談アリ、公使モ考ノ趣ヲ示サル。予答テ曰ク、勘考ノ上、追刻返詞ニ及フヘシト。此ノ上勘弁ヲ加ヘ、外ニ二策ヲ立テ、二字過ギ仝公使ヲ訪ヒ陳シテ曰ク、閣下ノ配意ニ対シ、此二策見込ヲ付ケタリ、外ニ一切考慮ナシ、是件迄ハ御通シ下サレタシト。仝公使諾シテ云ク、愚慮ニ対シ御見込ヲ替ヘラレ候趣、別而忝歓入候、猶十分可ニ尽力ニトノ事ナリ。

柳公使入来、今晩十字后英公使書翰ヲ以、総理衙門ノ模様ニ付、少々文章上ノ論有レ之、明早朝恭親王江差出筈ノ由云々。

十月廿九日

今日無事。午后柳公使入来。六字頃英公使使ヲ以書記官来ル、今日総理衙門江談合ノ趣、且公使ノ書翰持参。其趣ハ、十万両ヲ何時ニテモ相渡スヘク、四十万両ハ互ニ期日ヲ定メ、仝時可レ払云々。由テ勘考候得ハ、格別不都合ニモナク候ニ付、委細承知ノ旨ヲ以テ返詞、明朝公使館ニ至リ直談ニ可レ及ト申入レタリ。

右治定ノ上ハ、明日書記官ヲ衙門ニ遣シ、条約艸案ヲ総衙ト内談イタサセ、明後日調印ノ運ニイタシ、十二月朔日ニ発足ト取究タリ。

福原大佐、岩村高俊、小牧昌業ヲ調印出来次第先発、本邦江報告スヘキト決シタリ。尤芝罘滞舟玄武丸ヲ以直行、小子ハ飛脚船ヨリ上海江参リ、十万両収手ノ運ヲ付、蕃地江廻歴、西郷都督江撤兵ノコトヲ談シ候含。尤厦門滞船、河村中将江モ仝断ナリ。小是我職掌ヲ尽シ、長崎ニテ大隈参議、西郷都督約束、若此件ニ付、国難ヲ生セハ、小臣其責ニ任スヘキト復命セシ言語アレハ、退兵ノコト迄モ運ヒ付カサレハ任ヲ終ルト言フ可カラス、由テ此ニ決スル所以ナリ。諸事都合能退兵ニ至レハ、始而小子ノ責任ヲ全フスト云ヘシ、若退兵ノ事ニ於テ不都合アラハ、小子内外ニ対シ、天地ノ間ニ立候事能ハサルヘシ(二二)。

ここでも彼はまた退兵の事を最も重視している。「退兵ノコト迄モ運ヒ付カサレハ任ヲ終ルト言フ可カラス、由テ此ニ決スル所以ナリ。諸事都合能退兵ニ至レハ、始而小子ノ責任ヲ全フスト云ヘシ、若退兵ノ事ニ於テ不都合アラハ、小子内外ニ対シ、天地ノ間ニ立候事能ハサルヘシ」、その心事は極めて真剣だ。

三十日に大久保は田辺、太田を総理衙門に送って条約案を携帯せしめた。清国政府は同夜奏聞して皇帝の裁可を得、翌日調印すべき旨を答えた。これに関する大久保の日記は例によって、極めて簡潔にして、精密だ。

十月卅一日

今日午前鄭書記官ヲ総理衙門ニ遣シ、調印ノ都合、且台地江陣営引渡方ノ手順ヲ聞シム。四字前帰ル。条約書伺済相成候ニ付、今日ニテモ差支ナクハ可レ参トノ事故、則柳原公使、鄭書記官、太田鉄道頭仝行、総理衙門江至ル。条約調印相済互ニ取換シ候。是迄往復公文互ニ返却済候。上海税関ニ於テ資銀相払候書面相受取候。今日者既往ハ話セス、今般議論合同調印之運ニ相成、両国ノ大慶、人民ノ幸福、実ニ満足ニ堪ヘス、爾後益親睦ヲ厚フセンコトヲ希望セントノ意ヲ述ヘタリ。答ニ御同様満足、両国ノ大幸ト存候、是迄之事仮令ハ浮雲ノカクルカ如シ、忽晴テ是ヨリ益輝クヘシト云々。別ニ臨ミ、彼ヨリ李鴻章ニ此度ハ尋問イタシ呉トノ意、幷互不レ侵二越疆土一トノ義ヲ守ルヘシ云々ノ意ヲ書面ニテ示セリ、小子之ヲ諾ス。

列席文祥、董恂、沈桂芬、毛四人ノ大臣列席ナリ。小子不㆓容易㆒重命ヲ奉シ、八月六日横浜ヲ発シ、九月十日北京ニ着、数度往復談判、両度破ニ及、終ニ今日和議成、条約調印相済ミ、実ニ安心無㆓此上㆒。且聊任命ヲ全フスルヲ得、只々国家ノ為可㆑賀之至。是迄焦思苦心言語ノ尽ス所ニアラス、生涯又如㆑此ノコトアラサルヘシ。顚末ハ弁理始末ニ明カナレハ委事ハ不㆑記此日終世不㆑可㆑忘ナリ。六字別ヲ告、互ニ両国ノ祝賀ヲ述、欣然トシテ手ヲ分テリ。

帰館食事ヲ終リ、則、吉原子ヲ伴ヒ、英公使ヲ訪、段々厚意ノ忝ヲ謝シ、漆器ヲ送ル。書記官江モ全断。公使大ニ歓喜セリ。(三二)〇下略

冷静なる大久保が「生涯又如㆑此ノコトアラサルヘシ……此日終世不㆑可㆑忘ナリ」と書くところに、かれの当時の心境を写しえて余りがある。三十一日、かれは陸軍大佐福原和勝を帰朝、報告せしめることにし、自らは十二月一日北京を出発した。福原に託した黒田への書面には、刻苦して得た賞金五十万両の内、四十万両は無条件で清国に還すことを提案したのは後に書く如くである。

五　パークスの征台観

明治政府の征台事件に対し第三者たる外国側はどう見ていたか。米国については我らは

すでにデ・ロング公使とビンガム公使との立場の相違を見て来た。ここでは、駐日英国公使パークスの意見を紹介することは興味があろう。パークスは大久保の力量を最も高く評価している。パークス伝の著者が、

薩摩の、位置の高からざる武士にして、当時における他の如何なる政治家よりも——恐らくは木戸を除けば——明治維新の終局的達成に功労ある大久保市蔵は……(二三)

と形容し、あるいはまた「維新革命の他のすべての政治家よりも、その手腕において、また道徳的勇気においてはるかに傑出しているところの木戸と大久保とが……(二四)」といっているのは、やがてパークスの大久保に対する考えとも見ることができよう。

パークス伝の著者は、柳原はその態度が強硬だったが、「大久保はより平和的な(しかし秘密の)訓令を持して舞台に現れた。日本政府は事実、台湾事件《フォーマサン・ゲーム》が蠟燭の価値もないことを発見したのである(二五)」といっているが、大久保の使命が平和的であったかどうかは、その人の解釈によって分れるにしても、別に秘密訓令を携行しなかったことは、既述の経過によって明かだ。(二六)

パークスはその頃、しばしばシナに在る友人ロバートソン(Brooke Robertson)に書翰を送っている。ロバートソンの息子がパークスの下に働いていた関係もあって、その考えを遠慮なく書いており、したがって日本の征蕃事件にも好意を有していない点を露出させている。書翰は四月十四日附に始まる。

○上略 日本人は彼らについて語られること全部を信じ、これを彼ら自身の想像で増大するの誤りを侵している。そしてこの結果、彼ら自身の小島が、彼らを入れるのに小さすぎると信じている。この事は、この愚かな征台事件を例にとることによって、字義なりにも、形容的にも事実なのである。この問題について、彼らは自己の自惚れと、そしてちょうどこの自惚れに当てはまる勧告、即ち主として例のル・ジャンドル(that man Le Gendre)によって供給されたる勧告によって誘導されたのだ。○中略 かれはこの征台軍に最高顧問として同行した――なぜならかれを司令官にすることについては彼らは警戒していたからだ。この計画は昨秋、大使一行が北京から帰った時にあったのだが、他の大使が同じ時欧洲から帰朝し、かれ――岩倉――がその愚策であることを感じ、この問題と、征韓論とを踏み潰したのである。

然るに最近の一揆と、かれ自身に対する暗殺の企てが、その確信を動揺せしめた。かれは朝鮮に対する戦争は、日本が完成しうる実力以上のことであるのを知って、依然反対したのであるが、やむをえぬ次善の策として、日本は征服の道に進むべきであると主張する強硬連中(hot bloods)を抑えるために台湾に譲歩したのである。台湾全部を所有することが、その目的であるが、しかし予は彼らがシナがこれを黙視するであろうと考えるならば、お目出度いと言わざるをえない。それは李鴻章と、そしてシナがその多くの工廠で造りつつある船に対し好機会である。日本は国外遠距離の地において戦うに足る準備は充分でない。彼らの船は総て使い旧してしまっている。ストーンウオール号（Stonewall）は航海出来ないし、アバーデン号（Aberden）も大した価値はない。彼らが有しているのは凡てで六隻とはなく、その武器も上海及び福州で造った新シナ船のそれ等に比し非常に劣っている。それにそこには最も優良だといわれる貴君の砲艦がある。

予は日本の遠征軍はシナがその眼をこすって何事が起ったかを驚いている間に、上陸はするだろうと思う。しかし早く解決に到達しなければ、予はシナは日本人の滞在を不愉快なものにするだろうと思う。日本は作戦の根拠地がなく、港湾がない。彼らがシナ人を友人にし打狗を使うのでなければだ。彼らはその現在の兵力を運輸することができないので、その目的のために外国船を雇ったほどだ。彼らはその兵隊の装備はよくしたようだ。〇中略〇

この酔狂《フレーク》の費用は非常に大だが、それに対する報酬を得ることはできない。もっとも彼らは大砂糖地——第二のキュバを得、かつシナ沿岸とシナ海を支配することを目がけている。予は彼らが、ひどく失望するだろうと思う。そして失望することは充分に当然なのだ。彼らはこの事をシナに何らの通知なくして断行し、しかも来月の始めに北京に公使を送るのは軍隊を送ったことの理由を説明するためだ（二七）。

パークスの右の書面により、かれは日本の実力を見縊っていたことが明かだ。同じ対手

に対する次回の書面は六月二十三日附である。

この台湾事件に関し、日本人とシナ人は双方共に対手を欺こうとしている。彼らが戦争を避くることができれば不思議であろう。シナが少しでも胆力があれば、断乎として台湾よりの撤退を求めるであろう。戦争になれば彼らは日本を負かすことは容易だ。しかし彼らは胆力がないから、少くとも極端な方策に対し嫌悪すること甚しいから、姑息の態度を持するであろう。勿論、日本には立派な理由はない。それは単に便宜主義から台湾へ行くというだけのことだ――それらはサムライを満足させるためである。何人も彼ら○《武士》が朝鮮に行くことを遮るものはない、彼ら自身を除いてはだ。彼らは朝鮮人を脅かす。そしてまた彼らが朝鮮に行けば結局は蹴倒されることは疑いなかろう。しかしシナにおいて外国人はシナ人に怒っているから日本人に同情し、ここにいる外国人は同じように日本人に不満を有しているから、かれらの自惚れの鼻を折られることを悲しいとは思わないのだ――世界はこうして動いて行くものなのだ。(二八)

パークスの皮肉で、冷笑的な態度は、この書面によく出ている。こうした態度が、かれをして到底日本に友人を作らしめなかったのだ。かれの次の手紙は七月二十一日に書いている。

早速だが、ル・ジャンドル「将軍」は秘密要件を帯びてこのグレート・レパブリック号（Great Republic）で出発する。かれは広東と福州の総督及び他の地方官に働きかけ、乃至は嚇かすためである。同時にまた軍備の程度を観測するためである。日本官界におけるかれの位置は全然不明で、不規定である。かれは自ら凡ゆる名称を以て呼んでいる。二等官ともいっているが、それが何を意味するものであれ、かれは単に冒険者にすぎない。〇中略そして今や台湾遠征が予期されたようにならないので、聊か信用を失って来ている。予はシナ人が日本人の歓心を買わんとするほど馬鹿でなかるべきことを心から信ぜざるをえない。

日本政府は台湾に止るべきか、撤退すべきかについて意見が二つに分れている。予は彼らが止まるだろうと考える。もっとも彼らはシナが、彼らの小数兵力に対し突然襲撃し来て、鏖殺《おうさつ》する如きことなきかに怯えているのではあるが。(二九)

九月十五日附の手紙には、

予は箱館に行って帰って来た。政府は大久保の結果に対し、息もつかずに見守っている。そして今頃までにはシナが譲るか、それとも彼が旅券を請求するかの結果を待っているのだ。〇中略延びれば延びるほどシナには有利であり、日本にとっては不利益だ。従って日本は解決か、衝突かについて急いでいるのだ。予は衝突に結果するだろうと思う。その場合には日本はどこを先ず攻撃するだろうか。上海か、それとも北京か、素より北京であろう。何故なれば英国も仏国も、そこに行ったからだ。ただし季節の遅くなったことが、さような行動を不可能ならしめる。(三〇)

パークスの右の手紙の中には箱館に行って対岸の露国と朝鮮を思い、「朝鮮がいつかは彼らの手に落ちないだろうか」との疑問を起している。また台湾事件については談判が破裂するだろうと考えている。その次の手紙は十一月十六日に書いた。

予は君の五日の手紙を拝見した。それ以前に問題がウェードによって解決されたことを知った。彼の成功は慶賀されねばならぬ。日本は自ら創造したる最も重大なる困難から逃れたることについて彼に感謝しなくてはならぬ。しかしながら予は如何にしてシナのために喜ぶべきかを知らぬ。シナは惨めに失敗した。予はシナは結局、日本が台湾から撤退することを条件として、その泣声をやめる可能性のあることは考えたが、しかしシナが侵略されたことに対し、償金を支払うことを肯んずるとは、確かに期待しなかったのである。

しかしながら現在においては、我らはこれで諸種の紛争から救われた。予は国交が断絶した後において、ウェードの努力によって問題が解決したのを喜ぶ。(三二)

パークスが「シナが侵略されたことに対し償金を支払うことは期待しなかった」とは、一つの名言である。かれの台湾問題に関する最後の手紙は十二月十四日に書かれている。

幸福は、確かにそれに値しないところの日本にあった。予はこの老大国が、その正当なる主張を持ちながら、国家群中の最も若い国に譲ったのを悲しまざるを得ない。予は戦争のなかったのを喜ぶ。しかし日本は償金を得なくても、和平を喜んだであろう。

償金については日本自身が、さような請求権がないことを知っているのである。(三二)

右の数次に亙る書面によってパークスは日本政府の行動に反対していたことを知りうる。パークス伝の著者はこれを弁解して、政府の多くの閣員の間にも反対意見はパークス同様にあったのであるが、ただ彼らはサムライの意見と歩調を合せざるを得なかったに過ぎない、と言っている。(三三)

六　在清外人の交渉批判

しからば北京に在る外人及び後世の西洋史家はこの事件をどう見るか。まず征台事件そのものの理由については、充分な根拠がないと考えているものが多い。*The Foreign Relations of the Chinese Empire* の著者モースは「最も薄弱なる口実の下になされたる台湾派兵は……」と形容し、(三四)又前掲パークス伝には左の如く書いてある。

台湾への派兵が単なる海賊的襲撃であることは疑う余地はない。琉球人が果して日本の国民であるかどうかというその事が問題である。もしそうであればその是正は、まず外交的方法を以て進められねばならぬ。しかし遠征は何らの通知なくして行われた。(三五)

日本の征台の理由に対する疑問は右によって二つあることが分る。一つは琉球が日本領土であるかどうか不明である事、他は仮にそうであっても何故にまず外交交渉によらなかったかという点である。第一の琉球の帰属については史家はいう。

この日本の属領としての一線をなす島は、何世紀にも亙ってシナと日本に貢物を納めて来た。貢物は西暦一三七二年にまずシナに送られ、それから一四五一年に日本に送られた。琉球王は一四〇三―一四二五年の時より、シナ皇帝により冊封を受けていたのである。しかしまた一六〇九年には薩摩藩主によって征服され、その時から歴代の琉球王は日本からも冊封を得ていた。(三六) 琉球はそのシナとの古い聯絡から、地図には普通に Liuchiu, Luchu, Loochoo, Lewchew 或は Liukiu と呼ばれていた。現在の所有者たる日本人はこれを Riukiu と言っている。(三七)

しかし正面の理由如何を問わず、シナにおける外人はこの日本の征台の挙に対し必ずしも反感を有していなかった。それはシナがこれによって懲り、外国に対し門戸を開放することを希望していたによる。それは多分に外人自身の利益のためであるのは言うを要しない。外人の意見を代表するものとしてハート (Robert Hart) からその友人に宛てた書面がある。

(一八七四年〔明治七年〕七月三日附) 日本人 (Japs) は台湾にいる。総理衙門はこの征蕃行為を否認する。日本は進むべきか、退くべきかを知らぬ。シナ人は日本と戦うべきか、それともどうにかして追い出すべきかを知らぬ。これが現在だ。その結果として生れたのは今までのところ福州の総督《バイセロイ》が、シャープ・ピークから福州まで電信線の敷設を許しただけだ。いま一つ言って置きたいのは日本における外国公使は、遠征が日本に益する所なしとてこれに反対であり、これに対しシナにおける外国使節はそれがシナに利益するであろうと考えてことごとく遠征に賛成であることだ。いずれにしても遠征は既に事実でありそしてそれがシナの長い眠りを揺り動かしていることは事実だ。(三八)

(一八七四年八月六日附) 日本弁理公使は今や当地にあり、そして冬までには二国が戦争か平和かの問題を解決するだろう。今までのところ征台遠征はシナの利益になったことは疑えない。福州の陸上に電信を敷設したことだけでも、シナの閉鎖されたる門戸を開放したのである。予は彼らの面前に閉された他の扉も、同じ圧力によって開かれることを望む。(三九)

右の在清外人の希望に反し、清国は依然として、その政策を変更しなかった。そして結局、日本に対して譲歩した。清国の外交は、従来、圧力を加えられればこれと正面的に戦う代りに、まずその中に引入れられて紛争を惹起することを懼れ、その関係を断つ方に進んだ。征台事件に関し清国側の誤謬は何れにあったか。モースはこれについて論ずる。

シナ政府は誤謬を敢てした。その一理由は軍隊派遣の費用を惜んだからであるが、他の理由は、政府の組織が国家問題を政治家的に処理し得なかったことにあった。天津にある李鴻章は、より賢明なる道を予見し、その忠告は健全であった。かれの兄弟は福州の総督であって、台湾はその支配下である。もし恭親王が李鴻章に相談すれば、かれはよりよき忠告を与えたであろう。期日が遅くなってから、シナ政府はその態度を変えた。西郷が厦門から台湾に赴くことを通知して来たのに対し、福州総督は「台湾はシナの領土であるから、これらの生蕃を懲罰するのは偏にシナの責務である」といった。二、三日の後、恭親王は江戸政府にコミュニケを送った。（中略）シナ政府は今や、前の態度の誤っていたことを覚るに至った。彼らは台湾に軍隊を送ったのであるが、しかしその場合にもなお戦争を恐れていた。[四〇]

（註）八月二十五日から十一月十七日の間において一万九百七十名のシナ軍隊が南台湾に上陸した——Report on trade of Takow, *Custom Reports*, 1874.

右によってみると、清は台湾に兵一万九百余名の兵力を送ったのを観るべきだ。しかも清はなお三千に満たざる日本兵力と戦うことを懼れていたのである。

ここで、その「進言が健全」だったという李鴻章の対日態度について一言する必要がある。J・O・P・ブランドはロバート・ハートの秘書をしていたことのある英人著作家であるが、その李鴻章伝において論ずる。

李鴻章はその初期外交官時代においては、日本の使節に対する関係は、西洋諸国のそれとは、甚しく異なった主義の下に行わねばならぬことを認めた。かれの政治に対する誤らざる本能は、一八七四年（明治七年）以前においてすらも、英国や仏国の軍事的冒険と、日本の必然的膨脹の底に横わり、これを決定する人種的、経済的力との間には重大なる相違があることを認めたのである。シナが大日本の最初の力と野心とを認めるべき機会を有したのは一八七四年であった。その時李鴻章は日本が最も薄弱なる根拠を以て台湾を侵略したのに対し、日本兵力に償金を支払って解決し、シナの無防備の状態を世界に隠蔽したのである。その年また、かれはかれが欧洲人と交渉するに当って、その目的を貫徹するのに効果のある遁避と婉曲の方法が、日本人に対しては無用であることを発見した。日本人自身が東洋外交の技術においては大家である。日本大使副島は台湾問題解決を政府に託されて来たのであるが、かれは李と交渉することを鄭重に、しかし断乎として拒絶し、中央政府を対手にすることを主張した。その後に北京に赴いた大使（大久保の事）は天津総督を訪問するの労をすらも惜んだ。日本人との最初の経験によって李は、かれの本能的嫌悪と、恐怖を増すに充分なる侮辱を感じた。かれの後半生においてかれが制圧的武力を広告することにより彼らを侮辱せんとの絶えざる努力を試み、また重に日本の野心によって脅威さるる領域における権益を、他の列強に譲って、日本を牽制せんとしたのは、こうした原因によるところが多いのである。

かれの外交生活のあらゆる面を通じ、我らはかれが東洋から来る危険は、西洋からのものよりも、遥かに恐るべきものであるという事実を認識した証跡を発見することができる。かれは欧洲列強の権益と野心は、日本のそれと異なって、シナの費用において領土的膨脹をなすべく中心化しておらないと考えたのである。(四二)

李鴻章の一生の政策が、その時に日本から受けた印象によって決定さるるの一重大原因をなしたとするならば、征台事件は征台事件に終らなかったのであり、大久保が償金を返却してまでその国交を整調せんとした意味も解し得よう。

しからばこの北京会談の処理について外人史家は如何に観るか。前掲のモースは論じていう。

この解決についてウェード氏はすべての方面から、あらゆる讃辞を得た。日本はまた、日本がなお準備なく、不注意から陥ったところの紛争から逃れ得たことを慶賀された。シナは憐まれた。

「如何にしてシナに祝賀の意を致すべきかを予は知らぬ。〇中略予はシナが侵略されたことに対し償金を支払うことを、確かに期待してはいなかった」と、パークスはロバートソンに書いた。最も鋭敏なる観察は、恐らくは、この事件の特徴が、シナの次の四分の一世紀の歴史を規定したとしたものにあろう。〇中略これより、もっと重要なることは、この償金を支払うことは、過去五世紀に亙って貢物を納めたところの琉球を暗々裡に捨て去ったことである。そしてそれは総ての附庸国(Tributary dependencies)

即ち雲南、朝鮮、緬甸《ビルマ》を次ぎ次ぎに捨て去り、さらに満洲、蒙古、西蔵の位置にまで及ぶところの先駆をなした点にある。[四二]

すなわちこの征台事件の結論は（一）日本が準備整わざる戦争に捲き込まれざりし事、（二）シナの実体が世界に暴露された事、（三）シナがその附庸国を捨去ることの端緒を開いた事の三つが、この史家の数えるところである。

（一）『大日本外交文書』第七巻　一八七頁。
（二）「使清弁理始末」（前掲、一三四頁）。
（三）同上、一三五―三六頁。
（四）同上、一三六頁。
（五）（六）　同上、一三九頁。
（七）（八）（九）　同上、一四〇頁。
（一〇）　同上、一四〇―四一頁。
（一一）（一二）　同上、一四一頁。
（一三）　同上、一四二頁。
（一四）　同上、一四一―四二頁。
（一五）　Correspondence respecting the settlement of the difficulty between China and Japan in regard

to the Island of Formosa. *Parliamentary Papers*, issued by the Houses of Parliament of Great Britain and Ireland.

（一六）「以二書翰一致二啓上一候。然ハ台湾蕃地ノ兇徒問罪ノ儀ニ付、我政府ト清国政府ノ意見齟齬ヲ生シ、談判鬱結遂ニ好和難二保存一場合ニ立到リ候処、北京駐箚貴国全権公使閣下我弁理大臣ト彼諸大臣ノ間ニ御周旋有レ之、別紙ノ通協議相整互ニ条款ヲ交換候旨、右弁理大臣ヨリ官員令二帰朝一、昨日到着、今日及二具状一候間、入二御内覧一候。右ハ我政府ノ趣意貫徹致シ両国ノ幸福ニ至リ候儀、右貴国全権公使閣下ノ御尽力不レ少儀ト存候。依レ之不二取敢一一応及二陳謝一候条、貴政府幷在北京貴公使閣下ヘ可レ然御伝致被レ下度、右謝詞申進度如レ斯候」（『大日本外交文書』第七巻　三一〇―一一頁）

（一七）「公使ヘ

台湾蕃地ノ兇徒問罪ノ儀ニ付、我政府ト清国政府ノ意見齟齬ヲ生シ、談判鬱結遂ニ好和保チカタキ場合ニ立到ルノ処、北京在留貴国公使我弁理大臣ト彼諸大臣ノ間ニ周旋有レ之、協議相整互ニ条款ヲ交換候旨大久保ヨリ官員ヲ以テ報知セリ。朕カ和好ノ趣意貫徹シ両国ノ幸福ニ到候儀貴公使ノ尽力不レ少儀ト深ク満悦致スノ意ヲ貴政府幷北京貴公使ヘ伝ラレン事ヲ望ム。

公　使　奉　答

厚キ　勅ヲ蒙リ臣ニ於テモ感喜　勅旨ヲ詳カニ北京在留我国公使ヘ伝達スベシ。

北京在留我国公使ノ周旋

叡慮ニ叶ヒ玉シ事、我国皇帝陛下聞及ハ、満足イタスベシ。

台湾一件八ケ月ノ後如レ是平穏ニ纏リ、貴政府ハ勿論貴国臣民ノ幸福ナルベシ。

茲ニ至テ外国トノ交誼ノ裨益アル事ヲ
陛下了察シ玉フ事ト信ス、之ヲ以テ尚両国の交誼精密ニ至疑ヲ容レザルナリ」（同上　三二一―三二二頁）

（一八）『日支外交六十年史』第一巻　一〇九―一一四頁。

（一九）「十月廿五日

今朝樺山子、比志島子、児玉子、福島子発足。福島ハ上海江、樺山、比志島ハ厦門ヨリ台地江赴ク筈。午後孛公使、仏公使江尋問暇乞ノ為ナリ。孛公使江ハ形行ノ談ニ及、本国江申送ルトノコトナリ。仏公使ハ留守中ナリ。柳原公使入来

今夕五字比英国公使来館曰ク、昨日閣下御入来、支那政府ノ談判到底彼証書相認ルヲ拒ミ候ヨリ不レ得レ止破談ニ及ハレ候趣承知仕、若両国ノ交際相絶候時ハ如何可レ成行レ哉、両国ノ大事ハ勿論我人民上利益ニ係候故、総理衙門ニ至リ只今迄大臣江弁論致候。就而各大臣ヨリ頼ヲ受参館イタシ候。其趣意ハ金額五十万テールヲ出シ書面ヲ認ル事ニ決定セリ。閣下之許可セラルヘキヤ如何トノ事故答テ曰ク、御厚意忝存候。従来此案件当五月以来ノ引続ヲ以談判往復ヲ重ネ終ニ去ル五日及二破談一、其後猶弁法ノ談判ニ及候処、是以去ル廿三日議論纏リ兼及二破談一候末、最早断然発途ノ用意ニ及帰朝明日ニ迫レリ。何分不二容易一大事件ニ付勘考ノ上参上可レ及二御答一旨返詞セリ。別ルニ今晩八字ヲ以テ約ス。

就テ熟考スルニ今般奉命ノ義実ニ不二容易一重大事件、談判纏ラスシテ此儘帰朝ニ及候得ハ使命ヲ終ラサル論ヲ俟タス。只至憂スルトコロ内国人心事情切迫戦ヲ朝夕ニ期スルノ勢アリ、是ヲ纏ルニ術ナク、終ニ戦端ヲ開カサル可カラサルノ期ニ可二立至一、然ルニ勝敗ノ上ハ勿論可レ恐ニ

アラス候得共、名義上ニ於テ我ヨリ宣戦ノ名十分ナラス。柳原公使覲ヲ拒ムノコトアルモ、是ヲ以テ戦ヲ交ユルノ訳ニイタラス。然ルトキハ無理ニ交戦ヲ開クニ至ルヘシ。此時ニ至リ人民ノ議論ハ不レ及レ言、外各国ノ誹謗ヲ受意外ノ妨害ヲ蒙リ、終ニ我独立ノ権理ヲ殺クニ至ルノ禍ヲ免サル虞ナシト謂フヘカラス。然レハ和好ヲ以事ヲ纏ルハ使命ノ本分ナレハ、断然独決シ左ノ条ヲ以英公使ニ答フ。

金額ハ望ニ任セ五十万テールヲ可二受納一。

皇帝ノ恩典ノ名義ヲ止メ、我在台湾陣営建築、道路築造、難民等ノ為金額ヲ払フヘキ事。

我台征ヲ義挙ト見認ル事。

台蕃事件ニテ起レル両国間ノ紛議取消ノ事。

金額ヲ払ヒ在台ノ兵ヲ撤スルコト。

此ケ条ヲ以テ論述シテ云ク、今日厚意ヲ以来館ヲ忝フシ、支那政府ヨリ談ノ趣熟考セシニ因リ、十分ノ満足ニイタラス候得共、拙者和好ヲ保存スルハ本分ノ職掌故金額ノ事ハ彼意ニ任スヘシ。因テハ名義上ノ処ニ左ノ件々ヲ請求ス。此旨総理衙門ニ伝ヘラレ度云々。公使之ヲ諾シ、横文ニ訳シ漢文ニ作レリ。就テ明十二字迄ニ支那政府ヨリ有無ノ決答アルヲ約ス。

太田書記官、吉原子同行、共ニ一字比辞シテ帰ル。此独決ニ付テハ柳公使モ異論アリト雖モ、畢竟金額ノ少キニ止マラム故ニ断然之ヲ容レス。

愚考スルニ両国ノ和好ノ存否ハ重大ナルハ言ニ及ハス、生霊ノ始末ニ関シ容易ニ決スヘカラス。殊ニ我征台ノ挙ニ於テハ人民保護上ニ起、航客ノ安寧ヲ保タントノ一大美事ニシテ他念アルナシ。然ルニ此金額多少ノ論ヲ以テ若事破レ候節ハ大ニ名誉ニ関シ義挙ノ意ヲ傷フニ似タリ。況ンヤ彼十分意ヲ曲ケシ上ナレハ、我独立ノ権利ニ於テ敢テ欠コトナシ只重ンスルトコロ名義ニアツテ金額ノ多少ニアラス。此二ツノ者ヲ以軽重ヲ酌量シ一刀両断ノ決ヲ以テスル所以ナリ。英公使仲間ニ入ルヲ以必ラス批難アルヲ免レサルヘシ。然トイヘトモ我一言彼レニ依頼セシコトナシ。前条総理衙門ヨリ依頼ヲ受内々我ニ通セシモノナレハ、我之ニ答ヘサル能ハス。尤公使ハ我意ヲ彼レニ通シ、文章上ノコトニ付テ往来スルノミ。数多ノ論ヲ免サルハ固ヨリ期スル所、殊ニ兵隊等ニ於テハ必不平ヲ唱フルモノアルヘシ。因テ今般和議調ヒ帰朝復命ノ序、上海ニ至リ金額ヲ収受シ、厦門ニ至リ川村中将ニ面晤帰艦セシメ、続テ蕃地ニ向西郷都督ニ面晤、仝シク退兵ノコトヲ説諭センコトヲ心決セリ。然ル後　天皇陛下に復命セハ是聊カ我奉命ノ旨趣ヲ貫徹スルニ近カラン」（『大久保利通日記』下　三二八—三三一頁）

（一一〇）『大久保利通日記』下　三三二頁。

（一一一）同上、三三三—三三五頁。

（一一二）同上、三三六—三三七頁。

（一一三）E. V. Dickins and S. Lane-Poole, *The Life of Sir Harry Parkes* (London and New York, 1894), vol. 2, p. 86.

（一一四）*Ibid.*, p. 164.

（一一五）*Ibid.*, p. 187.

（一一六）H. B. Morse, *The International Relations of the Chinese Empire*, vol. 2, p. 227 に、このパークス伝を引用して、大久保は秘密訓令を携行した旨を書いている。

（一一七）Dickins and Lane-Poole, *op. cit.*, pp. 190–2.

(二八) *Ibid.*, pp. 192–3.
(二九) *Ibid.*, p. 193.
(三〇) *Ibid.*, pp. 193–4.
(三一) *Ibid.*, pp. 194–5.
(三二) *Ibid.*, p. 195.
(三三) *Ibid.*, p. 196.
(三四) Morse, *op. cit.*, p. 271.
(三五) Dickins and Lane-Poole, *op. cit.*, p. 190.
(三六)(三七) Morse, *op. cit.*, p. 270.
(三八) R. Hart to E. D. Drew, July 3, 1874.
(三九) R. Hart to H. Kopsch, Aug. 6, 1874.
(四〇) Morse, *op. cit.*, pp. 271–2.
(四一) J. O. P. Bland, *Li Hung-chang* (London, 1917), pp. 157–8.
(四二) Morse, *op. cit.*, p. 275.

第七章　大久保の心事と政策

一　天津にて李鴻章と論ず

十一月朔日、大久保は北京を出発した。この朝、八時前英国公使、総理衙門大臣等が暇乞いのため来訪した。通州から乗船したのは午後二時であった。九月十日、北京に到着してから滞留正に五十二日に及び、焦心苦慮の結果、媾和条約を締結するに至ったのである。心軽く、気爽かな心情がその日記に溢れている。

十一月朔日
今朝八字前、英公使為㆓暇乞㆒入来。総理衙門大臣賈衛、夏惣大臣為㆓名代㆒暇乞トシテ来尋。八字旅館ヲ発シ、公使館ニ至リ、是迄ノ労ヲ謝シ告別、輿ヲ発ス、随員ニハ太田鉄道権頭、吉原租税助、井上毅、高崎正風、金井権少内史、ボアソナード氏、池田、名村判任、川村、萩原（友賢）等、田辺外務大丞一行ニ列ス。福原大佐、岩村高俊、小牧昌業ハ、今朝陸地先行（欠文）二字過通州江着、船用意調居タレハ、直ニ乗船、四字解纜。九月十日北京江着、滞在凡五十日余。実ニ重難ノ任ヲ受ケ、困苦不レ可レ言、幸ニ事成局ニ至リ、北京ヲ発シ、自ラ心中覚レ快。嗚呼如レ此大事ニ際ス、古今稀有ノ事ニシテ、生涯亦無キ所ナリ。舟中無事、此日天気殊ニ平穏、秋天高霽、四望浩々如レ海、往事ヲ思、将来ヲ考、潜ニ心事ノ期スルアリ。晩景登岸、行歩里許。(一)

「往時ヲ思、将来ヲ考、潜ニ心事ノ期スルアリ」とは、かれが四望浩々海の如き日本の将来と、その政務に当る決意とを、シナの風物に対して新たにしたものであろう。

十一月二日は船中であった。その日記にいう。

十一月二日

今朝夢覚、蓬窓寒透、昨夜来船行速ナリ。吉原子来船閑話ス。

舟中偶成

星使乗レ竜馳ニ北京一、　黒雲堆裏蹴レ波行
和成忽下通州水　閑臥ニ蓬窓一夢自平

又

国運元有ニ興隆期一　偉業十年終不レ違(二)
一夜濤声西海響　猶鳴ニ球上一立ニ皇基一

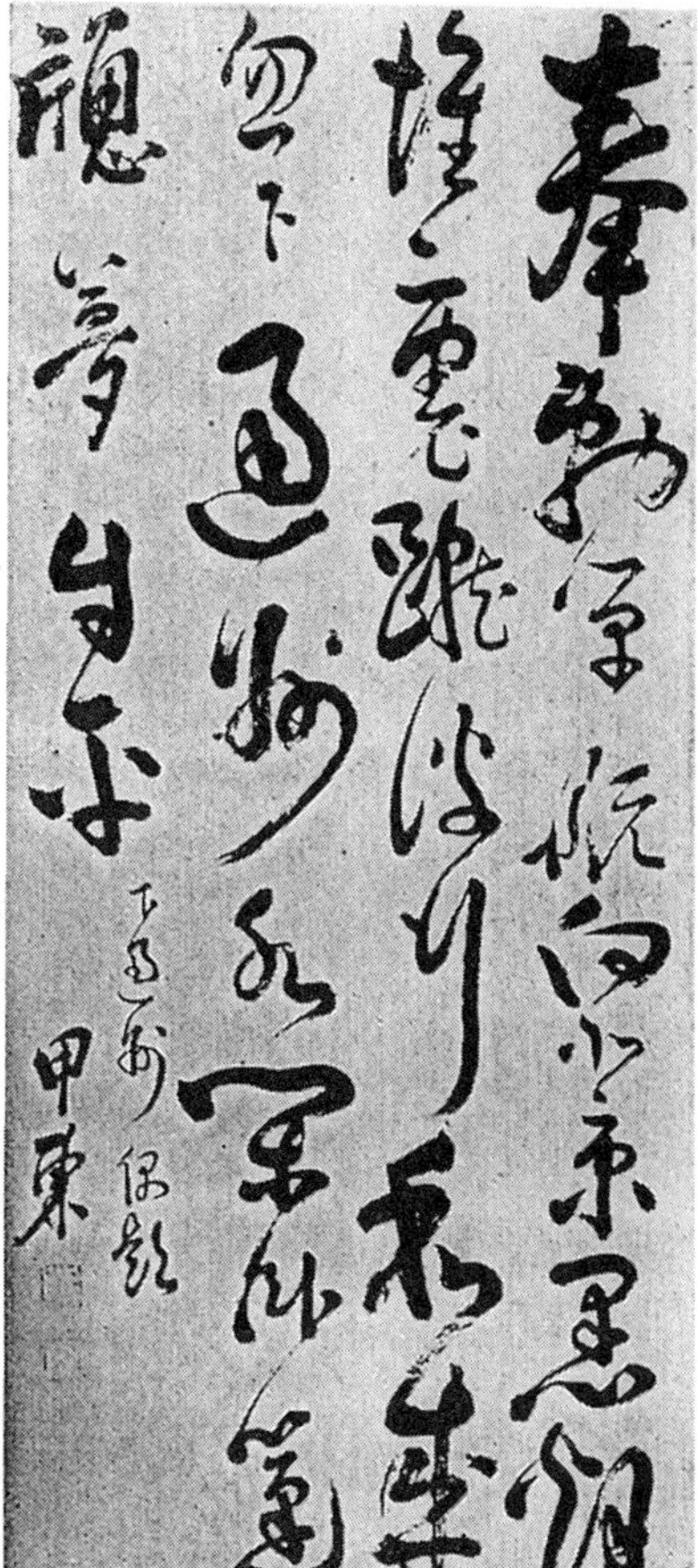

下通州偶作

後に最初の詩の起句は奉レ勅単航向二北京一と改められた。星使乗レ竜というのは竜驤艦に乗ったことからの思い附であろうが、これを訂正したのは控え目の大久保として、使節に成功した後、星使乗レ竜という如き華々しい文字に自ら忸怩たるものがあったが故か否か。（三）

十一月三日、天津に着して米国領事館に投宿した。そして太田訳官を伴って李鴻章を訪問した。前にも書いたように往行には李を訪わなかった。しかるに三十一日の調印の時に、今度は李鴻章を尋問してくれとの清側の希望があった。大久保は素よりそれを心得ている。門内に入ると天津道台孫子（士）達その他が出でて案内し、李は階前に出て迎えた。この時の会談を大久保日記によって掲載しよう。

大久保　今般滞京中諸大臣ノ厚意ヲ蒙、殊ニ和議相調満足ニ堪ヘス、今日大人ヲ見ル、歓何物カ如レ之。

李　両国ノ為ニ賀ス、我何之用ヲ成モノニアラス、又云、北京滞留数日、御心中如何。

大久保　厚意ヲ受、快然消光セリ。

李笑云　閣下量大ナルカ故ナリ、又云、伊達（宗城）、副島公江別テ厚意ヲ受、副島ハ材アリ、気量アリ、乍レ去閣下ノ御手涯遥ニ増レリ。

大久保　赧顔ニ堪ヘス。

李　貴国ト我国ハ、唇歯ノ国ニシテ離ル可カラス、我見ル所アリ、条約互款ノ時、種々ノ論アリトイヘドモ、断然論破シテ終ニ条約成レリ。今後信ヲ厚フシ、親睦ヲ固フセン、是我カ初メヨリノ素志ナリ。

大久保　固ヨリ仝意ナリ、既往ハ姑ク置、是ヨリ一層ノ信ヲ結ハント欲ス。雨降地固ノ俗語アリ、此事アツテ却テ両国ノ幸ナラン。請見ヨ、我為ス所、果シテ信アルカ、信ナキカ。

李　如レ此ナラハ則両国ノ一和疑ヲ容可カラス、然ラハ貴国ノ事ハ閣下之ヲ任セヨ、当国ハ我之ヲ任セン。事ヲ為スハ一人ニ任スルニ非サレハ、貫徹スルモノニアラス。

大久保　諾。

李　貴国着眼速ニシテ万事ノ運斉成ス。我国ハ御承知之通、国古フシテ旧弊固結、改革容易ニアラス。直隷州ノ如キハ我意ニ任ストイヘドモ、十分ヲ成スコト能ハス。

大久保　察レ之、然トイヘドモ閣下任シテ今後ヲ着手、一度翅ヲ揚ルコトアラハ、何物カ敵レ之。我小国ナリトイヘドモ、協力同心セハ、亜細亜ノ勢ヲ東方ニ及サンコト、又難キニアラスト思フ、是我真ニ希望スルトコロナリ。

李　然リ、閣下能ク之ヲ欲セハ、実ニ歓喜ニ堪ヘス、近ヲ親、遠ニ疎ナルハ自然ノ理ナリ。貴国ト我国万事途ヲ殊ニセス、親マスンハアル可カラス、既、今般台湾ノ事件ノ如キ、欧人種々ノ説ヲ以、日本ノ為ス所ヲ否トシ、小銃、弾薬等ヲ頻ニ進メリ、実ニ益ヲ彼ニ与フ、豈拙ナラスヤ。

大久保　固ヨリ、是注意セサル可カラサルナリ。

李　貴国船舶幾艘ナルヤ。
大久保　全国大小ノ蒸汽船百五十艘ナラン、貴国ハ如何。
李　五十余艘ナリ。
大久保　貴国煤炭鉱如何。
李　莫大ナリ、貴国銅山ハ如何。
大久保　夥多ナリ。
李　我国銅山ナシ、甚窮スル所ナリ。
大久保　銅ハ沢山ナリ、若之ヲ要スルコトアラハ、我之ヲ弁セン。
李　大幸ナリ、然ラハ入用ノ節、閣下江書ヲ呈シ相願、然ルヤ。
大久保　諾。
李　閣下之ヲ諾セハ、則代価等閣下ノ言ニ任セテ可ナリ。
大久保　弁スル所ハ之ヲ弁セン、就テハ我必貴国ニ求ムルノ品アラン、然ラハ閣下ニ書ヲ呈シ之ヲ求メン。
李　是有無相通スルノ道ニシテ、固ヨリ所レ望ナリ。
大久保　弁レ之。
李　速ニ貴国江領事官ヲ送致センコトヲ期セリ。
大久保　是固ヨリ望ムトコロナリ、是非速ナランヲ欲ス。之有ラハ気脈ヲ相通スルコト速ニシテ、大ニ親睦ヲ厚フスルノ一端ナリ。

李　然リ、則台湾事件ノ如キ之レ気脈ヲ通セサルヨリ起ル所以ナリ。(四)

今まで火花を散らして相争った日清両国の両雄は、一度条約によって握手するや、その目標は相互に日清提携にあるのである。しかして李鴻章はシナの事は一人で背負う抱負あり、大久保もまた「諾」といって、日本の事は自から責任に座する決意があった。同日の日記は続く。

五字、孫子達外両人来館、李氏続テ来館雑話。今日　天長節ニ当ル、我杯ヲ把、シヤンパンヲ勧メ云、今日我

皇帝陛下ノ降誕日ニ当ル。此日ニ閣下ニ相逢、実ニ偶然ニアラズ、和好永遠ノ徴トスルニ足ル。幸ニ閣下祝シ玉ハンコトヲ望ム、彼云、妙ナリ、実ニ閣下ノ逗留日少キヲ恨ム。

畢テ告別帰館、我階前ニ送ル、握手久シ。(五)（下略）

かくて天長節の晩、十時に大久保は郵船マビン号に乗込み、翌四日天津を発し、五日芝罘に到った。同行にはル・ジャンドル、ボアソナード、吉原、高崎、井上、金井、太田その他があった。芝罘で神奈川丸に転乗して七日上海に到着、わが領事館に投宿し、十日に償金十万両を領収し、次いで軍艦日進をしてまず台湾に赴かしめて媾和の事情を西郷に通ぜしめ、自からは神奈川丸で上海を発し厦門に向った。

二　成果に対する賛否の対立

ここで我らは再び日本内地の事情を顧みる必要がある。北京談判については国内においては各自の立場から、種々の観測が行われていたし、また大久保の失敗を望んでいた者すらも少くなかった。明治七年九月、大久保が清国に赴かんとするや、大山綱良鹿児島県令は当時在京中であったが、密かに書を篠原、淵辺に贈って、その興起を勧告した。

支那との大難、海軍省の用意不二一方一候。陸軍にても同様と被レ伺候。唯今好機会と見留申候間、速に突出有レ之、無二遅々一破裂不二相成一候ては、再恢復の期有二御座一間敷奉レ存候。(六)

大久保の使命の成否がいかに国内情勢から観ても重大であったか。篠原国幹（冬一郎）はこの書面に添えて鹿児島に在った西郷に書を送ったが、これに対し西郷は左の如く答えている。

○上略支那の景況致二熟考一候へば戦には相成申間敷、唯外より見るものと談判役との両説、何れか慥《たしかなる》成やと引分候へば、柳原は最初より引受の人にて、支那の情実も委敷《くわしく》見留め候処有レ之候故、副島迄も申越候処を以相考候へば、弥《いよいよ》仕済候胸中言外に相顕候。余程文面上にも余地有レ之候故、及二破談一候気遣は有レ之間敷と相考申候。夫故大久保も出立候はん。支那の方万に六ケ敷成立候はゞ事を左右に托し、遅引可レ致候処、不思議の事と相考居候処、果て柳原一左右弥十分可ニ遣付《やりつく》ㇾ見留有レ之候故、速に腰を揚候ものと相見得申候。将又償金を言掛候筋に相見得候故、尚又金を取賦《つもり》にて是を見付候はんか、此金は取れ申間敷と愚察仕候。金になる賦なれば今一層兵力を増し、十分に戦と決し、勢ひ相付候はゞ金にも成り可レ申候。談判中に懇親の言葉多し、其間にて金談は借金の振合に候得ば無ニ覚束ㇾ事と相考申候。柳原之談判、只一局の都合は宜敷候得共、第二局の談判如何哉と相考候中に早一方にて金談に及候儀は、実に事機を不レ知ものに似たり、武官の方にて兵勢を張り立今二三大隊を取寄、十分兵威を厳重に可レ致処、却て金談を言掛ては、兵威全く減し、勝を人に譲り候ものと相考申候。和魂之奴原何ぞ戦闘之事機を不（可）レ知いはれ無レ之と相考申候。〇下略(七)

鹿児島に満腔の不平をいだいて蟄居する西郷が「和魂の奴原、何ぞ戦闘の事機を可レ知いはれ無レ之」というところにその態度を知ることができよう。

談判進行中、国内における動揺は相当に激しかった。左の一文がその一例だ。

近頃討台ノ一挙ヨリ遂ニ日支ノ争論ヲ生シ。曩ニ朝廷大久保大臣ヲ清国に派出セシ後。久敷《ヒサシ》ク其消息ヲ欠クヲ以テ。世人引領待報ノ間。紛議百出。或ハ和議既ニ成レリト云ヒ。或ハ戦端既ニ開クト云ヒ。妄想妄像底止スル所ナシ。彼ノ三井小野組合ノ如キハ窃ニ政府ノ預リ金ヲ。引上ゲラレンコトヲ恐レ。彼ノ先収蓬萊ノ会社ノ如キハ。間ニ投シテ。船舶兵器ヲ売附センコトヲ謀リ。彼ノ米商賈ハ、奸図ヲ運ラシ。其利ヲ擁セントシ。而シテ田舎武士ハ。従軍ヲ仮テ。名ヲ徼ムルニ至ル。殆ント此十旬日間甲叫《サケビ》乙呼《ヨバル》。其混乱云フ可カラズ。乍チ一電信報アリ和議既ニ成リ、支那政府償金ヲ出スト。(八)〇下略

かかる時、和議の報があったのだから日本政府当局者の喜びは勿論である。この喜びは、特に責任の一部を分担する岩倉において然るものがあった。十一月十二日附の岩倉の大久保宛の書翰がこの辺の消息を伝えるものがある。

一翰拝啓、時気弥寒冷に向ひ、殊に異域水土之変換動静如何と懸念罷在候処、愈御清健之趣、在清書信及過日帰朝官員之口頭に由り詳悉《しょうしつ》承知不レ勝二抃喜《べんき》一候。聖上倍御安泰被レ為レ渡、御国内至而静謐御降心有レ之度、従而迂生依レ旧頑健奉職罷在候間御省念被レ下度、然は今回皇清両国之事案古来未曾有之大困難、結局如何之形勢に可二立至一哉と日夜苦慮罷在候処、頓に平和に帰し、且御国威益隆盛を表し候運ひに立至候事、是れ偏に祖宗之御冥護今上之御稜威に依る所とは乍レ申、足下憂国之赤誠、愛君之忠純は前きに丁卯復古之際に現はれ、今復大に斯に発揚する者に有レ之、上は宸襟を慰安し奉られ、下は蒼生陥溺之苦を免れしめられ候段、前古無比之大功に而叡感殊に浅からす、迂生の如き曾て死生を共にせん事を誓約せし輩に於ては、為二国家一大慶は申迄も無レ之、今日之如き大愉快は無レ之候。其実蹟は数回之信書中に詳悉にして、始終

御遺算無レ之段真に感伏に不レ堪候。今夕勅使将に解纜せんとす、匆々寸楮《すんちょ》を裁し以て国家之大慶を称し、併せて動履之安寧を祝し申候、間道蕃地は瘴癘《しょうれい》之郷、強健を化して羸弱と成すと、暫時之御滞在とは乍レ申、頗不レ堪二憂念一候。千万為二邦家一御自愛有レ之度致二希望一候。不レ遠拝顔を期し、既往を顧み将来を慮り、千言万語可二相述一と存候。先は擱筆致候。頓首再拝。(九)

岩倉が満悦したのは無理がないとして、大久保と議合ずして山口に引あげた木戸孝允が、自分事のように喜んだのは、国家のためには常に私情を顧みざるかれの真骨頂が現われている。かれの日記にいう。

同○十一月十八日　○中略伊藤博文、井上馨より書状到来、台湾一条終に平和に帰し、支那より五十万テールの償を出せり此金七十万円に当ると云、台湾一条の費格に比するときは十分九の不足を出し、纔《わずか》十分一の償なりしと雖も、一端開レ釁《きん》ときは、幾千万の費に至るを知らず、人民の大不幸、実に可レ患。幸にして帰二平和一。人民之大幸、真に可レ悦々々。(一〇)○下略

木戸は大久保に対してその後左のような書翰を出してその成功を祝った。

○上略然ハ昨年来不二容易一御苦慮之末、当春重而又外征之被二仰出一有レ之、一旦啓釁之上ハ全国之人民各々対国之務、元より難レ被レ免義ニ御座候得共、事之難易長短ニ関係候而ハ、国勢之退歩実ニ如何と旦暮深く煩念罷在中候処、頃日老台之御尽誠ニ而平和之場ニ落着、名義も明かニ相立候趣伝承仕、実ニ国家億兆之幸福無二此上一次第と不レ堪二

雀躍之至ニ、為二天下一奉二慶賀一候、従来兎角不レ得レ止之情態より終ニ艱難を醸成し、不二容易一御苦慮と相成実ニ恐入候事不レ少、宇内之大勢已に御一視被レ為レ在候通、各国亦強弱貧富大に懸隔、然して此強弱貧富を不レ問、真ニ其間ニ独立之権利保有仕候事ハ、必其実蹟無レ之而ハ不二相成一、熟我　皇国之有様を想思仕候ニ、民未愚ニして国亦貧し、其内都鄙之形勢も同日之論ニあらず、前途また甚悠遠、何卒投二今日之機一将来不動堪忍沈着百年之御目的被レ為レ立候ハヽ、国家後世之大幸無二此上一と只管遥ニ仰願仕候。(一一)(下略)

政府はまたその一同の名を以て、帰途にある大久保に書を与えて感謝の意を表するところがあった。即ち左の通りである。

(上略)今日ヨリ追想候テモ、其困難千状万態筆記ノ外ニ隠然有レ之、然ル処大事結果此ニ至リ候ハ、全ク足下尽力ノ所レ致ト一同不レ堪二感賞一候。御渡清後ハ毎信申入候通リ、朝野トモ開戦ノ覚悟ニ日ヲ送リ、就中去月中旬以来ハ、海陸軍省其他処蕃関係ノ向々ハ諸般取調、寸時ヲ争ヒ来信ヲ相待候処、去ル八日上海ノ電信到着、殆ント隔世ノ思ヲナシ申候。国家ノ隆運人民ノ洪福不レ過レ之。(一二)(下略)

しかし大久保の北京談判について上下一致してその成功を称えたと見るのは素より当らない。当時、北京に在った樺山資紀の如きは、北京談判の模様を目撃し憤慨措く能わず、書を桐野利秋に与えて「大久保の近状見るに忍びざるものあり」といった。(一三)大久保を暗殺

せる島田一郎の斬姦状に挙げた五罪の中に「外国交際ノ道ヲ誤リ以テ国権ヲ失墜ス」とあり、台湾事件をあげて、

台湾ノ役ノ如キ抑モ何ノ所為ソ、徒ニ武ヲ瀆シ、兵衆ヲ傷残シ、国財ヲ耗費シ、竟ニ支那ノ籠絡スル所トナリ、道路修繕等ノ費ト名ケ僅カニ金額ヲ収取シ、反テ内国ニ広布スルニ償金ト号ス、其人民ヲ欺ク何ソ一ニ斯ニ至ルヤ。(一四)

といっている。いわゆる対外硬派は何れも、こうした立場を代表していた。

当時の『評論新聞』はそれらを代表して最も辛辣なものであった。政府のことに不可解なものあるを列挙してその中にいう。

去年、政府既に征韓の議を沮格《そかく》す、則・穏和の謀を以て彼を甘服せしむる処置なかるべからず。而して彼は益我を侮慢す、甘服を謀る所置何にか在るや、是時事不可解第五条也。征韓の議を沮格するもの丶曰く、我内治未洽《あまね》からず、外征未急にすべからず、況・此際金穀欠乏の憂ありと。然り而して、前の沮格者・卒然征台の師を起す、失ふ所殆一千万円にして、得る所僅に五十万丁銀(六十万円)に過ぎず、金穀欠乏を憂ふるもの丶為す所、何すれぞ此の如き乎。而して征韓非なれば、征台も亦非ならん、況ヤ朝鮮は君主あり臣民あり、台湾は野蛮無主なり。嗚呼、野蛮は討つべく、君国は征す可らざるか、是れ解す可らざるの第六条なり。兵事は一国民命の関する所、之を容易にすべからず、先・大軍を出さんとすれば、宜く其征討すべき条理を告諭し、民心

を感孚《かんぷ》し、然る後に師を起すべし。去年四月、出師前一の公布なく、十一月に至り突然清国と和議成るの事由を公布す。始は兵士の私戦の如く、後は政府の公戦に似たり、是れ解す可らざる第七条也。征台の軍・長崎に屯するや外人異言あり、内使を馳せて其軍を止めんとす、而も軍人命を奉ぜず、大久保参議も亦長崎に臨み、其事を整頓したり。復命の略に曰く、「清国に対し候ては勿論、外国交際上不都合を生し、国家の大難を醸出する節は、臣利通その責を受くる覚悟に候」云々と。爾後、清国と諍論を生し、大久保北京に使す、幸にして和議成りしも、其条約書を熟視するに、事理〇〇〇〇のこと明文なし。此の如きは、先の大難の責を受くると云ものは、難民撫恤、道路を開き、房屋を建つる費用を、清国に〇〇するのみか、是れ其の解す可らざる第八条也。(一五)

更にまた我が国の歴史家は、多くは対外硬に属する人々であるが、大久保の処置に対しては不満である。その代表的なものとしては「清国の違言の如き顧るに足らず、聴かずして可なり。宜く台湾領有の目的を此時に遂ぐべかりしなり。而して彼れ若し異議あらば、我は平然坐して其談判を我国に受けるの得策たりしや明なり、然るに事此に出でずして我より彼国に至りしは策の最も拙なるものなり、乃ち自ら穽に陥りて大いに進退に窮したる所以にあらずや」(一六)という如きである。他の史家も大体に同様なる論旨で「僅に五十万両の金額を得て空しく撤兵したる」(一七)ことを遺憾としている。

一般外人は大久保の交渉を成功なりと考えたようだ。ことにシナ人との外交交渉において日本が勝利を得た点を特記している。ここでは横浜ガゼットの説を紹介しよう。

竊かに私利を挿《さしは》さみ或は深く私見に惑へる人は姑《しばら》く論ぜず、昨日支那より達して今日に至り始めて詳確と為りたる報を見て雀躍慶賀せざる者は蓋しなかるべし。大久保の談判平穏の結末に赴むきて終に能く日本の国威を殞さず、従来台地の一件は其直全く日本に在ること支那政府にて承認したればこそ五十万テールの償金を出して其五分の一は既に大久保公に交附し、其余は数週の中を期して之を送らんことを約せしなり。又是のみならず支那政府爾来台地の民を制して、凶暴を行ふことなからしめんと約せり。然れども日本は悉く其主張せし所を伸べ、悉く其請求せし所を得たる者にして、大久保公北京の談判に於ける功は決して諸子の蕃地に於ける軍功に下らず。其成績の著しきは逈《はる》かに西郷公の右に出づと謂て可なり。中外の人最も疑懼に深き者に至るまで大久保公の斗胆なること曾て之を疑ふ者なしと雖、彼狡獪詐術のみを以て勝利を得んとする政府に対して、日本果して能く其欺く所と為らざるや、否人皆之を疑ひ、外人の中或は日本の失敗を庶幾する情に掩ふわれて明らかに、贏輸《えいしゅ》を見ること能はざる者あり、又日本の宰臣其智支那と鋒を争ふに足らざるを危ぶむ者ありしが、此に至て此等の衆疑一朝に氷釈し、更に日本の東海に雄視し万国に推重せらるべき一証を加へり（一八）。

三　樺山資紀の交渉観

大久保が最も意を用いたのは、しかし世論であるよりもむしろ部下の強硬論であった。その所信を断行する場合にも絶えずこれを顧みた。大久保配下においても、大久保の政策に最後まで危惧と反感を有していた例として、樺山資紀（初代台湾総督、海軍大将、伯爵）を挙げよう。樺山は幸いにして、毎日、日誌をつけ、それが樺山家に残されている。

樺山は廟議が対清強硬策を採用するに決定したので、これを在清の柳原公使に伝達すべく、外務省出仕田辺太一と共に北京に派遣された軍人である。この時、大久保は大隈に宛て、樺山少佐を上海に派遣することを通知すると同時に、旅費支給方を依頼する書面を送っている。(一九)これによって樺山は旅費として洋銀五百元を得た旨その日記に見える。(二〇)これによっても樺山を派遣したのは、郷里の先輩である大久保であることが察知される。

大久保が天津に着いた時、樺山は柳原公使の命によって、大久保を天津に出迎えた。かれは最初からその態度が強硬で、柳原公使の腰を押していた。

八月十二日　晴

午前公使館ニ出頭シテ、柳原公使ニ、談判上ニ付テハ清政府ノ優柔不断ニ陥ラサル様果敢ノ動作ヲ為サレンコトヲ、陳述書ヲ提出シ置キタリ。北京ノ精兵ハ十六万ニテ、李氏ノ天津兵ハ二万ナリ、北京兵ハ旧式等ニテ強兵トハ云フ能ハス。併シ体格等耐忍力ハ侮ルヘカラサルナリ。清廷ノ離宮ヲ造築スルニ国庫ノ闕乏シテ僅ニ二十五万両ヲ支出スルコトニ決シタリト、或ル西洋人ノ説ナリ。(二二)

こうして彼は大久保に対してもこの強硬論を進言して、もし大久保がこれを聴かない時は北京に帰らない決心を以て下津したのである。

九月三日　晴

午前七時頃大久保公使着津セラル、報知アリ、爾来ノ談判書ヲ一閲シタシトノ柳原公使へ来翰アリ、因テ該書類ノ如キハ公使館主務員ニ属シ、余ト高崎氏、益満氏同行シテ午前九時出発シテ、天津ニ赴ク。其主義トスル処、清政府ノ交渉上、境界ヲ侵越セシトノ無礼ヲ責メ、最初ヨリ果断方針ヲ取リ、交和ノ破裂スルヲ以テ得策トスル意見ヲ提出シテ、大久保氏肯ンセサレハ再ヒ出京セサルトノ決心ヲ以テ下津スルコト、ナリ、(二三)○下略

樺山は右の趣旨を以て大久保を説いた。かれの日記にいう。

九月五日　陰

○上略直ニ高崎氏同袖ニテ大久保弁理公使ヲ伺ヒ、従来清政府交渉ノ状態ヲ具陳シ、終始一貫、柳原公使ノ意思ニ依リ断行主義ヲ取リ、彼レノ無礼ヲ責メ、交和ノ破裂ヲ以テ得策トナサンコトヲ談論セリ。果シテ肯ンセラレス、未タ名分充分ナラス、我レ考

慮モアリ、又在留柳原公使トモ篤ト面談セントス、因テ軍機ノ得失ニ関セス、弥縫策ニ出テ一歩譲与トナリ、破裂ハ到底望ミナシ、併シ極点ニ至リ解決ノ結果ヲ視ルモノ、如シ。此ノ時機ニ於テハ大久保公使モ確認ノ成竹ハ疑ナク、必ス単刀直入ノ手段ハ予等ト同一ナルヘシ、刺撃ノ攻略ニ間髪ヲ容レサル所ナリトス、予等ノ陳言ハ尽セリ、退去ニ如カス。(二三)〇下略

樺山は天津に滞留せんことを乞うて許された。かれの日記（九月十三日）によると、台湾の征討軍には病床につくもの多き上に、「又内地ヨリ一大隊ヲ交代セシメ、加奈川ヨリ廻送セシメシト。招集隊ノ将校等、物議ヲ生シ、相互調和ヲ失ヒ遺憾ノ状況ニ立至リシト(二四)」とある。かれは天津に在って、北京談判の進行模様に注意しつつあった。北京の同僚からの内報により、

九月二十三日　晴

〇上略大久保氏ノ議論ニハ文祥等モ困難ナル景況ナリ。唯蕃地ハ版図ノミト例ノ瓢箪ニ鯰ノ如キ捕捉ニ苦ムノ優柔不断ニテ、公使ノ緻密秩序的ノ筆鋒論ニハ、彼レモ窮迫スル気味モアリテ、結局遷延ハ免レ難キ状態ナリト。(二五)

と観測している。翌日（九月二十四日）は好便があったので、高崎に宛て「例ノ優柔不断ニ弄セラレ、瓢箪ニテ鯰ヲ押ユルカ如キハ一刀両断ニ若クハナキ趣ヲ以テ(二六)」大久保に勧告するよう意見を送った。随員中に強硬論旨の多かった証拠には、

十月六日　晴

北京滞在中ノ磯部艦長ヨリ談判ノ状況未タ解決変態ノ模様ナシト雖、随行員当局中尽瘁憤励ニテ必ス果敢ノ結果ニ及ハントノ報知アリタリ。（二七）

とあるのでも知れる。

北京談判の事情が切迫して来たので樺山は十月八日に北京に赴いた。途中の風物を見て「現今、高粱、胡麻、大豆類ノ収穫最中ニテ軍事ノ動作ニハ其時機ヲ得ルモノトス（二八）」とあるは流石に軍人だ。九日に樺山は日耳曼ホテルに大久保を訪うた。大久保は五日の第四回会談で帰朝を言明し、十日には五日間を期とする最後的通牒を発した。九日はその日記に随員の意見が二つに分れ、「苦慮云フ可カラス」と大久保が書いた日である。大久保日記には樺山進言の事はないが、その日の樺山日記には「其ノ大義名分ハ充分アリト前議ノ主意ニテ持論ヲ提出セリ（二九）」とある。

十月十日に対清最後通牒案を提出した日の樺山日記は、日本使節の内面的意図を語って興味がある。

十月十日　晴

○上略大久保公使断然引揚ケラル、場合ニ於テハ、在留柳原公使ニハ十五日内外ハ滞京アリテ帰国セラル、ニ内決セリ。因テ大久保公使ノ意思決断ノアル処ヲ親シク質議セシニ、前夜柳原公使ト論議セラレシニ稍々《やや》反対ナリ、併シナカラ断然帰国ニ及ヒ陛下ニ伏奏スル以上ハ聖断ニ依テ大軍外征ノ挙ハ、決意ノアル処ハ冥々中ニ察知セラレ、其場合ニハ大本営ヲ大坂ニ設ケ、親征ノ詔勅渙発セラル、ナランカ、併ナカラ両公使ノ談判不調ニ際シ、去就進退ノ動作ニ於テ、稍々曖昧模糊シテ頗ル狐疑ナキニ非ス、姑息ナル外交政略ハ鞏固ナル平和ヲ保維スルコト能ハサルハ常情ナリ。今日ハ国家未曾有ノ大難千載一遇危機一発ノ際、我カ皇国ノ前途盛衰隆替ノ関係至大至重、大久保公使ノ一身双肩ニ負担シ、大任ノ責メハ宜シク予等ニ於テ輔翼トナラサルヲ得ス、因テ屢々所思ヲ惜マス提言セリ。[三〇]

大久保日記においては十月九日の内決は「柳原公使江密談ス……是一大事機密ニ関スル故、決シテ他ニ示サ、ルヲ約ス」[三一]とあるが、右の樺山の日記には大体の決定事項が記載されており、そこに柳原と樺山との関係を推知することができる。

北京談判は、ここで英、仏両国公使が大久保を訪問して、妥協せらるるやの懸念があった。樺山は大挙遠征の時機を誤ることを憂慮した。

十月十五日　晴

○上略両公使ノ意思ノアル処、何レカノ名義ヲ以テ清政府ヨリ賠償金ヲ以テ、交和維持ヲ謀ラントスル機発ナキニシモ非ス、殊ニ仏国公使ハ出兵ノ費用等巨細質議アリタリト。前件ノ両国公使干渉ノ場合トモナラハ、愈々遷延悠々ニ陥リ、我カ大挙遠征ノ時機ヲ誤リ、千載ノ遺憾トナルヘシ。今夜児玉氏ト同袖ニテ大久保公使ヲ訪ヒ緩話ニ及

フ、該談判書類モ閲覧ヲ経タリ。(三二)

故国においては海軍の準備が出来ている旨を、参議黒田清隆の書翰を持参して来た海軍大佐松村諄蔵其他も語っており、川村海軍大輔の書面にもその旨がある。

十月十七日　晴

○上略川村海軍大輔ヨリ来翰アリ、談判ノ急速ナルヲ上策トス、海軍ニ於テハ此十五日頃ニハ艦隊作戦ノ準備ハ整頓シテ出動セントス、海軍ノ軍機士気旺盛ナリト称スヘシ、然ルニ公法論ニテ悠々不断弁羃策ニ出テ時機ヲ失スルカ如キハ遺憾ノ至リナリ。(三三)○下略

なお同日の日記によると参議中、伊地知、黒田等は強硬論であるに対し、海軍卿勝は自重論者であり、軍艦が長崎港内で暴風のため坐礁した時、勝が悲観的のことを言ったのに対し、伊地知は激昂して「東一艦ヲ沈没セシムトモ、毫モ海軍ノ勢力ニ関センヤ」と喝破したという。

樺山の主戦論は日一日と熾烈になって行った。かれはこのさい、一戦を交うるにしかずと考えた。

十月二十日　晴

○上略名義正シク事行ハル、ハ頗ル難キニ帰ス。寧ロ三千万ノ生霊ヲ賭ストモ、大義名分ヲ明カニシテ戦端ヲ開クニ若ス。業ニ既ニ両会ノ弁法モ不調トナリ、従テ本邦ノ状勢モ意外ニ敵愾心ヲ起シ、軍費ヲ献金セント欲スルノ人気トナリ、此ノ機失スヘカラ

サル、若シ機会ヲ過ラハ国家安危ノ帰スル、何レノ時ニカ強国ノ班列ニ加フルヲ得シヤ。(三四)

こうした考え方であったから十月二十三日に至って談判が決裂に瀕し、大久保一行引揚げに決するや非常に歓喜した。

十月二十三日　陰、午前微雨

○上略大久保公使、柳原公使ト共ニ来ル二十六日帰朝復命セラル、コトニ決ス。○中略茲ニ於テ予等ノ宿志ヲ遂ケントス。千載一遇我カ皇国ノ将来隆盛ノ基礎確立シテ国民ノ幸福之レニ過キンヤ、雀躍ノ至リト云フヘシ。(三五)○下略

談判がいよいよ破裂した以上は、「陛下ノ宸断ヲ以テ愈々宣戦ヲ布告シ、来月中ト期限ヲ立ント予シメ決心セラル」(三六)と樺山は書いてある(十月二十四日日誌)。しかもかく意気込んだかれが、日清談判妥協に至ったというのであるから、かれは喜ぶべき理由を発見しなかった。

十月三十日　晴

午後八時北京ヨリ大久保公使ヨリノ来翰達到セリ。○中略故ニ結局和誼ニ決セリト、実ニ国家生霊ノ為メ大幸ナリト云ハサルヘカラスト。然リト雖、之レ将来ニ平和ヲ維持スルコトヲ得ルヤ否、一喜一憂ニ堪ヘサル所ナリ。(三七)○下略

大久保日誌は簡明にして名文、一字として苟くも曖昧なところはないが、樺山は武人で

あり、その日記には読んで明かならざるところが少なくない。上記のものも「国家生霊ノ為メ大幸ナリト云ハサルヘカラスト」は大久保の来翰の趣旨で、「然リト雖モ」以下が、彼の意見であろう。これは天津に待機していた連中の意見を代表していよう。

この対清強硬論者は蕃地の日本軍に流行する病状を知っていた。十一月八日の日記に「蕃地ハ風土病ノ為メ多数ノ死者ヲ生シ、惨状ノ景況ヲ聞クニ忍ヒス、当港ヨリ帰朝スルモ然ルヘキカト考慮スルコトモアリタレトモ、前件ノ始末ニテ辞スル能ハス、又交代兵ノ報知等ノ件モアリタレハナリ」(三八)とあって、自身もできれば蕃地へは行きたくなかったのである。

十一月八日　晴

○上略和議ノ報知ヲ松村氏ヨリ電報到着セシナラハ川村氏失望愕然タルヘシ、和議ハ将来ノ為メ幸カ不幸カ、姑息偸安ハ免レサルヘシ。(三九)○下略

十一月十六日　晴

午前九時打狗《ダグ》ニ着港セリ○中略平和克復トハナリタルモノヽ、軍隊ニ於テハ失望セリ。(四〇)

右の樺山資紀の日記を比較的詳細に紹介したのは、半数に分れたところの大久保幕僚中の強硬論者がいかなる意見を懐き、かつ大久保の決裁に不満な事実を知らんためである。しかもこの樺山は大久保と同郷の後輩であったのは前述の通りだ。

四　償金の返還を主張す

上海から随員の大半を帰した大久保は、樺山、福島、川村、金井等を従えて、十一月十一日再び神奈川丸に乗船して厦門に向った。大久保が最も懸念したことは、繰返し日記にも書き、また黒田に宛てた書翰にも書いたごとく、首尾よく台湾から撤兵しうるかどうかの問題であった。英国公使及び清国側に対するすべての交渉は撤兵を必須条件としたものである。もし「兵士ノ末々ニ至リテハ意外ノ齟齬ヲ生シ候モ難㆑図、万々一左様ノ義出来候テハ……小子何ノ面目アツテ天地ノ間ニ立ンヤ」（四一）というのである。こうした点については後の陸奥宗光も日清戦争後において深甚の注意を払っている（四二）。大久保が台湾行きに随員として選んだ福島参謀、樺山少佐のごときが台湾事件に関係ある強硬派であったことも、撤兵手続きのためであるが、またその辺の考慮があってのことであろう。

大久保を載せた神奈川丸は十四日には厦門に到着、上陸した。かれの日記にいう。

十一月十四日

今朝十字上陸、至㆓領事館㆒。福島（九成）ヨリ饗応アリ、当所風景絶妙、一湾緑水、奇石怪巌、雅趣無㆑極、暫ク散歩繞㆑山。

偶　成

秋色海光〔長天〕望裏清　一湾緑水〔遶〕厦門城
樹蟠石秀多二風趣一　天造〔造化〕奇巧画不レ成[四三]
（〔　〕は後に修正したもの）

一六日には九時、打狗港（高雄港）へ、午後四時琅瑠山へ到着した。谷少将、佐久間大佐、池田大尉、日高中尉等と一席して、北京談判の経過を報告し、かねて準備して来た「使清趣意書」を示した。

ここで説明して置きたいのは大久保の眼は、北京談判が成立すると同時に、自然に二カ処に注がれていたことだ。一には現地の台湾であり、他は東京である。この二方面が旨くいかなければ、北京談判の苦心は結局水泡に帰する。そこで彼は東京方面に対しては、黒田清隆に書を送って心情を述べ、台湾へは西郷従道に示す書翰を書いて自らこれを持参した。理論的にいえば大久保は兵権をもふくむところの極めて広汎なる権限を与えられたのであるから、そうした気遣いは無用のようであるが、そうしたものだけに頼るのには、かれは余りに注意深い政治家だった。

西郷に示した「使清趣意書」は、西郷及びその幕下をして撤兵に同意せしめんことを主眼として書かれたものだけに、交渉の経過を客観的に叙述して明快である。これは大久保が帰朝後、翌年一月に金井之恭をして稿せしめ、要路の者だけに頒ったところの「使清弁理始末[四四]」の巻末に採録してある。重要文書であるから本書の巻尾におさめた。

黒田に送った書翰は、その性質からいって個人的であって、大久保の立場と主張が極めてよく出ている。大久保が数ある友人の中から、とくに黒田を選んで重要なる書を送った理由は、もとより大久保のみが知っている心事である。しかし黒田は征韓論当時から、大久保の手足となってよく働き、しばしば「秘策」さえ授けられたことは『大久保利通日記』にも書いてある通りだ。黒田の立場も、たとえばかれの奔走の結果として明治五年岩倉一行とともに婦人留学生を海外に送るとか、樺太処分論において内治主義をとるとか、開明的であって、大久保のそれと相通ずるものがあった。更に黒田は、大久保と同じく、決して単なる内治主義ではなかった。明治七年八月十二日、即ち大久保が東京を出発した(八月六日)直後、かれは国事について申奏するところがあった。その建白書においては大久保の談判の結果、二国の関係はどうなるか分らないが、これに対応するためには海陸二軍を整頓するの外はない。しかもこれを為すのには軍資より急なるはないが、事実は佐賀征討及び台湾出師で国家は疲弊しているといい、そこで、

夫れ本使〇開拓使の如き創置以来、歳月久しからざるを以て、諸般の事皆新創に属す。是を以て経費欠乏余力なしと雖も、国家の急務一日も忽にすべからざるを以て、百万省略用度を節し……本年定額の内未だ支消せざる所の者に就き、拾万円を還納し、之を軍費に供せんとす。自今益々勉励し、其忍ぶ可からざるを忍び、専ら力を猛省に用ひ、羸余ある又将さに之を献ぜんとす。且つ臣の官俸も亦此事の決定に至るまで、毎月四

分の三を献じ、併せて軍費の万一に補ふあらんと欲す……(四五)

と言っている。この中の十万円還納の儀は御聞届けになったが、月俸の四分の三の奉納については「申出之儀は寄特の事に候へ共御詮議之次第有レ之」許されなかった。(四六)そうした事からか、三条の如きは黒田を目して「まことの忠臣といふのは斯くの如き人だ」とよくいったものである。(四七)

　更に黒田は自ら大久保の補佐としてシナに派遣せられんことを政府に請うたが、許されなかった。そこで黒田は松村諄蔵海軍大佐、調所の両人を北京に送って書翰並に伝言を致した。(四八)この黒田に対する大久保の書翰が、その心情を吐露しているのは自然である。その書面は十月三十一日、日清交渉が妥結に到った時、福原、岩村、小牧等を帰朝せしむるに当って託送したものだが、一方、交渉を一人で引受け、他方入念に日記を書き、更にこうして西郷、黒田への長文の書翰を書く大久保の精力は驚嘆すべきものがある。黒田に与えた書面の全文は左の如し。

　拝啓、益御安固被レ成御奉務奉ニ敬賀一候、陳ハ当方談判之都合、意外荏苒、折角、玄武丸モ差立ラレ候得共、何分不レ任ニ心底一事ノミニテ終ニ今日ニ推移、心外之至ニ候、爾来ノ形行ハ公信ヲ以申上候ニ付、別ニ不レ贅候。

一、去ル二十五日晩景ニ至リ、英公使来館、総理衙門ノ依頼ヲ受ケ、五十万両《テール》之金額ヲ差出シ、証書相認ヘキ故、御承知可レ被レ下哉、拙者ヨリ相伺呉トノコトニテ参上候、如何ノ御趣意ニ可レ有レ之哉トノ事ニテ、此返詞ハ実ニ両国幾万ノ生霊ノ命脈ニ係ル事ハ無論、我人民保護上ニ起リ、義挙タル趣意ノ成否ニモ関スル大事ニテ、小子ニモ熟考ノ上、一刀両断ヲ以、公信上ノ通及二独決一候、尤至理至当ノ所分ト見据、小臣一己ノ見ニテハ天地俯仰無レ恥トコロナリ。

一、支那政府我征台ノ挙ヲシテ義挙ト見認、是迄両国間ニ起リタル台地ニ関スル紛論今後取消シ、資銀五十万両ヲ差出スヘシトノ事ニ至リ候得ハ、十分彼ノ権利ハ殺クルトコロアッテ、我ノ権利ニ於テ聊モ傷カス、且我人民保護上ニ起リタル義挙ノ盛名ハ、宇内ニ対シ、千載ニ亙リ、磨滅ス可カラス、然レハ此上何ヲカ求ン。

一、償金ノ論ニ至リ候テハ、固ヨリ要求スルハ十分我ニ道理アルトコロナリ。去ナカラ彼譲ルトコロアッテ、我義務タルヲ証認シタル上、只金額ノ多寡ヲ以論ヲ破リ、両国ノ交際ヲ絶チ候ハ、我本来ノ趣意ヲ失フニ似タリ。是小子名義ヲ重シトシテ他ヲ顧ミス、断決スル所以ナリ。

一、彼暴ニ出、戦ヲ開候得ハ我戦ヲ以応スルコトハ固ヨリ
宸断以テ決セラル、処ナレハ、一歩モ退クヘカラス、且戦ノ上ニ於テハ敢テ恐ルヘキナシ。然ルニ彼和好ヲ主トシ、談判上ニ於テ未戦ノ意ヲ以テ口ヲ開クコトナシ、是レ大ニ意アルトコロナリ。談判破裂ノマ、ニテハ戦ノ名義ナシ、唯公使謁帝ノ事ニ於テ其名アリトイヘドモ、段々教師江モ調サセ候得共、公法上ニ於テ十分ナラス

トノ論ナリ。因テ小子ニモ甚困苦当惑シタル事ニ候。
一、前条ノ大意ニテ両国ノ為後図ヲ慮リ、且道理ノ上ニ於テ疑フ可ラサルヲ信シ、独断ニ及候間、其責ヲ受候コトハ甘ンスル所ナリ。
一、前条ニ就テ条約書写ヲ以テ、今般玄武丸ヨリ福原大佐、岩村高俊、小牧昌業ヲ以報知仕、
奏聞ノ御運相成、則退兵ノ
勅命ヲ下サレ度トノ趣ヲ上申イタシ候ニ付、御尽力被レ下度奉レ願候。
一、退兵ノ神速ヲ欲スル趣意ハ両国和好ニ帰着シタル以上ハ、飽迄信義ヲ示シ度コトニ愚考イタシ候。併シナカラ撤兵ト出金トノ先後ハ十分ニ相争ヒ、撫恤銀十万両ハ神速ニ相渡シ、四十万両ハ期限同日ニ相渡トノ事ニ決シ候故、十万両ヲ先ニ受取候得ハ、我権利ハ相立候事ニ有レ之、此上ハ満足シテ一日片時モ早ク退兵相成候方、支那ニ対シテ信義ヲ厚フスルニ当リ、各国見テ以テ我義挙ノ義挙タルヲ感伏スルニ至ラン、随テ小子モ期日ニハ無二相違一退兵スルコトヲ支那政府ニ約シ、且英国公使江ハ期限前ニ退兵スヘシト申放チシ故、若シ前条ノ運ニ至リ候得ハ、小子面皮モ相立、何ノ幸如レ之。
一、退兵ノ
勅命ヲ西郷都督ニ下サレ、一艘ナリトモ速ニ出艦相成、順次ニ船ヲ相送ラレ可レ然

ト存候。且此ニ希望スルトコロハ蕃地出征ノ将校兵士、当五月以来、櫛風沐雨、艱
難ヲ経、功ヲ奏シタルコトニ付、
勅使ヲ送ラレ其労ヲ慰シ、且支那ト和議調タル上ハ、一日モ兵ヲ置カレ候事ハ、友
誼ニ於テ
聖慮ニ背カセラル、訳ニ付、神速ニ引揚クヘシトノ趣ヲ伝ヘラルレハ、将士モ感銘
シテ凱陣スヘシ、然ラハ帰国ノ上、之ヲ御スルニ其術モ難カラサルヘシ。
一、小子上海ニ至リ金子受取ノ手順ヲ付、厦門ニ至リ川村中将ニ面晤シ、夫ヨリ蕃地
ヲ経、西郷都督ニ事情ヲ申述シ、撤兵ノ
降命次第、速ニ退陣ノ事ヲ約束シ、然ル后帰　朝復　命ノ所存ニ候。全体神速ニ復
命スヘキハ勿論ニ候得共、千里隔絶ノ地、兵士ノ末々ニ至リテハ意外ノ齟齬ヲ生シ
候モ難レ図、万々一左様ノ義出来候テハ、第一
御旨趣ニ触レ候コトハ言ニ及ハス、小子使命ヲ全フセサルノ責亦免カルヘカラス、
因テ復命ニ汲々タラサル所以ノ素志ナリ、請察レ之。
一、前条ノ事、若シ全キヲ得ス、清国ト再ヒ和好ヲ破ルノコトニ至ラハ、小子何ノ面
目アッテ天地ノ間ニ立ンヤ。
右
奏聞ノ上

叡慮ノ所在、廟議所決ニテ、小子使シテ外ニ在レハ、敢テ啄ヲ容ルヘキニアラス候得共、畢竟、国ヲ忘レサル一片ノ衷情ヲ以テ黙スル能ハス、私書ヲ送致シテ　貴下ニ呈ス。唯採択ニ任ス。匆々不尽。

極　密　副　啓

征台の義挙タル、内外人民ノ保護上ニ出、蕃民ヲ化シテ人道ニ導キ、将来航海者ノ妨害ヲ除カントノ一大美意ニシテ、是我条理ノ撓屈セサル眼目ノ旨趣ナリ。此道理ヲ有スルカ故ニ、支那政府モ終ニ屈伏スルニ至リ、各国公使等ニ於テモ、我ニ左袒《サタン》スルノ情ヲ来セシナリ。故ニ此道理ハ、不レ可レ失ノ至宝ニシテ、益之ヲ貫徹セサルヘカラス。然ルニ彼ヨリ資給スルトコロノ五十万両《テール》ノ金額、将来如何ニ使用シテ可ナランカ、此処分ニ依テ大ニ日本国ノ名誉ニ関係アレハ、厚図画スルヲ要スヘシ。

小子聊慮ルトコロノ旨趣ヲ左ニ掲ク。

一、十万両《テール》ノ金額ハ、難民撫恤ノ名目トイヘドモ、名ヲ仮リタルハ衆人ノ知ル処ナレハ、死者ノ家族ヘ相当ノ扶助金ヲ給与シ、難ヲ受、資財ヲ奪ハレタルモノ等ヘ同断分配スヘシ。其余金ヲ以、征台ノ将士死者ニ施シ、且功労アル者ニ酬ユルニハ不足ナカルヘシ、因テ十万両ノ額ハ其用ニ供シ可ナルヘシ。

一、四十万両ノ額ハ　奏聞ノ上

宸断ヲ以テ受用セラレサル旨ヲ清国皇帝ヘ謝却アルヘシ。如何トナレハ、到底我趣
意人民ヲ保護シ、内ヲ恵、外ヲ恤ノ他ニ出テサレハ、建房道路ノ費モ亦之カ為ナリ、
故ニ此額ヲ以テ支那政府、我意ヲ意トシ、我為ストコロヲ為シ、一蕃民開導ノ用、
航客ノ安寧ヲ護スルノ資ニ充テハ、
聖慮ニ於満足アラセ玉フハ疑フ可カラス。因テ此四十万両ノ額ハ、受用セラル、ヲ
欲セサル処ナリ。

右英明ニ非サレハ之ヲ視ルコト能ハス、大断ニ非サレハ決スルコト不レ能、幸
ニ我
皇帝陛下、英明絶倫ニ在シ、大量果断ノ
天資ヲ具セラレ候得ハ、若シ一タヒ
宸断此ニ出テハ、清国之カ為ニ気ヲ奪ハレ、各国之カ為ニ胆ヲ抜カルヘシ。
実ニ千載ノ美談、古今ノ勝事ト謂ハサルヘケンヤ。曾テ我馬関ノ償金英米蘭江可
レ払ノ残額アリ、当春政府断然之ヲ消却シテ、英国ノ貪心ヲ殆ント恥シメタリ。
米国、議院ニ於テ謝却ノ公論アルトイヘドモ、外各国ニ対シテ之ヲ実行スルコト
能ハス。然ルニ我国亜西亜ノ一小島ニシテ、文明各国ノ未為サヽル処ヲ為シ、近
清国ノ歓心ヲ取リ、遠ク欧米ノ意表ニ出テハ、我国ノ盛名赫々トシテ輝ヘシ、豈
宇宙間ノ快事ナラサランヤ。剣ヲ提テ敵国ヲ退治セシヨリモ、此大断ニ於テハ、

其功其利、一層ノ高処ニ居ル可シ。去ナカラ小子其任ヲ十分ニ尽スコト不レ能、反ツテ措大ノ事ヲ説テ之ヲ掩フニ似タレハ、他ニ向テ公言スヘカラサルノ情アリ、然トイヘドモ、国権ノ上ヲ論シ、利害ノ間ヲ謀リ候テモ、僅々タル四十万ノ額ニ万倍スヘシ、是眼前ノ益ニハアラサルナリ。

再本文ノ趣意ハ、之ヲ行フトイヘドモ、西郷都督復命ノ上、一言示サレシ上ナラテハ、不レ可レ然候ニ付、ソレマテハ先御含置下サル可シ。(四九)

大久保の書翰による黒田へ依頼の件の最重要なるポイントは、退兵の神速ならんことの奔走である。すでに福原大佐一行に託した書翰によって退兵に関する勅命を下さるよう奏聞する手続きをとったが、これに対する内部からの尽力を希望したのである。

福原等の随員は十一月十一日帰朝、十二日、聖上正院に出御あらせられて、随員携えて帰ったところの奏上書を聞き給うた。十三日、侍従長東久世通禧を蕃地に遣わし、西郷都督に全軍を将《ひき》い凱旋するようとの勅旨を伝えしめた。その勅旨に曰く、

朕嚮ニ汝従道ニ命シテ都督ト為シ兵ヲ率ヰテ罪ヲ蕃地ニ問ハシメ三条ヲ勅シ十款ヲ諭ス汝遵奉懈ラス克ク其功ヲ奏ス然ルニ清国異議ヲ其間ニ生シ事務月ニ弥ル今ヤ全権弁理大臣大久保利通等同国政府ト互ニ条款ヲ換ヘ彼レ已ニ我義挙ヲ認メ以テ我兵ヲ撤シ更ニ和好ヲ全クスルニ至ル乃汝ヲシテ全軍ヲ将テ凱旋セシム汝其レ此旨ヲ奉セヨ(五〇)

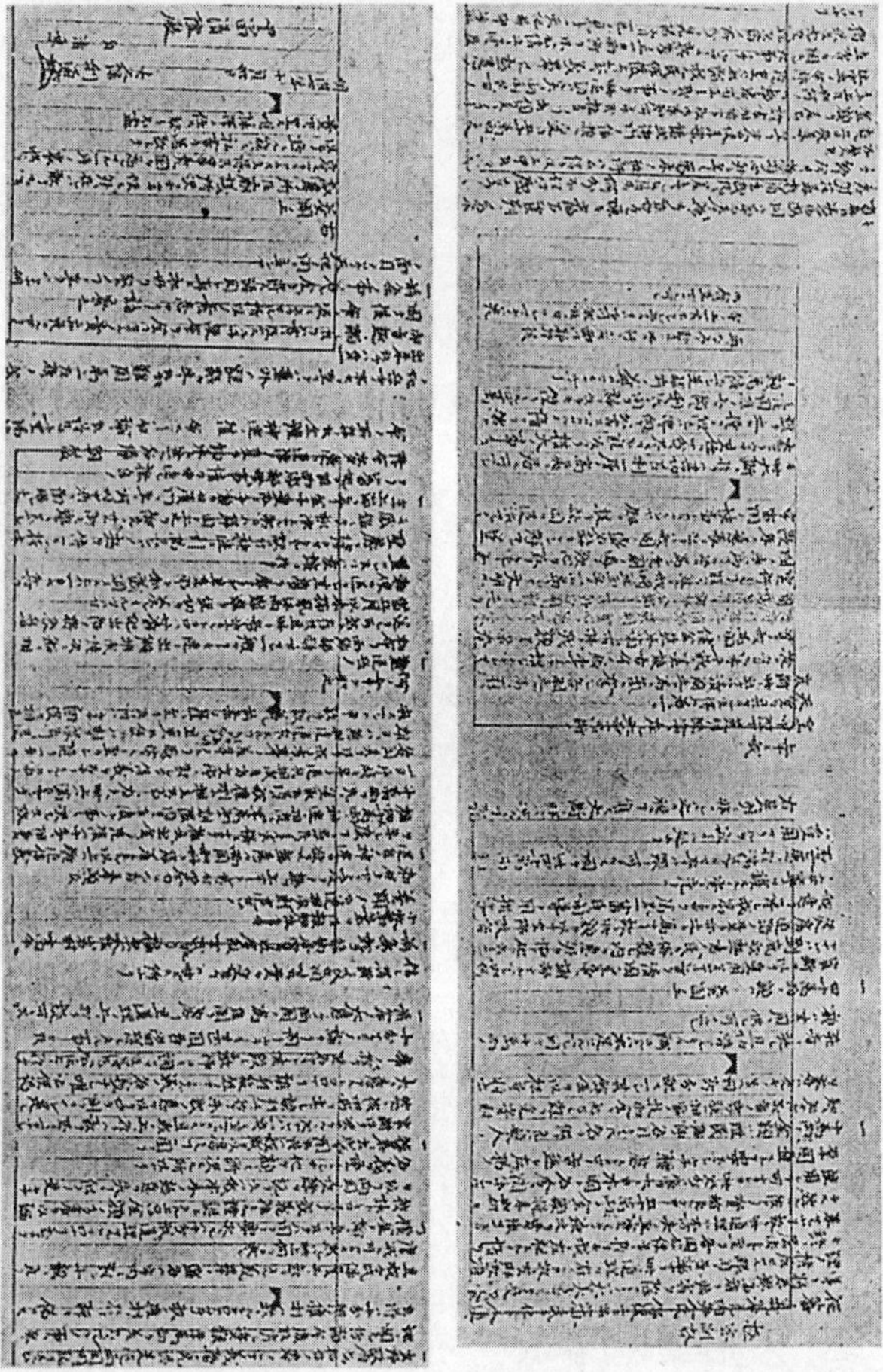

黒田清隆への書翰（牧野伸顕伯所蔵）

大久保の対清態度は黒田に与えた書翰の最後に最もよく現れている。すなわち、「極密副啓」がそれであるが、大久保は清から得た五十万両の償金の内、十万両は死傷者及び功労に酬うる費とし、残る四十万両は清国皇帝へ謝却して、蕃民開導の用、航客の安寧を護するの資に充てよと主張している。かれは欧洲列強の政策に顧み「我国亜西亜ノ一小島ニシテ、文明各国ノ未為サヽル処ヲ為シ、近清国ノ歓心ヲ取リ、遠ク欧米ノ意表ニ出テハ、我国ノ盛名赫々トシテ輝ヘシ、豈宇宙間ノ快事ナラサランヤ」と提唱したのである。

大久保の態度は、これによっても明かな如く日清の緊密なる提携であった。その強硬不屈なる外交の目標は実に日支親善にあった。(五一)すなわち仏人史家クーラン(Maurice Courant)がいうごとく「極東の二大国家が接近《ラップローシュマン》すべき途を切り開いておこうと大久保は考えたからだ」。(五二)この事は李鴻章との会談でも明かだ。故にかれは交渉中の不快なる記録のごときは一切撤回して、不愉快なる記憶を残さざらんことをつとめた。この事は協定の中に明記されている。(五三)三条太政大臣は十一月十三日附を以て外務省に左のごとき達書を送った。

全権弁理大臣大久保利通清国政府ト互換条款中ニ、処蕃関係両国一切往来之公文ハ互ニ撤回スヘキ旨訂約相成候ニ付、総理衙門照会書ハ彼国駐劄全権柳原前光ヲ経テ同国政府へ返却セシメ、其省照覆書ハ可ㇾ取戻ㇾ此旨相達候事。(五四)

四十万両の返還問題については、大久保の意志は実行されなかった。何が故に実行されなかったかは、今のところなお徴すべき資料が見当らない。その当時の国家財政が非常に苦しかったから、その方に廻さねばならなかったのか（五五）、それとも政治的理由があったのか（五六）、兎に角廟議にも問われずしてやんだ。

五　故国の熱狂的歓迎

大久保に「使清趣意書」（本書附録参照）を示され、これを一読した西郷以下は大久保の処置に異議を申し出でなかった。かれがどれだけ安心したかはその日記によって知ることができる。

十一月十六日

今朝九字、打狗港江着ス。天気平穏。当所ヨリ福島領事、呉書記官、支那人二人上陸、為ニ三時投錨、十字揚錨開帆。午后四時、琅瑺山江着。樺山、児玉、比志島等先ニ上陸、続テ小子上陸。西郷都督途中江出迎有レ之、則至二本営一。谷（干城）少将、佐久間（左馬太）大佐、池田（道輝）大尉、日高中尉等一席ニテ北京談判ニ付、旨趣書、弁理始末節略、日表等一覧ニ供ス。都督始一同熟覧、無二異議一、各安心、為ニ賀ヲ述ヘラレ候。小子態ト蕃地江参リ候趣意他ニアラス。初発ヨリ征蕃ノ挙、齟齬ノ義多ク、中止ノ模様アリシ節モ甚不都合。小子長崎江出張、大隈長官、西郷都督更ニ条約イタシ候コトモ有レ之、此結約ニイタリ若ヤ退兵緩急ノ事ニ付異議ヲ生シ候節ハ、太《ハナハ》タ不二相済ヿ、支那政府江対シ、小子一分モ不ニ相立一コトニ付、先蕃地江至リ都督江相談シ、若シ異議アル時ハ決テ承知不レ致含ニ相決シ候処、何モ無ニ異議一、実ニ安心無ニ此上一候。既ニ本邦ノ都合モ、東久世（通禧）侍従長為ニ勅使一、東海丸ヨリ台地江御発シ、退兵ノ御沙汰相成筈、運送船モ五艘、去ル十三日夜、東京出帆ノ趣、電報有レ之シ故、何事モ残ル処ナク、上都合ニテ、唯復命スルノミ。今夜営中江一泊。(五七)

右日記中に「先蕃地江至リ都督江相談シ、若シ異議アル時ハ決テ承知不レ致含ニ相決シ候処」とある文字に、かれの秋霜のごとき決意を知ることができる。前述の東久世侍従長が来着したのは、十一月二十六日であった。

大久保は重荷が下りて気も軽く、戦迹を巡視した。かれは路傍に仮埋葬してある数多い将卒の墓標を見て一々丁寧に礼拝した。墓標の倒れ、傾きたるものは、炎天の下一々それを立直しては礼をして進んだ。随行の者は涙を流して感激したという。(五八) 十七日の日記にいう。

十一月十七日

今朝飯後、金井、川村、平川召列シ、田中盛知嚮導ニテ、石門一覧ニ至ル。途中、社寮川ヲ渡リ、新渓ノ人家ヲ過、夫ヨリ車城川ヲ渡リ、頓領蒲ヲ見、又車城川ヲ渡ル、五月五日進撃ノ節、斥候一名狙撃セラルト云フ。又四重渓ノ南ニテ、小渠ヲ渡ル、此地ニテ同十日斥候ヲ討タル。是レヨリ又川ヲ渡ル、石門ニ出ツ、実ニ千尋ノ巉巌双立一奇景ナリ、双巌ノ間ニ川流アリ、五月廿二日ノ進撃ニハ、洪水ニテ溺死ノ者アリシ由。石門ヲ少シ出過ル処ニ、埋伏蕃人狙撃セシ趣ナリ。是ヨリ川ヲ渉リ、五六丁ヲ過、牡丹山ヲ望ミ、石門ニ帰リ、暫時馬ニ秣ヒ、休息シテ馬ヲ進ム。当所迄守兵来ル。午後二字帰営。

王師一至懲二兇〔頑〕酋一　戦克〔貔貅〕三千兵気雄
請見皇威及二〔覃〕異域一　石門頭〔堡〕上旭旗風

午后四時後亀山麓ノ小山ニ登ル、西郷、樺山、高柳等同道ナリ。今日瓊浦丸大砲隊ヲ乗セ着船。

大海波鳴月照レ営　誰知万里遠征情（五九）
孤眠未レ結還家夢　遥聴中宵喇叭声

（〔 〕は後に修正したもの）

十一月十八日、大久保は神奈川丸に乗って台地を出発した。谷、比志島等がかれに従った。

十一月十八日
今朝九字、都督始江別ヲ告ゲ出発。儀仗兵営前江整列、捧銃ノ礼ヲ行フ。都督始海辺迄見送リアリ。儀仗兵海辺迄行軍。端舟ヲ発スルニ臨ミ、捧銃ノ礼アリ（六〇）〇下略

二十二日、愈々長崎に帰着した。当日の日記にいう。

十一月廿二日

今日睡覚遥見レ山、則長崎地方ナリ。船中皆催レ歓。十二字長崎江着、丁卯艦ヨリ迎船来ル、則上陸。丁卯艦并ニ台場ヨリ祝砲アリ、魯西亜軍艦ヨリ祝砲アリ。今町松屋半次郎宅江旅宿。県令宮川津畑江出迎有レ之。横山租税助、林等、旅宿江待迎有レ之、其外見舞客有レ之(六一)。

神奈川丸は二十三日午前九時長崎出港、横浜に入港したのは十一月二十六日夜半であった。その夜は上陸せず、船中において先著の吉原の来訪を受け、また式部頭坊城俊政《ぼうじようとしただ》は勅命を奉じて慰労の勅旨を伝達した。

二十七日は早朝から訪問客が来た。この間に宮内省から小蒸汽船が差立られて、県令中島信行、参事大江卓が出迎えに来た。波止場には伊藤博文(六二)が出迎え、朝野の歓迎人で立錐の余地のないほど盛んであった。『東京日日新聞』には「横浜の商賈三百余人皆一斉に礼服を着し、御迎ひとして波止場に集ること山の如し、街衢は軒ごとに国旗を翻がへし球燈《チョーチン》を張り、或は処々に飾り物等を出し人民皆欣欣然として相賀せり(六三)」とある。当日の景況及び感想は、例によって大久保日記をして語らせよう。

十一月廿七日

今日早朝、黒田子、調所子、西村子、堀（基）子其外野口等尋問有レ之。小蒸汽船迎船ヲ賜ル。県令中島（信行）、参事大江（卓）出迎ニテ、太田、金井同船ニテ上陸、波止場江着船、御馬車ヲ賜リ、参議伊藤、式部頭坊城ドノ出迎有レ之。岸上江見物ノ貴賤内外人民群ヲ成ス。当所惣代始数百人、礼服ニテ出船脱帽ノ礼アリ、予答礼、則御馬車ニ伊藤参議、式部頭坊城ドノ同車、大蔵省出張所ニ至ル。当港ノ景況戸毎ニ国旗ヲ飄シ、種々ノ飾リ物ヲ拵へ、人民歓喜ノ体、誠ニ意外ノ有様ナリ。大蔵省出張所江ハ華族伊達（宗徳）侯、亀井（茲監）侯、山内（豊範）侯其外壬生《ミブ》（基修）ドノ御出迎有レ之、無レ程太政大臣殿御使トシテ御着、御慰労ノ御口上アリ、御食事ヲ賜ル。十一字比町会所江伊藤子同行ニテ至ル。惣代始当港人民二百人余、礼服ニテ広間江列シ、拙者中央ニ席ヲ設ク、令参事左右ニ侍シ、高島嘉右衛門賀頌ノ文ヲ読ム、余之ニ答フ。山梨県ヨリ人民惣代トシテ両人出港、仝シク賀頌アリ。委曲者別冊ニアリ。式終テ酒食饗応アリ、則退坐、又高嶋屋江至ル。内務省官員奏任以上二十人余待迎有レ之。暫クシテ大蔵省出張所ニ至ル。一字汽車ヨリ大臣殿始一同ステーシヨンニ至ル。同所当港人民惣代始、見送トシテ出張ス。礼ヲ述テ乗車、勅奏任一同ト帰ル。二字新橋ステーション江着ス、同所江ハ宮内省大丞杉（孫七郎）氏等 御使ニテ出迎有レ之、其外警視庁総代出迎有レ之。是ヨリ又 御馬車ヲ賜リ、大臣殿、伊藤参議同車、騎兵一隊、警衛儀仗一大隊整列、捧銃ノ礼アリ。太政官迄騎兵随行。御門ヨリ昇殿。

皇上階上ニ御迎被レ為レ在、拝礼、御跡ニ随正院ニ出御、坐ヲ賜フ。

勅語アリ、別ニ記ス、一応入御ニテ休息ヲ賜ハリ、無レ程三職一同被レ為レ食、復命ノ式アリ。終而御酒肴ヲ玉ハル。還幸、御庭前御見送リ申上ル。

四字退出、御馬車、騎兵帰宅迄玉ハル。嗚呼人民ノ祝賀、御上ヨリ御待遇ノ厚、誠ニ生涯ノ面目、只々感泣ノ外ナシ、終生忘却ス可カラサルノ今日ナリ。今晩、客来成レ群、不レ遑レ記。(六四)

東京に着くと、宮内大丞杉孫七郎は御料の馬車を以て迎え、大久保は三条、伊藤と共に同乗した。儀仗兵はその前後を護衛し、進むままに途上には一大隊左右に整列して捧銃の礼をなした。

聖上には太政官代に臨幸あらせられ、畏くも階上に親迎し給い、大久保は伏して御跡に従し奉った。やがて玉座に着御あらせ給うや、直ちに拝謁を賜わったが、大久保は復命書(本書附録参照)を奉呈した。

聖上が大久保の労を慰め給うた勅語は左のごとくである。

汝利通台湾蕃地ノ挙アルヤ清国ト大ニ葛藤ヲ生スルニ方リ弁理大臣ノ重任ヲ奉シ往テ其事ヲ理セシム汝能ク朕カ旨ヲ体シ反覆弁論遂ニ能ク国権ヲ全フシ交誼ヲ保存セシム是一ニ汝カ誠心ヲ竭シ義ヲ執テ撓マサルノ致ス所ナリ啻ニ朕カ心ヲ安ンスルノミナラス実ニ兆庶ノ慶福タリ其功大ナリト謂フ可シ朕深ク之ヲ嘉尚ス(六五)

二十八日は参内して前日の礼を奏上し奉り、更に 皇后宮も謁見を給わって、懇篤なる令旨を賜わった。二十九日から三日間は英国、ドイツ、米国の各公使を訪問した。英国公使パークスは当時横浜にあり、大久保は石橋を同行して同処に赴きウェードの好意を深謝したのである。パークスは、万一日清戦争起らば一時の戦争には勝利を得るであろうけれども、中々の大国のことだから急速には征服できず、その間に各国との葛藤を生じたであろうに、今回の処置は慶賀に堪えないと、英仏の対清戦争の例をひいて祝した。当日以下の日記は左の如くである。

十一月廿九日

今朝、金井子、吉原子入来。十字伊多利公使入来。午后一時汽車ヨリ石橋（政方）同行、横浜江至リ英公使ヲ訪ヒ、清国在住英公使威（ウエード）氏ノ懇意ニ預リタル謝礼ヲ述フ、同氏大ニ賀頌有レ之。且談判ノ大略ヲ聞カントノコト故、十月五日以来ノ順序概略ヲ話ス、再三質問ノ廉一々答弁ス。同氏云、閣下、今般ノ尽力両国人民ノ為賀スルニ余アリ。余両国ノ為深ク痛心セシカ、如レ此至当ノ処分ニ及、誠ニ安心ス。万一戦争ニ及ハ、貴国ノ為必ス禍害タラント、如何トナレハ英仏トノ戦争スラ容易ナラサリシ。一時ノ戦ニ於テハ勝利アルニセヨ、中々大国ノコトナレハ、急速ニハ遂ケ難カルヘシ、時日延引スル内、種々ノ故障起リ、各国ノ関係ヲ生セン、然ル時ハ難事タルコト必セリ云々。酒ヲス、メテ賀スルコト再三ナリ、凡二時間ニテ帰ル。

十一月三十日

〇上略三字前、孛国公使江尋問。同氏モ亦清国事件ヲ賀シテ云ク、実ニ感服ニ堪ヘス、閣下帰朝后、天気快晴ナルハ自ラ天地ニ感スルトコロナリ、北京ノ談ニ及ンテ、我彼地ノ図画ヲ所持セリ、閣下ノ思出ノ為進呈スヘシト出サレタリ、余之ヲ謝ス

〇下略

十二月朔日

〇上略午后三字、石橋子同行、米公使ヲ訪。清国談判結局、両国和平ノ処分実ニ至当ニテ感スルニ余リアリ。則我国ニ報シテ曰ク、若シ外国ニ対シテ事アラハ、此始末ヲ亀鑑トスヘシト。誠ニ今般閣下ノ御尽力、両国ノ為賀頌スルニ堪タリト云々。酒ヲ進メテ待遇アリ。(六六)〇下略

一方、西郷都督も十二月二日いよいよ兵を率いて蕃地を出発し、二十七日東京に凱旋した。帰るに先立ち、遭難した琉球藩民の墓碑を建立し「大日本琉球藩民五十四名の墓」と題し、文を碑陰に刻した。

聖上は勅語を賜うて、その労を慰め給うた。

六　御下賜金で新築

十二月九日　聖上は大久保及びその随員を御学問所に召させられ、今回の交渉に関して優渥なる勅語を賜わりまた控所において大久保に錦三巻、紅白縮緬四匹を、随員にもそれぞれ御下賜品があった。十三日には　聖上は左の内旨と共に金一万円の御手許金を御下賜相成った。十四日の日記には左のごとく記してある。

十二月十四日

○上略　昨十三日

皇居江被レ為レ召、宮内卿代理万里小路（博房）殿ヨリ、当春佐賀県騒動、引続清国事件、不ニ容易一骨折致候訳ヲ以、別段ノ　思食ニ而、御手元金壱万円被レ下候趣ニ而当坐御請、御礼申上、退出。(六七)

大久保はこの御下賜金を拝辞した。十八日に上った表は左のごとくである。

今般清国ノ談判、詔旨貫徹、帰朝復命仕候処、不料モ莫大ノ賜金ヲ忝《カタジケノ》フス。聖恩ノ隆渥、肺肝ニ銘刻シ、感激ノ至ニ堪ヘス。然リ而シテ、竊ニ惟《オモイミ》ルニ、其功績ハ必竟皇上ノ明威ト廟堂ノ謨猷《ボユウ》トニ藉《ヨ》ルモノニシテ、臣利通微力ノ能ク及フ所ニ之無ク、況ヤ臣目算ノ如ク、運籌、国家充分ノ光栄ト為ス事ヲ得ス。殊ニ台蕃問罪ノ事件、起リテ以来、経費巨大ニシテ、上ハ宮中ノ用度ヲ損殺セラレ、下ハ官省ノ定額ヲ減少ス。誠ニ国家多端ノ秋ニ際シ、皇居及太政官ノ再興ヲモ未タ土木ニ着手スルニ至ラス。臣等、日夜憂慮措サル所以ナリ。故ニ国民モ往々献金ノ挙アリテ、多費ノ万一ヲ裨補セント請フモノアリ。臣利通ノ如キハ、居ル所ノ位地既ニ高ク、享ル所ノ秩禄モ亦少カラス、無窮ノ天恩ニ浴シテ、衣食ノ奉自ラ余裕アリ。依レ之重畳惶悚《コウシヨウ》之至ニ奉存候得共、今般ノ恩賜奉還仕候。伏シテ冀クハ、之ヲ以テ国家有益、人民救済、其余目下ノ急務ニ属スル補足ニ施用アランコトヲ。聖明臣利通ノ微衷ヲ垂憐シ、其不敬ヲ寛恕セラレ、允可ヲ賜ハヽ、幸甚ノ至ニ堪ヘス。誠惶誠恐謹言。(六八)

聖上は右の辞退を允許《インキヨ》し給わなかった。すなわち二十二日に左のごとく慰諭し給うた。

恩賜金再三固辞衷情之趣被二聞食一尤之事ニ被二思召一候得共、佐賀県不逞之徒暴動之節出張。引続支那北京派出。談判首尾克相済、抜群尽力之功深叡感被レ為レ在不二取敢一御手許金之内下賜候儀ニ付、辞表之次第御聞届難レ被レ遊候事。(六九)

大久保はこの御下賜金を以て麴町三年町に邸宅を新築した。現にベルギー大使館になっているのがそれだ。翌八年に工を起し、九年一月に落成した。日記に、

一月十五日〇九年　土曜日

〇上略　今日家作凡落成ニ付引越候。(七〇)

とある。明治九年四月十九日には　明治天皇はこの新邸に行幸あらせられた。

この新築は予算を超過して、その親友税所篤から不足分を借用している。九年二月五日附の書翰に曰く、

〇上略兼而上候通之員数之金子、一昨日迄ニて岩瀬方より相請取用弁仕候。家作ハ無類之結構ニテ何れ之来客ニ而も驚嘆して帰らさるものなし、時ニ家作模様替等ニ付、此節大工方ヨリ意外之金額申出、是等ニ就而矢太郎〇当時の家従不在ニ付、大ニ差支候事不レ少。(七一)〇下略

と言い、また前年(八年)三月二十三日附にて

〇上略去ル十四日御出之貴翰慥ニ落手、忝拝読。扨三千円之義、早速吉田便ヨリ御遣被レ下、是又落掌仕候。種々御面倒懸上候事、何共恐縮無二申訳一候。(七二)〇下略

とある。この借金が、東京の実業家より借入れないで、大阪の親友より借入れた事、しかもその返済が月賦五十円ずつの約束であったことは注意すべきだ。すなわち明治十年五月十九日、その妹婿石原近義に与えた書翰の一節に、

〇上略税所方へ月々五十円ツヽ之返金、相滞居候付、入付不レ被レ下候而ハ困リ候由承候付、当月迄之金高、家内へ御申聞被レ下候而返金候様、御取計被レ下度、乍二御面働一御頼申上候。(七三)〇下略

とあることでも分る。かれが死んだ時には遺財百四十円だけしかなかったという。(七四)

だが、こうした新築も大久保に快らざるものの攻撃の材料になった。話は少し違うけれ

ども、薩摩の郷里においては西郷に同情が集まれば集るほど、大久保に対する攻撃は甚しかった。

当時薩人の郷里に在りし者は、其私有物視する政府の権を専にする大久保を敵視し、之を目して嬌奢に長じたる者とし、紙幣寮（印刷局）の写真を西郷に示し、是れ大久保の邸宅なりと欺きて憤怒を促す等の事あり、遂に西郷をして心を動かしめ、共に事を挙ぐるに同意せしめたり、是れ西郷の名望を仮らずんば事を挙げ難きを以てなり。此等の故に県民婦人児童に至るまで、大久保及び川路を憎悪すること甚しく、郷里に存在せし二人の家宅を破毀するに至れり。(七五)

大久保としては恐らくは、その書翰（明治八年三月二十三日附）にあるように「仮令外人ニ見せ候而も誇ルニ足るとの公論ニ決し、大ニ安心仕候」とか「中外之雅賓、目属する処ニ候得ば、めつたの事は出来不レ申、是余力徐々タル所以ニ候」(七六)といって、将来、国家の柱石として中外の雅賓との交際のためであったであろう。

七　外政家大久保の存在理由

台湾征討の意味は膨脹力を内に貯えた明治の新日本が、南へ伸びるための一段階であった。政府はすでに七年七月、西郷の征蕃のほぼ一段落を告げた時、琉球藩を内務省の所管とした。大久保は帰来、十二月十五日、三条太政大臣に建議し、琉球をして清国との関係を絶たしむべきを論じて左のごとくいった。

今般清国談判ノ末、蕃地御征討ハ同国ヨリ義挙ト見認メ、受害難民ノ為メ撫恤銀ヲ差出シ候都合ニ立到リ、幾分カ我版図タル実跡ヲ表シ候ヘ共、未タ判然タル成局ニ難レ至、各国ヨリ異論無レ之ト申場合ニ到兼、万国交際ノ今日ニ臨ミ此儘差置候テハ、他日ノ故障ヲ啓クモ難レ計事ニ候。

とて、まず同藩の官吏両三名に上京を命じ、事の事情を藩主に伝達せしめ、ついで藩主自身上京謝恩すべく、また官吏上京に当っては那覇に鎮台分営の設置、刑法、教育等諸制度の改革を命じ、清国より交付の撫恤銀を被害者に配分するの至当なるを論じた。[七七]二十八日には琉球藩に三司官の内一名及与那原親方に上京を命じた。この命令に応じて翌八年三月十八日、池城親方（安規）、与那原親方（良傑）、幸地親雲上（朝恒）等着京したので、内務大丞松田道之は前記処分案の箇条の伝達をした。しかし彼らは清国の思惑に遠慮してこれに応じないので、松田は自身琉球に赴いて直接に藩主と交渉した。その後、諸種の経緯を経て、清国政府の抗議となり（明治十一年十月）、折しも来朝した米国前大統領グラントの調停となり、明治二十七、八年の日清戦役が起るに及んで一切が現実に解決されたのであるが、しかし事実上の解決は大久保の北京談判によったのである。

日本政府はボアソナードに対し琉球島見込につき法的解釈を質問し、これに対しボアソナードは明治八年（一八七五年）三月十七日附で左のごとく答議している。

一千八百七十四年日本支那両国間ニ取結ビタル条約ノ最幸ナル結果ノ一ハ、琉球島ニ日本ノ権アルコトヲ暗ニ認得シタルニ在リ、夫レ台湾蛮人ノ惨害ヲ蒙リタル航海者ハ琉球島ノ人民ナルコトハ支那ニ於テ知ル所ナリ、而シテ条約面中ニ其人民ヲ日本臣民ト名称シタリ。

今ヤ日本ハ琉球島ニ一層其政権ヲ拡張スルノ時ナリ。然ルニ条約面ニヨリ此島ニ付キ、日本ノ権アルコトヲ支那ニモ既ニ認得シタリト日本ニテ言ハント欲スルヲ、支那ニテ異議ヲ述ブルノ場合ヲ予メ考究セザル可ラズ。

予今爰に左ニ掲ル所ノ三条ノ問題ヲ設ケテ以テ之ヲ説明セン。

第一条

台湾ヲ遠征シ条約ヲ取結ビタル後、引続キ琉球島ニ日本ノ権ヲ一層拡張スルノ権アルヤ如何。

第二条

琉球島住民ノ風俗習慣及亜王ノ状態ニ付寛優ニ取扱ヒ、以テ第一条ノ目的ヲ達スルニ最モ適当ノ方策ハ如何ナルヤ。

第三条

福州ニ設ケタル琉球ノ公館、及ビ琉球ヨリ支那帝ニ従来奉シタル貢納及礼際ニ付自今

支那ニ対シ施ス可キ方策如何ナルヤ。(七八)
この見込案においてボアソナードは「日本地図界限中ニハ必ス琉球島ヲ加ヘシム可シ」とか「亜王ヲ促シテ東京ニ来ラシメ、日本政府ノ琉球ニ与ヘタル保護ニ付キ謝辞及敬礼ヲ為サシム可シ」とかと種々なる具体策を提示し、大久保はこれに聴いている。
この北京談判によって得たところは、啻に琉球帰属問題の解決のみではなかった。列強は日本の実力を認め、その結果横浜在住の兵を撤するに至った。大隈重信はいう。
征台の役に日本の費す所七百八十万円なりしかば、得失相償はざるの感ありと雖、清国は間接に、琉球人が日本の臣民にして、随て琉球群島は日本の領土たることを認めたるのみならず、各外国は、我が兵力の有効なるを認めたる結果として、英仏二国は、幕末の外人迫害以来、横浜に駐在せしめたる兵を撤したるに因り、明治外交の上に受けたる間接の利益は甚だ大なりき。(七九)
この事はまた清の内情を世界に暴露する役目をなした。英国歴史家は書く。
この取引(北京交渉の成果)は実際、シナの運命を封ずるものであった。この富める帝国では賠償金を支払う用意があるが、しかし戦う用意がないことを世界に広告したのである。(八〇)
最後に著者は大久保が明治日本につとめた役割について仏人史家クーランの言を引いて、結語としたいと思う。かれによれば、大久保の生涯は、一言でつくせば、十カ年足らずの間に、極めて複雑なる封建制度の日本を、中央集権化した近代国家としてしまった点にある。固より、これには種々の要因があったのは無論だが、ちょうどヘンリー四世（Henry IV）のフランスからルイ十四世（Louis XIV）のフランスになるにはリシリュウ（Armand Jean du Plessis de Richelieu）が必要であったと同様に、旧い日本から新らしい日本を作るには大久保を必要としたのである。一八六〇年の清はアジアの三分の一を支配して、数世紀に亙る統一された国家であり、種々の点で劣弱なる日本よりも遥かに犯し難きものであった。しかるに、その日本が、我々の鼻先で前代未聞の進展をなし遂げたに拘らず、清は旧態依然たるものがあった。清は泰西の科学と機械を排斥し、同化することを知らず、公共精神《エスプリ・ピュブリック》を欠如していた。これらの要素なくして、近代国家への進展は望み得ない。日本を成功せしめた素因こそ、これらのものであり、これをリードしたのが我が大久保なのである。こういって来て、この史家は結論するのである。「大久保が斃れたのは、過去と争い、急進な将来《アーティフ》と争い——久光・西郷と争い、板垣と争った結果であることは一点の疑もない」（八二）

（一）『大久保利通日記』下　三三七—三三八頁。
（二）同上、三三八頁。

(三) 徳富蘇峰氏は「寧ろ初めの方が、公の本色は現はれてゐる……何れにしても公の作中の圧巻であらう」といっている(徳富『大久保甲東先生』三三九―四〇頁)。

(四) 『大久保利通日記』下 三三九―四二頁。

(五) 同上、三四二―四三頁。

(六) 明治七年九月、篠原、淵辺宛大山綱良書翰(吉田『倒叙日本史』大政維新編 四〇四頁)。

(七) 明治七年八月三十一日、篠原国幹宛西郷隆盛書翰(『大西郷全集』第二 八一八―二〇頁)。

(八) 佐田『日清貫珍』下 一三頁。

(九) 明治七年十一月十二日、大久保宛岩倉具視書翰(『岩倉具視関係文書』第六 二四三―四五頁)。

(一〇) 『木戸孝允日記』第三 一一三頁。

(一一) 明治七年十一月二十一日、大久保宛木戸孝允書翰(『大久保利通文書』第六 二二〇―二二頁、『木戸孝允文書』第五 四二五頁)。

(一二) 明治七年十一月十三日、大久保宛大臣参議公翰(『大久保利通文書』第六 一七七―七八頁)。

(一三) 桐野利秋宛樺山資紀書翰(『西南記伝』上巻一 七八三頁)。

(一四) 渡辺『大久保利通之一生』二〇二頁。

(一五) 吉田『倒叙日本史』大政維新編 四〇六―〇七頁。

(一六) 渡辺『大久保利通之一生』一〇〇―〇一頁。

(一七) 『西南記伝』上巻一 七八三頁。

（一八）　明治七年十一月九日ガゼット抄訳（『郵便報知』明治七年十一月十九日号）。
（一九）　明治七年七月十六日、大隈重信宛大久保書翰（『大久保利通文書』第六　九—一〇頁）参照。
（二〇）「樺山資紀台湾記事」第四稿（『西郷都督と樺山総督』三二八頁）。
（二一）　同上、三三五頁。
（二二）（二三）　同上、三四二頁。
（二四）　同上、三四四頁。
（二五）（二六）　同上、三四七頁。
（二七）　同上、三四九頁。
（二八）（二九）　同上、三五〇頁。
（三〇）　同上、三五一頁。
（三一）　本書一九五頁参照。
（三二）「樺山資紀台湾記事」第四稿（前掲、三五三頁）。
（三三）　同上、三五四頁。
（三四）　同上、三五五頁。
（三五）　同上、三五六頁。
（三六）　同上、三五七頁。
（三七）　同上、三五九頁。
（三八）（三九）　同上、三六一頁。

(四〇) 同上、三六三頁。

(四一) 明治七年十月三十日、黒田清隆宛大久保書翰の一節、本書三〇七頁参照。

(四二) 『蹇々録』の一節に、

「戦勝の狂熱は社会に充満し浮望空想殆ど其絶顚に達したるに於て、若し講和条約中特に軍人の鮮血を濺て略取したりと云ふ遼東半島割地の一条を脱漏したらむには如何に一般国民を失望せしめたるべきぞ、豈に啻に失望せしむるのみならむや。気勢の馴致する所、是の如き条約は当時の事情に於て殆ど之を事実に施為するを許したるや否やを疑ふべきものなり。斯く内外の形勢互に相容れずして之を調和すること甚だ難く、若し強て之を調和せむとせば、当時必然内に発したる激動は其危害却て他日或は外来すべしと推度する事変よりも更に重大なるを慮らざるべからず。政府は実に此内外形勢の難きに処し、時局の緩急軽重を較量し、常に其重く且つ急なるもの、為めに軽く且つ緩なるものを後にし、而も内難は成丈け之を融和し、外難は成丈け之を制限し、全く之を制限する能はざりしも尚ほ其禍機の発するを一日も遅からしめむことを努めたるは外交の能事亦尽さゞる所ありしと謂ふ可からざるが如し。」(岩波文庫版、二九七頁)とある。

(四三) 『大久保利通日記』下 三四七—四八頁。

(四四) 「『使清弁理始末』は征台事件に関する日清両国間の外交談判の大詰の記録で、特派全権弁理大臣大久保利通卿と清国政府との折衝の詳細を、その時の対話筆記や往復書簡其他の公文書によつて跡づけたものである。黒布張の厚紙を附した菊判の活版刷洋本で、字は粗いが本文前後四百二十頁に亙る。冒頭には、編纂者金井之恭が大久保卿の命に従つて、本書の取扱方に関する太政大臣の指令を仰いだ上書と、明治八年一月十七日附の太政大臣指令とを載せ、本書編纂の由来と其の性質とを明示してゐる。それによれば、本書は原と大久保卿自ら編纂して要路の官員に頒布し、日清両国安危の関はる所たる此の重大問題の詳細を報じて参考に供せんとしたものだが、適々病気静養の必要があつて此の仕事を金井之恭に依嘱した。その時の注意に、曩きに清国政府と締結した条約の中で本問題に関する彼我往復の公文書は一切棒引きにして了ふといふ一項があるので、若し本書が一般に流布する様なことがあれば違約の譏を免かれないことになる。だから「須らく厳に授受の際を戒め、之を秘蔵するに非ずんば不可なり」と云はれた。之に対する太政大臣の指令にも「頒布の外猥りに漏泄の弊無之様厚注意可致事」とある。以て本書が久しく官省内の秘密文書として留り外間に伝はらなかつた所以○中略全部で六十七項に亙る本文と附録一項とから成り○中略附録の『使清趣意書』は大久保弁理大臣から蕃地事務都督西郷中将に送つたもの、談判の苦心の跡を告白してゐる○下略」（早坂四郎「『使清弁理始末』解題」〔『明治文化全集』第六巻、外交篇所収〕）

（四五）（四六）『郵便報知』明治七年九月十八日号。

（四七）牧野伸顕伯の談、なお黒田がその末年において振わない観があったのは、その酒癖が一原因をなしていた。

（四八）「樺山資紀台湾記事」第四稿（前掲、三五二頁）。

（四九）明治七年十月三十日、黒田清隆宛大久保書翰（『大久保利通文書』第六　一五二—六一頁）。

（五〇）『岩倉公実記』下巻　二一一〇頁。

（五一）　大久保は北京談判後、常に日清提携を目がけた。それがためには語学を習得せしむることが第一と考えて、清公使何如璋と計って学校を造ったが、かれの死と共にその企ては挫折した。この辺の事情につき元老院議官宮島誠一郎が明治十三年興亜会の発会式で左の如く述べている。

○前略余○宮島偶々欽差大臣何如璋ノ来ルニ及ンテ自ラ其和交ヲ修メ、互ニ相往来シ、漸次親睦大ニ得ル所アリ、故大久保氏頗ル此事ニ感スル所アリ、何如璋君ト議シテ東京中央ニ日支両国ノ語学校ヲ開キ、互ニ四名ノ教師ヲ延キ、両国ノ生徒六十名ヲシテ語学ニ従事セシメ、大ニ両国ノ洪益ヲ謀ラントス。元来日支ノ両国ハ同文ノ国ニシテ、而シテ却テ親密ナラサルハ要スルニ言語ノ通セサルニ由ラサルハナシ、然ルニ不幸ニシテ大久保氏斃レ、爾来此ノ事中絶シ、余輩頗ル長大息ニ不レ堪モノアリ○中略今後会員協同シテ興亜ヲシテ真ニ其名ニ背カラザラシメバ贈右大臣大久保公亦地下ニ瞑スヘシ云々」（『甲東先生逸話』二六五—六六頁）

（五二）　Maurice Courant, *Ôkoubo* (Paris, 1904), p. 165.

（五三）　交換条款に、「所レ有此事。両国一切来往公文彼此撤回註銷《シ》。永為《クス》レ罷《ムトヲ》レ論」とある。『大日本外交文書』第七巻　三一六—一七頁参照。

（五四）『大日本外交文書』第七巻　三三一頁。

（五五）　当時の財政は左のごとし（単位千円）。東洋経済新報社『明治大正財政詳覧』二—三頁。

会計年度	自　明治六年一月 至　〃　十二月	自　明治七年一月 至　〃　十二月	自　明治八年一月 至　〃　六月

歳入 経常部	歳入 臨時部	歳入 合計	歳出 経常部	歳出 臨時部	歳出 合計	歳入の歳出に対する過不足 経常部	歳入の歳出に対する過不足 臨時部	歳入の歳出に対する過不足 合計	決算の予算に対する増減 歳入	決算の予算に対する増減 歳出
七〇、五六一	一四、九四五	八五、五〇七	五〇、六三九	一二、〇三九	六二、六七八	(+)一九、九二三	(+)二、九〇六	(+)二二、八二八	(+)三六、七七〇	(+)一六、〇八二
七一、〇九〇	二、三五五	七三、四四五	六〇、〇〇一	二二、二六七	八二、二六九	(+)一一、〇八八	(−)一九、九一二	(−)八、八二三	(+)一七、八〇二	(+)二〇、一〇〇
八三、〇八〇	三、二四〇	八六、三二一	五二、八四二	一三、二九二	六六、一三八	(+)三〇、二三八	(−)一〇、〇五一	(+)二〇、一八六	(+)六、九八八	(+)二七、一一二

公債未償額（紙幣を除く）は次の如し。竹越与三郎『新日本史』一九四―九五頁。

明治六年十二月	三一、五四〇
明治七年十二月	三七、四一〇
明治八年　六月	四七、四八〇

なお三井と相並んだ豪商小野組が破綻閉店したのは十一月二十日であって、大久保の帰朝一週

間前であった。財界の不安定を知るべきである。
（五六）　黒田清隆に関する文書が最もこの辺の事情を知るに必要だと思うが、黒田文書はなお充分整理されておらない。黒田は当時参議になっていた。
（五七）　『大久保利通日記』下　三四八—四九頁。
（五八）　勝田『甲東逸話』一二四—二五頁（小牧昌業談話——小牧は当時上海から帰り、この話は同行した金井之恭が小牧に語ったものという）。
（五九）　『大久保利通日記』下　三四九—五〇頁。
（六〇）　同上、三五〇頁。
（六一）　同上、三五一—五二頁。
（六二）　大久保、伊藤、大隈の関係につき、一史家はいう。「伊藤の一生を通じて、木戸、大久保在世中は、両者の間に跨がり、先づ当初は木戸七分、大久保三分であつたが、やがてそれが顚倒して、大久保七分、木戸三分といふところであつたらしい。嘗つて西園寺公が予に向つて、『大久保の盛んな時には、大隈、伊藤は、その股肱であつて、大久保が馬車に乗る時には、大隈が車の戸を開けてやれば、伊藤が膝掛けを広げてやるといふ様に、二人ながらよくつとめた』と云はれたが、事実或はその通りであつたかも知れぬ」（徳富蘇峰『我が交遊録』四二—三頁）
（六三）　『東京日日新聞』明治七年十一月二十八日号。
（六四）　『大久保利通日記』下　三五三—五四頁。
（六五）　明治七年十一月二十七日、大久保に賜ひし勅語（『大久保利通文書』第六　二〇五—〇六頁）。
（六六）『大久保利通日記』下　三五五―五七頁。
（六七）同上、三六一頁。
（六八）明治七年十二月十八日、賜金辞退に関する大久保上書（『大久保利通文書』第六　二四〇―四一頁）。
（六九）明治七年十二月二十二日、大久保への御沙汰書（同、二四二頁）。
（七〇）『大久保利通日記』下　四六六頁。
（七一）明治九年二月五日、税所篤宛大久保書翰（『大久保利通文書』第七　二五頁）。
（七二）明治八年三月二十三日、同上書翰（『大久保利通文書』第六　二九一頁）。
（七三）明治十年五月十九日、石原近義宛大久保書翰（『大久保利通文書』第八　一八八頁）。
（七四）『集合雑誌』第二十一号附録、『大久保利通公之伝』三七頁。渡辺修二郎は必ずしも大久保に好意を有せず、しかし同じ事を書いて「清廉寡欲なる、殊に貪婪を通性とせる薩人に其類を見ず」といっている（『大久保利通之一生』一四七頁）。
（七五）渡辺『大久保利通之一生』一一四頁。
（七六）明治八年三月二十三日、税所篤宛大久保書翰（『大久保利通文書』第六　二九一―九二頁）。
（七七）明治七年十二月十五日、琉球処分に関する建議書（『大久保利通文書』第六　二三七―三九頁）。
（七八）平塚篤『続伊藤博文秘録』三三一―三六頁。朝日新聞社『図録日本外交大観』六五頁。

（七九） 大隈『開国大勢史』一二二頁。

（八〇） A. Michie, *The Englishman in China during the Victorian Era, as Illustrated in the Career of Sir Rutherford Alcock* (Edinburgh, 1900), vol. 2, p. 255.

（八一） Courant, *op. cit.*, 202–3.

附　録

大久保弁理大臣ノ復命書
使清趣意書
外政家　大久保利通略年譜

大久保弁理大臣ノ復命書

臣利通曩キニ全権弁理ノ重任ヲ蒙リ、使清ノ大命ヲ奉シ、実ニ八月六日ヲ以テ闕下ヲ辞シ、路ヲ上海ニ取リ、九月十日清京ニ安抵ス。同十四日其総理衙門ニ至リ、諸大臣等ト議ヲ始ム。是ヨリ以後談判照会往復スル数十回、而モ彼レ頑然動カサル始ノ如シ。於是十月五日に臻リ、決然帰国スルノ意ヲ告ケタリ。既ニシケ臣復タ以為ヘラク、我カ朝廷臣ノ無似ヲ以テセス特ニ大任ヲ命スル所以ノモノ、誠ニ友邦ノ信誼ヲ重ンシ、妥議局ヲ結ハシメンメントナリ。今議協ハスシテ帰ル、是深ク　朝意ニ背クト。乃チ更ニ十八日ニ及ンテ両便ノ弁法ヲ議ス。然ルニ継イテ廿日、廿三日ノ応接ニ至リテ猶ホ未タ成局ヲ見ルナシ。是ニ至リテ臣事ノ終ニ協ハサルヲ察シ、速カニ帰装ヲ理メ、将サニ程ニ上ラントス。此時ニ至リテ彼レ始メテ図ヲ改ムルノ色アリ。遂ニ三十一日ニ至リテ和議全ク成リ、条約交換ノ結局ニ及ヘリ。抑モ臣カ此行ハ実ニ国家ノ重事ニシテ、臣等微力ノ能ク任フル所ニ非ラス。況ンヤ和戦ノ事国家名分権利ノ関スル所、之レヲ決スル亦豈ニ易カランヤ。且ツ夫レ清国政府ノ意、鋭意勝負ヲ決スルニ非スシテ専ラ和好ヲ主張シ、動モスレハ我ニ曲名ヲ負ハセントス。故ニ議合ハスト雖モ蕃地属否ノ論決セサル而已ニシテ、彼ノ啓釁ヲ待ツニ非サレハ我固ヨリ開戦ノ名義ナシ。蓋シ我カ征蕃ノ挙義務上ヨリ出テ、而シテ其為サント欲スル所ノモノ已ニ了レハナリ。是レ臣カ遽ニ戦ニ決スル能ハサル所以ナリ。又彼和好ヲ以テ口ニ藉キ、速カニ我カ兵ヲ撤シ、将来ノ処分ヲ己ニ任センコトヲ乞フ。是レ彼カ前来柳原公使ニ談スル所ニシテ、臣継イテ之レヲ論スルニ至リ遽カニ償金ヲ開説スルノ機無シ。是レ問題二条ヲ基本トシ、公道正理ニ服サシムルヲ要セシ所以ニシテ、臣カ遽カニ和ニ決スル能ハサル所以ナリ。此二者アルヲ以テ、応接照会筆禿シ唇焦ル、ニ至リ、而モ速成スル能ハス、遂ニ荏苒今日ニ至レルナリ。然リト雖モ此レ全ク臣カ不肖譾劣ノ然ラシムル所ニシテ、其十分ノ功ヲ奏スル能ハス、反ツテ　聖旨ニ戻ル。実ニ恐懼戦慄ノ至リニ堪ヘス。茲ニ使清始末ノ要ヲ摘録シ、互換条約、互換憑単二款ト共ニ之レヲ開陳シ、謹ミテ復命ス。誠恐誠惶頓首謹白

明治七年十一月

全権弁理大臣　大久保　利通

（『使清弁理始末』）

使清趣意書

弁理大臣西郷都督ニ示ス所

夫レ征蕃ノ義挙タルハ固ヨリ天地万国ニ対シテ愧チサル所、但昨春派清ノ使清官トノ応接書辞ヲ以テ徵ス可キ無ク、而シテ蕃地ハ天下皆以テ支那ノ版図ト為ス。故ニ中外士民或ハ廟議ノ疎漏ヲ評シ、或ハ其非義ヲ疑ヒ、遂ニ物論紛紜ヲ致ス。加フルニ清国政府異議ヲ唱ヘ、我カ外務卿ニ照会セシヨリ、是非曲直愈其真ヲ失フニ至ル。此際ニ当リ、外国使臣ノ両国ニ駐紮スル者皆竊カニ両国ノ挙動ヲ窺伺シ、往々流言訛伝中外人民ヲシテ転々狐疑ノ念ヲ増サシメ、殆ント日清互ヒニ敵視スルニ至ラシム。抑モ我カ政府ノ旨趣固ヨリ清国ヲ敵視シ疆土ヲ犯越スルノ意アルニ非ス。偏ヘニ民人保護ノ理止ム可ラサルヲ以テ、仁義ノ師ヲ将ヒテ無主ノ野蕃ヲ懲罰スルノミ。是ヲ以テ我カ朝廷深ク隣国ノ友誼ヲ傷ハンコトヲ慮リ、其疑惑ヲ弁解セン為メ向キニ柳原公使ヲ派遣セリ。公使在滬数十日、潘霨ト応接スル数回、潘霨乃チ約ニ背キ、直チニ蕃地に至リ、都督ニ談スルニ譎詐ヲ以テス。公使因ツテ其罪ヲ責メ、更ニ滬ヲ去リテ北京ニ前往ス。此時ニ当リ、彼盛ンニ兵備ヲ修メ、戦ヲ決スルノ色アリ。我従軍将士亦今後一報ヲ以テ端ヲ開カントスルニ至ル。事情頗ル迫レリ。是ニ於テ朝廷深ク其草卒禍端ヲ啓キ当初仁義ノ意ニ戻ランコトヲ慮リ、利通ニ全権弁理ノ事ヲ命シ、清ニ使ヒセシムル所以ナリ。余則チ八月六日ヲ以テ日本東京ヲ発シ、九月十日清国北京ニ抵ル。十四日其総理衙門ニ踵リ、諸大臣ヲ見首トシテ詰問シテ曰ク、貴大臣等前来柳原公使ト論弁セラル、如ク生蕃ノ地貴国版図内ニアリトセハ、何ヲ以テ今ニ至ル迄蕃民ヲ開化セラルサル。夫レ一国版図ノ地タル、其主管ヲ設ケテ化導スルニ由ラサルヲ得ス。貴国生蕃ニ於テ果シテ幾許ノ政教ヲ施ス乎。万国交際ヲ開キシヨリ人々互ニ往来ス。則チ各国ニ於テ航客ノ安寧ヲ保護セサルハナシ。況ンヤ貴国素ヨリ仁義道徳ヲ以テ全地球ニ鳴ル。而シテ生蕃ノ屢々漂民ヲ暴害スルヲ見テ之レヲ度外ニ置キ唯残暴ノ心ヲ養フ。是レ理有ル乎ト。抑モ此二条ヲ主脳トシ説キ起セシ所以ハ、彼ヲシテ我カ義挙タルノ旨趣ヲ貫徹セシメ、万国公法ノ至理に基キ彼我ノ曲直ヲ明ニシ、仮令ヒ議論協ハス事破ル、ニ至ルト雖モ、我カ名声ヲ損スル無ク、後世ニ至ル迄異議無カラシメンコトヲ庶幾スレハナリ。自是以後遂次往復弁論スレトモ、彼唯前議ヲ主張スル而已、毫モ自ラ悟ルコト無シ。此際我カ政府屢々書ヲ致シテ云ク、海陸軍備既ニ整実シ、緩急処変ノ廟議全ク決セリ。支那政府陽ニ和好ヲ以テ時日ヲ遷延シ、陰ニ戦備ヲ成スヲ聞ク、不知果シテ然ルヤ。和戦ノ決慎ミテ其機ヲ過ツ勿レト。又征蕃ノ将士蛮野瘴癘ノ地ニ在リテ櫛風沐雨、曠日弥久、其艱酸ノ状実ニ想像ニ堪ヘス。然リト雖モ、余不肖ノ身ヲ以テ至重ノ任ヲ蒙ル。和戦ノ際名義判然タルニ非スンハ、固ヨリ未タ遽カニ処断ス可ラス。是レヲ以テ外間ノ非議ヲ顧ミス固ク自ラ持シ、以テ其機会ヲ候ス。彼ノ果シテ頑固解ク可ラサルヲ察スルニ及ンテハ、則チ機ヲ荏苒ニ失ハンコトヲ恐ル。是ニ於テ遂ニ十月五日ノ談判ヲ決セリ。既ニシテ復タ謂ヘラク、貴重ノ命ヲ奉シ大国ニ使ス、一モ遺算有ル可ラスト。因ツテ彼ノ平素口ニ和好ヲ重ンスルヲ説クヲ以テ、更ニ両便ノ弁法有ラハ之レヲ聴キ、之ヲ議セント云フノ意ヲ以テ照会セリ。然ルニ彼ノ言フ所、我ノ撤兵ヲ待チ、清帝ノ恩典贍卹トシテ銀両ヲ難民ノ家ニ給付セントス。而シテ片書ノ以テ後日ヲ証スル無ク、徒ニ我兵ヲ退カシメンコトヲ主張シ、未タ判然図ヲ改ムルヲ見ス。於是彼ノ終ニ喩ス可ラサルヲ知リ、徒ラニ口舌ヲ費サンヨリ速カニ帰朝スルニ如カサルヲ以テ、旨ヲ彼ノ王諸大臣ニ告ケタリ。即チ廿三日ノ応接ナリ。因ツテ蕃地ノ無主ナルヲ以テ、益々我カ政教ヲ施シ漸次開誘スルノ意ヲ喩シ、以テ決然帰朝スルヲ告ケ、廿六日ヲ以テ発京ノ期ト定メ、告別ノ礼ヲ以テ各国公使ヲ其館ニ訪ヒ、随従官員ヲシテ水陸便ニ従ヒ先ンシテ発セシム。又状ヲ西郷都督ニ報センカ為メ福島参謀、樺山少佐等ニ書ヲ托シ、廿五日ヲ以テ程ヲ起サシメ、上海領事ヨリ本国ヘ電報ヲ命スル等ノ事ヲ為シ、発スルニ臨ミ又一書ヲ投シ、嗣後縦令ヒ弁論千万ナルモ我復タ教ヲ領セストス云フ。此ニ於テ柳原公使モ亦退京ノ事ヲ告ク。既ニシテ午後四時、駐清英国公使来リテ曰ク、本日総理衙門ニ踵リシニ諸大臣依嘱スル所アリ、云フ、五十万「テール」ノ額償フヘク、所欲ノ証書出ス可シ、貴公使幸ニ日本大臣ニ告ケヨト。我因ツテ之レニ答ヘテ云ク、我カ討蕃ノ挙ハ遭害難民ノ為メニ復讐伸冤シ、幷ニ東西航客ノ安寧ヲ保セントスルノ一大義挙ニシテ、天地神明ニ対シ毫モ恥ツ可カラサルノコトナリ。支那政府我カ義トスル所ヲ義トシ、我カ方法ヲ設ケテ航海者ヲ保護セントスルノ心ヲ心トシ、後患無カランヲ期スルノ明証確拠ヲ示サハ、我其金額ノ多少ヲ問ハサル可シト。乃チ三十一日ニ至リテ和議全ク成リ、余衙門諸大臣ト互ニ鈐印交換セリ。

本文ハ余カ命ヲ奉シテ清国ニ使シ、蕃地ノ事件数回談判往復、遂ニ両国和議ノ結局ニ至レル概略ナリ。其詳細ノ如キハ使清始末摘要、弁理始末日表、条約書写シ等ニ就テ見ルヘシ。抑モ此行ヤ国家安危存亡ノ関スル所ニシテ、其大事件タル固ヨリ論ヲ俟タス。其和戦ノ議ヲ決セントスル誠ニ亦難シ。清政府真ニ戦ヲ期シ勝敗ヲ争フノ意有ラハ則チ可ナリ。而モ彼終始一モ戦ヲ説クノ意ナシ。是レ蓋シ其意戦ヲ好マサルニ出ツルト雖モ、和好ヲ主張シテ我ニ曲名ヲ負ハス可キノ深意之レナシトス可ラス。故ニ談判破ル、ト雖モ、属否ノ論決セサルノミニテ、彼ノ啓釁ヲ待ツニ非サレハ我ヨリ宣戦ノ名義有ルコトナシ。是レ我カ征蕃ノ挙義務上ニ出テ、其果サント欲スル所既ニ果セハナリ。是レ戦ノ説ニ於テ遽カニ決スル能ハサル一ナリ。彼和好ヲ以テ弁法ヲ説クニ至リテハ、徒ニ我兵ヲ撤セシメ、将来ノ処分ハ之ヲ己ニ任センコトヲ乞フ。是レ既ニ柳原公使ニ談スル所、余継イテ之レヲ談スルニ至リテ遽カニ償金ヲ開説スル能ハサルノ情勢アリ。故ニ問題二目ヲ以テ公道正理ニ屈服セシムルヲ要セシ所以ニシテ、遽カ二和ヲ以テ決スル能ハサル二ナリ。此二条二於テハ、余カ焦心殫思以テ急成ヲ欲スト雖モ、如何トモス可ラス。荏苒日ヲ費ヤシ月ヲ重サネ以テ今日二至ルハ、事実止ムヲ得サル所ナリ。且ツ其和議調整ノ結末二至リ、彼償フ所ノ金其額僅少、我カ欲スル所二適セスト云フト雖モ、金額多少ノ論ヨリシテ議破ル丶二至リテハ、我カ義挙タルノ本旨ヲ失フ二似タリ。是レ我カ名誉ヲ損セス国権ヲ失ハサルヲ重シトシ、一刀両断専決シテ疑ハサル所以ノモノナリ。然リト雖モ我カ政府許多ノ財ヲ糜シ、陸海二軍ノ整備ヲ為シ、其獲ル所之レヲ償フ二至ラス、加フル二挙国人心皆義二奮ヒ戦二決シ、乃チ出軍将士二至リテハ艱ヲ践シ、苦ヲ嘗メ、誓ツテ其憤リヲ洩サンコトヲ欲ス。実二其兵勢ノ強弱、勝負ノ得失、誰カ和ヲ以テ是トシ、戦ヲ以テ非トセン。唯余ノ決スル所以ノ目的ハ固トヨリ強弱得失ノ外二在リ。然リト雖モ不肖譾劣二シテ実二其任ヲ辱メタリ。朝廷若シ譴責スル所アラハ、固ヨリ甘ンシテ受クル所ナリ。

(『使清弁理始末』)

外政家　大久保利通略年譜（括弧内数字は太陽暦を示す）

文政一三（一八三〇）　一歳
　八・一〇　鹿児島鍛冶屋町に生る。
嘉永四（一八五一）　二十二歳
　二・二　島津斉彬襲封。
嘉永五（一八五二）　二十三歳
　閏二・二五（四・一四）　英軍、ビルマ占領。
嘉永六（一八五三）　二十四歳
　六・三（七・八）　米国使節ペリー、浦賀に来航。
安政元（一八五四）　二十五歳
　一・一六（二・一三）　ペリー、浦賀に再来。
安政三（一八五六）　二十七歳
　七・二一（八・二一）　米国総領事ハリス、下田に来航。

安政五（一八五八）二十九歳
三・三（四・二六）露清愛琿条約調印（露国、黒竜江以北の地を領有）。
七・一六　斉彬薨去、忠義相続、久光後見役となる。
文久二（一八六二）三十三歳
五・八（六・五）仏国、交趾シナを略取。
八・二一（九・一四）生麦事件突発。
文久三（一八六三）三十四歳
六・二八（八・一二）英国艦隊、鹿児島湾前の浜に投錨（七月二日〔八・一五〕交渉決裂し、交戦翌日に及ぶ、十月二十九日〔一二・九〕和平交渉妥結）。
元治元（一八六四）三十五歳
八・五（九・五）英、仏、米、蘭四国聯合艦隊、下関襲撃。
慶応元（一八六五）三十六歳
九・二一　朝彦親王及び近衛内大臣に謁し、長藩処分及び外交の二問題につき建策す。
慶応二（一八六六）　三十七歳
一〇・五　兵庫開港に関し、近衛内大臣に建言す。

七・二〇　将軍家茂大坂に於て薨去。
一二・五　慶喜将軍宣下。
一二・二五　孝明天皇崩御。
慶応三（一八六七）　三十八歳
一・九　明治天皇践祚。
二・二五（三・三〇）　米国、露国よりアラスカを買収。
五・二九（七・一）　自治領カナダ聯邦成立。
一〇・一四　慶喜政権奉還を上奏、翌十五日允許。
一二・九　王政復古の大号令渙発。
一二・一二　参与に任ぜらる。
明治元（一八六八）　三十九歳
一・一七　内国事務掛及び徴士を命ぜらる。
二・三　内国事務局判事を兼任す。
二・一七　堺に於ける仏国人殺害事件に関し大坂に赴く（二月二十日帰京復命す）。
三・一四　五箇条御誓文発布。
閏四・一（五・二二）　露国、サマルカンド領有。
閏四・二一　官制改革、参与に任ぜらる。

七・一七　鎮将府（十月十九日廃止）参与に任ぜらる。
一二・二五　岩倉公に外国留学生派遣につき進言す。
明治二（一八六九）四十歳
七・八　官制改革、待詔院学士（後出仕）を命ぜらる。
七・二三　参議に任ぜらる（一四、六・二五）。
八・一一　露国北地侵略につき、三条公に上書して自ら出張、折衝せんことを請う、允されず。
九・二六　維新参与の功により賞典禄千八百石を賜い、従三位に叙せらる。
明治三（一八七〇）四十一歳
七・二（七・一九）普仏戦争勃発。（一四、一・一三〔一八七一、三・三〕）
一〇・二（一一・二四）公使駐剳制度を布く。
一〇・九　三条、岩倉両公に新政府改革の要項を進言す。
一一・二八（一八七一、一・一八）普国王ウイルヘルム一世、独逸皇帝に即位、独逸の統一完成。
明治四（一八七一）四十二歳
六・二五　西郷隆盛、参議に新任、木戸孝允参議に復任す。
六・二七　大蔵卿に任ぜらる（一六、一〇・一二）。

七・一四　廃藩置県。

七・二九（九・一三）　日清修好条規調印（六年三月九日批准、四月三十日批准交換）

一〇・八（一一・二〇）　岩倉全権大使に従い、欧米へ差遣を命ぜらる。十一月十二日（一二・一二）横浜解纜（大使一行、重要政務は大使の帰朝を待って処理すべきを在留者と誓約す）。

一一・六　琉球宮古島、八重山島の貢船、台湾蕃地に漂到す（六十六名中、五十四名暴殺せらる）。

明治五（一八七二）　四十三歳

二・一二　条約改正商議につき、委任状要求の為、伊藤博文と共にワシントン出発、三月二十四日帰朝す。

五・一七　横浜を出帆、再び米国に向う、六月十七日ワシントン着（条約改正商議は中止す）。

七・一五　ロンドン着。滞在五カ月、各地を視察す。

一一・一六　パリ着。

明治六（一八七三）　四十四歳。

二・一七　パリ出発、ベルギー、和蘭を経て、三月九日ベルリン着。

二・二七　外務卿副島種臣を特命全権大使と為し、清国に差遣、台湾生蕃の我が漂民殺害を申理せしむ（七月二十六日帰朝復命す）。
三・二八　備中浅江郡柏島村民四名、台湾蕃地に漂到、掠奪さる。
三・二八　本国政府の命により、岩倉大使一行と別れ、ベルリン出発、帰朝の途に就く。
四・一三　マルセーユ出発。
五・二六　帰朝す。
七・二三　木戸孝允帰朝す。
八・一六　箱根に赴き、富士登山、ついで京阪近畿地方を遊歴す。
八・一七　閣議、参議西郷を遣韓特使とすべく内決し、岩倉大使一行帰朝後発表と定む。
八・一八　参議木戸孝允征台征韓の反対意見を上る。
九・一三　岩倉大使一行帰朝。
九・二一　京阪より帰京。
一〇・一二　参議に任ぜらる（—一一、五・一四）。
一〇・一四—一五　征韓に関し閣議、西郷、大久保その是非を論争、西郷の意見採用に決す。
一〇・一七　辞表を提出す。

一〇・一八　早暁、三条実美急疾を発し、ついで辞表を提出す。
一〇・二〇　岩倉具視太政大臣を摂行す。
一〇・二三　岩倉具視、閣議顚末書を上奏　聖上御嘉納。西郷辞表を提出す（翌二十四日罷免、十月二十八日帰県す）。
一〇・二五　辞表却下せらる。
新内閣成立（副島、後藤、板垣、江藤各参議罷免）。
一一・二九　内務卿を兼任す（一一、五・一四）。
一二・三〇　参内、優渥なる勅語を拝し、金七百円を賜る。

明治七（一八七四）　四十五歳

一・一〇　内務省事務開始。
二・四　佐賀の乱勃発（三月一日平定）。
二・六　参議大隈重信と「台湾蕃地処分要略」及び朝鮮遣使に関する取調書を提出す（閣議、台湾征討と決定）。
二・一〇　佐賀出張の命を拝す。
二・一四　東京出発。
二・一七　大阪着、出兵の協議を遂げ、十九日博多に着（福岡に本営を設置）。
四・四　陸軍中将西郷従道を台湾事務都督となす（参軍谷干城、赤松則良）。

四・五　参議兼大蔵卿大隈重信を台湾蕃地事務局長官となす。
四・六　延遼館会議、台湾征討と決定す。
四・八　米人ル・ジャンドルを台湾蕃地事務局准二等出仕となす。ついで米人カッセル等を雇傭す。
四・九　西郷都督東京出発。
四・一〇　在本邦英国公使パークス、外務卿寺島宗則を訪い、生蕃征撫の措置に関し会談す。
四・一三　江藤新平以下刑につく。
英国公使パークス、ついで十八日在本邦米国公使ビンガム、それぞれ征台に異議を唱え、英米人及び同船舶の参加を拒む。
四・一七　佐賀発途、二十四日帰京す。
四・二七　有功丸厦門に向け発す。
四・二八　台湾事件に付、長崎出張を命ぜらる。
五・二　日進、孟春、明光及び三邦の四艦、台湾社寮港に向け進発す。
五・三　長崎着。
五・四　大隈、西郷と相会し、台湾出兵と決定。
五・六　ル・ジャンドルを従え、長崎出帆、神戸、大阪を経て、十五日帰京。

五・一七　西郷都督高砂丸にて長崎発。
五・一九　特命全権公使柳原前光、東京を発し、二十八日上海に着す。
五・二二　台湾生蕃熟蕃十八社投降す。
六・二　台湾略《ほぼ》平定す。
七・九　閣議、海外出征を決し、宣戦発令順序条目を決議す。
七・一二　琉球藩（外務省所管）を内務省に移管す。
七・二四　柳原公使、天津にて李鴻章と会見。ついで、総理衙門諸大臣と往復弁難論駁を尽すも議協わず。
七・　台湾出征善後策に就き、三条公に覚書提出。

北京談判

八・一　全権弁理大臣として、清国差遣を命ぜらる（随員文武官十余人、司法省御雇仏人ボアソナードまた顧問として随う）。
八・五　召見親諭、委任状を賜る。
八・六　東京出発。
八・一〇　長崎着（高崎正風、小牧昌業を北京に先行せしむ）。
八・一六　竜驤艦に乗じ、長崎発。

八・一九　上海着（二十二日呉淞江を下り、再び竜驤艦にて二十七日芝罘着、二十九日芝罘を発し、三十日太沽に至る、三十一日孟春丸に転乗し太沽出発）。
九・一　天津着（六日発して、九日通州着）。
九・一〇　北京着。
九・一四　清国総理衙門にて、日清第一回会談。
九・一五　柳原公使を伴い、在清露、英、米三国公使を訪問す（米国公使ローに台蕃の清国版図たる証拠の公文を借覧方申入る）。
九・一六　在清英国公使ウェード来訪（撤兵に関し照会す）。
九・一七　我が旅寓にて、日清第二回会談。
九・一九　在清露国公使来訪。
九・二六　総理衙門にて、日清第三回会談。
英国公使ウェード来訪（日清間交渉経過を照会し、撤兵を条件として調停斡旋を申出づ）。
一〇・五　総理衙門にて、日清第四回会談（談判不調を以て帰朝の意を表明す）。
一〇・九　在北京日本公使仮館にて、柳原公使、英国公使ウェードと会談（蕃地問題の国際仲裁裁判附託の提議に対し、即座に拒絶す）。
一〇・一〇　清国側の改図を促し、五日間を期限として最後的通牒を発し、回答を求む（十一日回答期限延期方を求め来り、十二日三日間の延期を諾す）。
一〇・一四　在清英、仏両国公使を訪い、日清交渉経過を説明す。
英国公使ウェード来訪。
一〇・一八　我が旅寓にて、第五回日清会談（両便の弁法として、我が方より賠償を要求す）。
一〇・二〇　総理衙門にて、第六回日清会談。
一〇・二一　総理衙門にて、鄭書記官、軍機大臣沈桂芬等と償金の額、名目等を議す。
一〇・二三　英国公使ウェード来訪（両便の弁法商議の経過を問合せ、右斡旋方を申出づ）。
総理衙門にて、第七回日清会談、商議決裂す。
一〇・二四　英国公使ウェードを、翌二十五日在清独国公使を各訪問す（商議不調の経過を説明し、帰朝の挨拶をなす）。
一〇・二五　清国の主張を駁し、帰朝すべきを総理衙門に通告す。
英国公使ウェード来訪（清国側の和約条件を伝達す）。
夜八時、英国公使ウェードを訪問（和議条件を商議す）。
一〇・二六　柳原公使、謁見を許されざるに付、帰国すべきを総理衙門に通告す。

一〇・二七　英国公使ウェード来訪（償金の収受等に付商議す）。
　　　　　総理衙門、和議条件を通告し、更に征蕃問題解決後、柳原公使謁見の儀を奏請すべきを回答し来る。
一〇・二九　清国、我が征蕃の義挙たるを認め、償金五十万両の支払を諾す。
　　　　　英国公使ウェードより、償金の支払期日等に関する、清国側の意嚮を伝達し来る。
一〇・三〇　英国公使ウェードを訪問す（償金の収受方等に付回答す）。
　　　　　田辺、太田、鄭総理衙門に至り、条約書並に銀両交付の順序を商議す。
一〇・三一　総理衙門にて、条款憑単に調印、ついで互に本件に関する往復公文を撤回す。
一一・一　北京出発、通州より舟行。
一一・三　天津に抵り、李鴻章を訪問、日清親善を談ず。
一一・四　天津出発（五日芝罘着、同日神奈川丸に転乗し、出帆）。
一一・七　上海着、ついで十日償金十万両を受領（十一日上海出帆）。
一一・一二　岩倉具視書を贈り、北京談判の成功を祝す。
　　　　　寺島外務卿より英国公使ウェードの斡旋に関し、英国公使パークスに謝意を表明、ついで十五日勅語を賜る。

一一・一四　厦門上陸。
一一・一六　打狗（高雄）に着、西郷都督と会し、撤兵を協議し、ついで戦趾を巡視す。
一一・一八　台地出発。
一一・一九　日清条約書を列国に送附す。
一一・二一　木戸孝允書を寄せ、大久保の功労を称す。
一一・二二　長崎帰着（翌日出帆）。
一一・二六　夜半横浜入港。
（柳原公使清帝謁見、国書を捧呈）。
一一・二七　入京、直に参内、復命す。
聖上太政官に出御、優詔を賜う。
一一・二九　横浜に英国公使パークスを訪い、英国公使ウェードの好意を深謝す。
（侍従長東久世通禧台湾に至り、西郷従道に勅旨を伝え、撤退を命ず）。
一一・三〇　独国公使フォン・ブランド訪問。
一二・一　米国公使ビンガム訪問。
一二・一三　聖上、殊勲を賞し、金一万円を賜う（十八日拝辞するも、二十二日徳大寺宮内卿允許し給わざるを伝う）。

一二・一五　琉球処分に関し建議す。
一二・二一　延遼館に清国派遣随員を招き、慰労の宴を催す。
一二・二二　英国公使に招かれ、横浜に赴く。
一二・二七　西郷従道台湾より凱旋し、征台の状を奏す。

明治八（一八七五）　四十六歳

一・四　台湾蕃地事務局を廃す。
一・二九　大阪会議開始。
二・二五　英、仏両国、横浜衛兵を撤去す。
五・七　日露千島樺太交換条約調印（八月二十二日批准交換、十一月十日公布）。
九・二〇　江華島事件勃発。

明治九（一八七六）　四十七歳

一・一五　霞ケ関新邸落成し、本日移居。
五・一　英国ヴィクトリア女皇、印度女帝を宣言。

明治一〇（一八七七）　四十八歳

二・一五―九・二四　西南之役勃発。
四・二四　露国、トルコに宣戦（十一年三月三日サン・ステファノ和約調印）。
一一・二　勲一等に叙し、旭日大綬章を賜る。

一二・二四　正三位に叙せられ、特に勅語を賜う。

明治一一（一八七八）　四十九歳

五・一四　参朝の途中、清水谷に於て、島田一郎等の為に刺され、遂に薨去。
聖上、勅使を遣わされ、特に右大臣正二位を贈り、金幣、誄詞を賜う。

五・一七　国葬の例に準じ、青山墓地に葬る。

後記

この著はその標題が示すごとく、外政家としての大久保利通を書いて、その題意に終始した。もしそれ大久保によって代表される対外政策の持つ意味と影響というごとき、やや広汎なる問題については、拙著『外交史』（『現代日本文明史』第三巻、東洋経済新報社版）を併せ一読されんことを望む。

中公文庫版解説

村松　剛

清澤洌は、明治二十三年（一八九〇年）の生まれである。

信州北穂高村の小学校を卒業したのちにキリスト教徒の経営する塾にはいり、十六歳のときに渡米して、西海岸のワシントン州タコマのハイスクールで学ぶ。（卒業したかどうかは、定かではない。）そのかたわら「北米時事」という邦字新聞で働き、大正三年以降は「新世界」に移った。

日本への帰国は大正七年というから、二十八歳のときだった。それまでにも二回ばかり日本にもどってはいるのだがいずれも短期間で、彼は少年期青年期の十二年間をアメリカ西部で送ったことになる。翌大正八年にも八箇月ほどをアメリカですごし、大正九年に中外商業新報社に入社した。

以上の経歴は、北岡伸一氏の著書『清沢洌』（中公新書）による。現代風のことばでいえば、「帰国子女」だろう。

十歳代から家族と離れて海外での生活を経験したいわゆる「帰国子女」には、競争のはげしい社会で暮しているうちに戦闘性を身につけ、表情まで変ってしまう例をときに見かける。行きさきがアメリカの場合にことにそれが目立ち、過度の戦闘的性格とは日本語でいえば「不躾け」だから、帰国しても日本の社会にはなじみにくい。

清澤の場合にも、そういうところがいくらかあったらしい。いまの「帰国子女」とはちがって、彼は海外の大学も日本の大学も出てはいない。同窓の仲間をもたない孤独なこの新帰朝者は、「さすがに育ちだけのものはある」という非難を、右翼陣営から浴びせられたりするのである。

彼の最初の著作『米国の研究』は、大正十四年に刊行された。その前年の大正十三年七月にアメリカでは日本人を主要な対象とする新移民法が成立し、日本はこの「排日」移民法への怒りに湧き立っていた。内村鑑三はアメリカの政策は「宇宙の公道」の蹂躙であるといい、日本人はなるべく「米国に行かない事」「米国品を使はない事」「米国人の援助を受けない事」「米国人の書いたものを読まない事」、そして「米国人の教会に出入りしない事」を提唱した。

徳富蘇峰は「排日」移民法実施の日を、「国辱の日」とせよと叫んだ。「国辱」を心に刻み臥薪嘗胆して復讐の日にそなえることを蘇峰は説いたのであって、対米戦争を彼は考えていたのだろう。政府はアメリカに抗議文を送り、反米の国民集会が各地で開かれ、アメリカ大使館のまえで割腹自殺をとげる男までも出た。新渡戸稲造は、この法律が修正されるまではアメリカの土は踏まないと宣言し、実際にアメリカからの招待をことわりつづける。

清澤の『米国の研究』は、この時期にあらわれた数少いアメリカ擁護論のひとつだった。内村や新渡戸稲造のような「知米派」さえがアメリカとの絶縁をとなえていたことから考えると、擁護論はこれが唯一だったかも知れない。

清澤は自分が移民のなかで生活し、移民用の邦字新聞の経営や記事作成に関与していたから、在米移民のうけて来た迫害の実態についてはよく知っていた。「排日」移民法の成立にたいしては憤りを感じると、彼もまた書いている。非は明かにアメリカにあるのだから、日本人が怒るのは当然であると彼はいう。しかしこういう傍若無人のアメリカだけが、清澤によるとアメリカのすべてではない。

「忘れてならない一事は、日本と米国とは、好むと好まざるとにかかはらず、永遠の昔から、永遠の未来まで、太平洋を隔てて、相対して生きねばならぬ運命の下に置かれていることである。」(序文)

したがって一時の興奮に駆られてアメリカをひたすらに非難、罵倒することよりも、この国の全体像にたいする冷静な把握が必要とされると、『米国の研究』は指摘する。感情的な輿論にアメリカが動かされやすいことはたしかだが、逆にこれを抑制する指導者たちもここにはいる。

「米国の識者と為政家は、血にはやる群衆を如何にして正導するかに苦心し居り、しかし毅然としてその態度を鮮明する道徳的勇気を有している。(中略)米国が幾つもの欠点を包蔵しながら、大体に中正を謬らず、われ等の望みを嘱するのもこの力が一方に植えつけられているからである。」

清澤はこのあと『アメリカを裸体にする』(昭和五年)、『アメリカは日本と戦はず』(昭和七年)を刊行し、ローズヴェルトが大統領にえらばれた昭和八年には『革命期のアメリカ経済』を出版した。しかし右のような冷静かつ穏健なアメリカ観は、次第に日本ではうけ容れられなくなって行く。

一方では彼は、明治人らしい愛国心を終生失なわなかった。

「ああ、天よ、日本に幸ひせよ。日本を偉大ならしめよ。皇室を無窮ならしめよ。余は祖国を愛す」(『暗黒日記』昭和十八年二月十一日)

長い海外生活が日本への愛着と皇室への尊崇の念とを、いっそう深めていたように見える。それだけに「さすがに育ちだけのものはある」アメリカかぶれという罵倒は、清澤にとっては心外きわまるいいがかりだったはずである。

弁護士の正木昊《ひろし》が昭和十二年に創刊した「近きより」と題する小冊子があって、その雑誌の昭和十六年一月のアンケートに、清澤洌がこたえている。「近きより」(はじめは二十四頁、昭和十七年四月以降はその半分以下）は筆者の祖父宛にも毎号寄贈されていたから、戦時下でも平気で政府や軍をこきおろす正木氏の文章を読み、その勇気に感歎したものだった。昭和十六年一月のアンケートは、次の三項目から成り立っていた。

「㈠現時局に鑑み、日本人の欠点、㈡日本文化の欠陥、㈢最近感心されたこと」

これにたいして清澤洌は、当時の国粋主義的風潮を嘲弄したたいへん皮肉な返事を書く。

「㈠日本人に欠点があるのでせうか。日本人の欠点といふものは、新体制下の考へ方によれば、ことごとく外国の影響からではありませんか。

㈡右の理由によつて日本文化には欠点がないはずです。ありとすれば、それは西洋的個人主義、自由主義、私益追求主義の侵入の結果でなければなりません。

㈢復古的精神主義運動がわが国に始まつて約十ケ年になります。その成績と決算表が我等の目前にあります。感心することは、二、三をもつて数へられません。」

この直後の二月に内閣情報局は総合雑誌の編集者たちにたいして、清澤洌、馬場恒吾等、言論活動の舞台をあたえてはならない文筆家たちの名簿をわたした。評論家としての活躍のみちを封じられた清澤は、その後は外交史の執筆に専念する。

前年の昭和十五年に彼は国民学術協会の援助によって「日本外交年表」の作成をはじめ、これと平行して『外交史』を書いていた。『外交史』は昭和十六年の春には脱稿し、次に『外政家としての大久保利通』にとりかかる。

『外政家としての大久保利通』は「序」によると昭和十六年の秋に完成され、翌十七年の五月に刊行されている。つまり右のアンケートにたいする答えを書いたあとのころから、対米英宣戦の直前までのあいだに、本書は書き上げられるのである。

大久保利通が外交家として手腕を発揮したのは、台湾出兵のあと始末にみずから北京に赴いたときだった。

台湾出兵のまえには、有名な「征韓」論争がある。台湾で指揮官をつとめた西郷従道は清澤が本書で指摘しているように、「征韓」を封じられた士族の不満を少しでも発散させようと企てていた。またそのまえに起こった佐賀の乱も、征韓派の不平士族に江藤新平が担がれた恰好だった。だから本書も北京会談にはいるまえに、まず「征韓」論争の大筋を記述している。

明治六年の「征韓」論争は、単純に征韓の是非をめぐって生じた対立ではない。岩倉、木戸、大久保等の外遊組が当初考えていたことは、江藤新平をはじめとする新任参議たちの追い落しだったのである。遣欧使節団が日本を発った明治四年の秋には左院の副議長だった江藤が、いまは参議兼司法卿として政府の実権を掌握していた。

江藤は参議に任命されると太政官の事務章程を改めさせ、参議に権力を集中させた。予算の決定も奏任官以上の官員の任免も、すべて参議たちの権限であることが明文化され、

さらに裁判に関しても、

「裁判上重大の訟獄あれば、内閣議官（参議）そのことを審議し、あるひは臨時裁判所に出席してこれを監視することあるものとす。」

　三権分立の要を熱心に主張していた江藤は、自分が参議になると司法権をあっさりと参議に従属させた。（この法改正によって翌年彼は皮肉なことに、参議大久保の監督する裁判所で梟首刑を宣告される。）太政大臣三条実美はただの議長職に祭上げられ、江藤の司法省は警察権までも握っていた。

　日本を法治国にしようとする理想主義的な情熱と、権力への強烈な野望とが、江藤という人物のなかには何の矛盾もなく同居していたというべきだろう。もうひとりの新任参議、後藤象二郎は島田組と手を組んで商売に熱中し、西郷隆盛はそれを見て「礼儀を擾《みだ》す」所業と苦《にが》りきっていた。

　江藤や後藤は西郷と板垣正形（退助）との征韓論を支持して、遣欧使節組の実力者たちに対抗している。しかし西郷がこれらの新任参議たちを心から支持しているわけではなく、大久保、木戸が閣議に加わるといえば彼も内閣改造に協力するだろうと、岩倉は信じ込んでいた。木戸は参議の資格で外遊したけれど、大久保は非参議の大蔵卿だった。

　岩倉のこの読みの甘さが、事態をいっそう紛糾させる。西郷は朝鮮に使節として出かけて殺される覚悟をかため、ピストルを購入し辞世に類する詩までも書いて、廟議が出発を許可するのを待っていた。朝鮮行きという重大問題のまえには、内閣改造など枝葉のことがらにすぎない。

西郷の予想外に強硬な態度は、岩倉を狼狽させた。樺太問題をめぐるロシヤとの交渉の必要を理由に時間をかせぎ、政府の改革を行なおうとした岩倉の思惑は完全にはずれて、閣議の席は文字どおり征韓論争の舞台と化したのである。朝鮮遣使の即時実行が行なわれないのなら、

——仕方ごわはん、やめるよりごわはん。

西郷は十月十四日の閣議ではっきりといい切り、この一言ですべての妥協の余地が消滅する。

征韓論争は「大久保と西郷との争闘」ではなく、「士族的なるものと、新政策的なるものとの争い」だったと、清澤は本書のなかで説明している。「士族的なるものを大陸政策といえば、新政策的なるものを内治主義といつて固より差支えない。しかし内治は単に内治を目的としてはいない。その目がけるところは日本の膨脹にある。その征韓論に於て新産業を代表するものが悉く反征韓論の陣営についたことが、この抗争の本質を語っている。」

本書が書かれた昭和十六年にはシナ事変はすでに満四年を迎えて泥沼化の様相を深め、対米関係は開戦の寸前にいたっていた。右の文中の「士族的なるもの」をこの時期の軍の指導者層とおきかえて読むことに、不自然さはないのではないか。

明治時代の日本の漸進的発展が評価にあたいする以上、「征韓論における両派の主張の是非は、歴史によって最早確立されていい筈である」と彼はいう。いいかえるならば冒険主義的な士族の指導者たちを抑え込んだ明治の先人たちに、昭和の政治家たちはなぜ学ぼうとしないのかということだろう。

「現実主義者たる大久保が征韓論に反對したのは朝鮮や清国が怖いからではなかった。この大陸に手を染めれば必然に長期戦になり、その背後勢力たる魯の利用するところとなることが明かであったからだ。」

昭和の日本はまさに大陸の「長期戦」にはまり込み、一身をかけてもこれをとめようとする政治家はあらわれない。

「明治の政治家は嘗て責任を回避することを知らなかった。」

自由主義者としての清澤は、大久保よりもむしろ木戸のもつ開明的な体質の方に、惹かれるところが多かったように推定される。

版籍奉還、廃藩置県を実現させたのは、木戸だった。大久保を論じたこの文章のなかで、清澤は再三にわたって大久保の政敵だった木戸を、礼讃しているのである。

「明治維新の功臣中最も自由主義的主張に徹したのは木戸孝允であった。その頃の政治家はいずれもそうではあったが、特に木戸は自己の政治的主張のためには個人的感情は常に最少限に制圧した。外遊中、感情の衝突を来した大久保を征韓論の時、最も熱心に推したのは木戸であり、（中略）病中の木戸は岩倉に書簡を送って『大久保参議は沈重謹慎之性質に而、不抜之志は、多年御熟知も被レ為レ在候通』と極力推挙している。」

外遊前の木戸は文明開化派の官僚群の総帥といってよい立場にあり、保守派の方に属していた大久保は再三にわたって木戸の追い落しをはかった。二人の感情的対立は清澤のいう「外遊中」の所産では実はなく、それ以前からの政見のちがいに根ざしていた。

両者の立場は、外遊後には再び大きなちがいを見せる。欧米を見た大久保が開化派に転じたのにたいして、木戸の方は逆に野放図な西洋模倣が日本を混迷にみちびくことを憂い、国家の基本形態を定める憲法の起草が喫緊事であることを、帰国の直後から力説していた。参議が三権の頂点にいる「有司専制」の制度にも、彼は反対だった。

憲法や三権の分立は、まだずっとさきのはなしだと大久保は思っている。それでも内政の充実がさきで征韓などとんでもないという点では、考え方は――この二人だけではなく外遊組に――共通だった。（木戸は外遊まえの明治三年に、征韓の主張を撤回していた。）

帰国後の八月の末に木戸は九段の通りで馬車から放り出されて後頭部をつよく打ち、数箇月半身不随の状態となった。そのために廟議には欠席をつづけ、自然に大久保が反征韓派の中心に坐ったのである。もしも木戸が出席して西郷と対決していたとすれば、薩長の争いのような形になったはずだから、彼の事故による欠席は結果としては幸運だったかも知れない。

長州藩は戊辰戦争のまえに蛤御門の変で多数の戦死者を出し、つづいて幕府軍を相手に四境戦争を戦っている。したがって戦争がまだしたりないという薩摩藩型の慾求不満は、この藩には殆どなかった。そのうえに江戸期の大多数の武士が俸給生活者だったのとはことなり、薩摩の場合には、武士が自分で田畑を耕す鎌倉時代型の生活形態を濃厚に残していたために、維新政府の計画していた秩禄処分はこれらの在地武士たちを不安がらせた。秩禄処分は薩摩では俸禄の停止というよりは、財産の没収としてうけとられる。

征韓論を抑え込んで西郷以下の外征派を閣外に去らせた政府が、莫大な出費を要する台湾出兵に踏切ることは矛盾撞着もはなはだしい。怒った木戸は佐賀の乱が治まるのを待ち、参議兼内務卿（大久保の代理）兼文部卿の全官職を辞した。矛盾は大久保にもわかってはいても、薩摩の内情を知る彼としては出兵をやめさせることはできない。琉球は長いあいだ、薩摩の事実上の藩領だった。

そのかわり問題が紛糾すると、全権弁理大臣に任じられて彼は北京に赴く。交渉の困難さもまた、大久保は十分に弁えていたと思われる。清国政府が台湾は化外の地と、それも文書にしてではなく口頭でいったことを理由に、いきなり軍隊を出してしまったのだから乱暴きわまりない。

イギリスの公使パークスはこれを知って驚き、外務卿寺島宗則に質問状を送った。

「貴政府同島（台湾）へ兵隊御出発いたされ候は、何等のことをなされ候つもりに候や。」（『岩倉公実記』）

前任のアメリカ公使デ・ロングや前厦門《アモイ》領事リ・ジェンダー（ル・ジャンドル）が熱心にすすめた出兵だから、これでとおると岩倉などは思っていた形跡が濃い。デ・ロングは金鉱夫出身の元ネヴァダ州議会議員で、リ・ジェンダーは元軍人だった。

任務の困難さを承知のうえで大久保は北京に向かったのであって、そのことを清澤洌は高く評価するのである。彼がくりかえしいっているように、「大久保は断じて責任を回避しなかった。」

清国を含むどこの国にも通告しないで派兵した日本も無茶だが、清国がわにも弱味はあった。台湾が自国領であると主張するのなら、蕃族にたいする行政の形態や税金について仔細に説明せよと大久保にいわれると、もともとそんな制度はととのっていないのだから、先方はこたえられない。行政権が及んでいないことを清国が正式にみとめてしまえば、日本の無断派兵は一応正当化される。

清国のその弱味を大久保は衝きつづけ、会談は詰責につぐ詰責の形を呈し、清国代表団のことばによると、

「問官訊供（査問官の訊問）にひとし。」（『西南記伝』）

交渉の主導権を大久保が握って粘りづよく談判をかさねた結果、ついに被災者への撫恤

金と出兵費の一部、計五十万両《テール》（約七十八万円）を北京に出させることに成功した。同時にこれは、琉球が日本領であると清にみとめさせたことを意味する。

清澤洌は大久保の反征韓論と対清外交とを、まえにも触れたように大陸の戦争に深いりした日本への警世の意をこめて書いた。

しかし本書が刊行されるよりも半年まえに、日本は大東亜戦争に突入していた。「大東亜戦争は封建主義が、開化主義に対する勝利だ」と、彼はその『暗黒日記』のなかでいう。明治の開明的な政治家たちは、清澤のことばによると維新政府のなかに残存する「士族的なるものと」戦い、新生日本をみごとに築き上げた。大久保、木戸のあとを継いだ伊藤、山県、桂も、「いずれも国際情勢の動きは心得て、その基調は開明的」だった。「明治の功臣は、大東亜戦争の指導者たちと異って、考え方に屈伸性があったのだ。」（昭和十九年五月七日）

彼らのもっていた旺盛な責任感と、弾力的な思考力は昭和の政治家にはもはやない。明治の精神を日本人はなぜ忘れ果て、「封建主義」の迷妄のなかにもどってしまったのか。そのことを歎きつづけながら、この憂国の自由主義者は敗戦の三箇月まえに生涯を閉じる。

享年、五十五歳だった。

ちくま学芸文庫版解説　政治家としての大久保利通

瀧井一博

著者の清沢洌は戦前の日本を代表する政治評論家であり、ジャーナリストである。その名は本書と本書の執筆後に戦時下でひそかに書き留められてきた『暗黒日記』によって、今日なお名高い。この両著によって、清沢は軍国主義に席巻される時勢下にあっても、自由主義的愛国者として孤高な言論を堅持した特異な知識人の光彩を放っている（清沢の生涯については、北岡伸一『清沢洌　増補版』（中公新書、二〇〇四年）が何よりも参照されるべきである）。その面目は、台湾出兵に絡んで日本政府に抗議文を出した当時のアメリカ合衆国公使ビンガムを指して、「日本にとっては真実なる友人であった」（本書九三頁）と読者に釘を刺しているあたりにも躍如としている。すでに開戦の火蓋が切って落とされていた敵国アメリカの外交官に対するかような一文は、本書が興奮から一歩退いた冷徹な分析の書であることを端無くも示している。

清沢がなぜ大久保を論じようとしたのか。それも、外政家として。その答えをいま詳《つまび》らかにし得ないが、これと前後して『外交史』（東洋経済新報社、一九四一年。翌年、『日本外交史』上下として増補改訂のうえ再刊）や今日でもなお専門家の間で利用されている『日本外交年表並主要文書』の編纂にあたっていた彼は、日本外交の一次史料を読み込み、長期的スパンで諸事実を俯瞰するなかで、「日本外交史を通じて、最も異色あり、興味ある外交は征蕃事件から引続く北京談判である」（本書一一頁）との確信を抱き、それを主導した大久保のリーダーシップを考察しようとしたことは推察できる。

まさに、大久保によるこの時の外交交渉は、日本外交史におけるハイライトのひとつと言って過言でない。ここには、主権国家体制という新たな文明の原理を受容することに決した新生日本が、その原理を引っ提げて、かつての文明の宗主である中国と渡り合い、説伏しようとしたスリリングな葛藤と妥協のドラマが認められる。あえて「敵地」に踏み込み、理解してもらえないであろう自らの立場を持して譲らず、最後にはついに清国の譲歩を勝ち取った大久保の言動には、マックス・ヴェーバーがいみじくも語った「情熱と判断力の二つを駆使しながら、堅い板に力をこめてじわっじわっと穴をくり貫《ぬ》いていく作業」（『職業としての政治』）という政治家の本分が漲《みなぎ》っていると言えよう。

本書は、「いい政治家はまたいい外交官である」との書き出しそのままに、外交を通じて、政治家大久保利通の真価を描き出している。本書が指し示す大久保の政治的真価とは何か。それは「筋」であり、「理」であり、「情」だと私は考える。

まず、「筋」ということ。大久保は筋を通すことを重んじた。そのことは、北京での対清交渉のきっかけとなった台湾出兵に先んじて生起した征韓論政変に認められる。周知のように、この政変は、西郷隆盛を使節として朝鮮に派遣するという閣議決定を覆し、これを異とする西郷ら征韓派の参議たちが辞職して政府を後にした事件である。西郷は自らが遣使されることで朝鮮において殺害されることを予期しており、そうなることによって朝鮮出兵の名義が立つとの考えだった。西郷の遣朝は、軍事行動とセットだったのである。

このような暴発ともいえる対外強硬策は、欧米視察から帰ってきた岩倉使節団の面々との対立を招く。一年半以上もの長きにわたって海外を巡遊してきた使節団だが、そのメンバーだった岩倉具視、大久保利通、木戸孝允、伊藤博文たちは、新政権を樹立して文明開化を推し進めてきたもののいかに西洋文明と日本との彼我の差があるかをまざまざと見てきた。彼らは、今は外国との開戦をもたらすような軽挙は厳に戒め、国内の治政に専心すべきとの思いから、西郷の派遣の阻止に動く。

この時、大久保が「一ノ秘策」があると漏らし、西郷派遣の決定を覆す策略を実行に移したことはよく知られている。通常、それは、太政大臣の三条実美が昏倒したことを奇貨として、岩倉をその代理に就け、天皇を動かして使節派遣の閣議決定を無かったことにしようとの非常措置だったと理解されている。まだ政治的経験の乏しい天皇に下駄を預けるようなもので、それは天皇の権威を私用するとの非難をもたらしかねなかった。

しかし、最近の伊藤之雄氏の研究が指摘しているように、従来の朝廷の意思決定においては、太政大臣からの奏上に基づき、天皇はその意に従って勅命を下していたのであり、当時の手続きの観念に照らせば、決して違法なものではないとの考え方もあり得る（伊藤之雄「大隈重信と征韓論政変（一）、（二）」）。これに対しては、この年（明治六年）五月に太政官職制が改正され（太政《だじよう》官制潤飾《じゆんしよく》）、参議によって構成される内閣が設けられたことによって、「内閣の議決すれは、即日本文の手続をなし、御批允裁を経れは、翌日之を頒布するを恒例とす」（正院事務章程）と規定され、内閣が議決したことは、太政大臣がその日のうちに印を押して天皇の裁可を受け、翌日公布するものとされたことが反論として挙げられよう。つまり、内閣の決定が自動的に政府の意思となるように手続きの改定が行われていたのである。

だが、大久保において、これはクーデタと見なされたものと想像される。岩倉使節団の派遣中、日本に残った留守政府との間では、重大な改革は差し控えるとの約定が交わされていたが、太政官制潤飾とは国家の意思決定手続きの改変という意味で、憲法（国制）改革に値するものだったと言える。そして、この潤飾の結果として導入された閣議の決定によって、西郷の派遣が決められたのだった。大久保にしてみれば、掟破りを行ったのは留守政府の側であり、それを旧来の正当な筋に戻した結果の派遣取り止めだったということになろう。大久保が画策した「秘策」とは、クーデタによって占奪された支配の正統性を旧に復するものだったのであり、それに従えば、閣議での議論を踏まえたうえで、太政大臣が自己の意見を天皇に具申することこそが筋なのである。征韓論議のさなか、明治政府内では権力の真空状態が現出していた。そのなかで、あくまで筋を見極め、それを通そうとしたのがこの時の大久保の行動だった。

そのような筋を通すという姿勢は、この後の北京での外交交渉においても見られる。その最たるものとして、大久保の李鴻章に対するスタンスが挙げられる。大久保は交渉に先んじて、またその最中にも、李鴻章と接触を持とうとしていない。清沢が記しているように、「これは慣例に悖るもので、普通は各国使臣が、北京に赴くに当っては、まず李鴻章に敬意を表するのを常とした。……大久保は全権大臣として、直接に北京政府を目がけ、李鴻章を無視したのだ」(本書一六三頁)。

私は、ここに筋を通そうとする大久保の姿を認める。大久保は決して李鴻章をないがしろにしたのではない。全権大臣たる自分のカウンターパートは総理衙門《そうりがもん》だとの意識を貫き、それを清側にメッセージとして発しようとしたのであろう。それが中国の慣行と奥義に無頓着な朴念仁《ぼくねんじん》の所為《しょい》であるのは承知の上である。日本は世界を牛耳ろうとする西洋文明の偉容を理解し、その虎穴に入ることで国として独立し、新たな国際関係のなかで生き抜くことを選択した。その覚悟を分からしめるためにも、大久保は西洋流の外交スタイルに拘《こう》泥《でい》したのではなかろうか。

それは、大久保の交渉を複雑にし、しばしば徒労感を抱かせるものとなった。大久保が掲げるのは、万国公法である。しかし、清にしてみれば、「万国公法ナル者ハ近来西洋各国ニ於テ編成セシモノニシテ、殊ニ我清国ノ事ハ載スルコト無シ」（本書一八四頁）として歯牙にもかけない。当然であろう。中華には、中華なりの国際秩序観があり、そのもとにこの世界はあるものとされてきた。ここには、筋と筋のぶつかり合いがあった。大久保は筋を通そうとする。だが、それだけではない。その筋は理に裏打ちされていなければならないとの強固な信念も彼は持ち合わせていた。筋を掲げながら、理を説く。そうすることで、大久保は相手方との妥協点を探っていくのである。

そこで、次に「理」である。大久保のことをリアリズムの政治家と捉える例は枚挙に遑《いとま》がない。しかし、そのことは彼が国家の経綸《けいりん》の念薄き近視眼的な打算主義者ということを意味しない。近時の学界でも、大久保がいかに骨太な国家構想をもった理念的政治家だったかということが論じられている（佐々木克、勝田政治）。そのような彼の国家理念の背景にあったのが、理や義という強固な倫理意識だった。幕末に彼が、「非義の勅命は勅命に非ず」と啖呵《たんか》を切った話は有名である。正確を期するために、その原文を引用しておこう。慶応元年に長州再征が朝議で決せられたことを聞いた彼は、「至当之筋を得、天下万人御尤と存じ奉り候てこそ勅命と申しべく候えば、非義〔の〕勅命は勅命に有らず」と西郷隆盛に書き送った（『大久保利通文書』第一、三一一頁）。

義とは何かが直截に言い表されている。それは、正当な筋を通して、万人が納得可能なことなのである。この時、大久保は時の関白二条斉敬《なりゆき》のもとへ押しかけ、「兎角当職の御任は大事を決せられ候に至公至平をもって大義之立てるところにて、御観念無く御裁断あらせられ候ては凡て私に陥り候」とも言い切っている（前掲書、三一八頁）。私に陥らず、公とは何かを徹底的に考え抜くことが義であり、理を生み出すのである。

大久保は、義に裏づけられた理を政治の指針とした。それは、何が公であるかを厳しく弁別することと言い換えられる。このことは北京での談判でも貫かれている。大久保は西洋流の万国公法に基づく日本の筋を通した。その筋を支えているのは、主権国家としての理である。自国民を保護し、自国の安全を保障するという大義である。日本が台湾に出兵したのは、琉球の漂着民が現地人に殺害され危害を加えられたからである。清は当該の台湾住人は、中華の教化に浴さぬ化外の者として、自らの責任を放棄する。日本政府では、清の言っていることは台湾が無主の地との公言に等しく、どこの主権も及んでいない地に派兵しても問題ないし、無主物先占で日本が領土化しても差し支えないという声もあった。

だが、大久保はそのように考えたのではない。本書の克明な論述が示すように、大久保が清に求めたのは、日本人（琉球人）に危害が加えられたことの始末であり、日本の派兵はその報復としての義挙と認めよとのことだった。そのために、彼は、清からの賠償金の支払いを求めた。これが認められれば、日本は琉球民を日本国民として保護することの国際的認知が得られ、また台湾も中国の属地であることが明らかとなり、東アジア地域の安全保障に資するところ大となる。結局、賠償金との名称には清側が最後まで承服しなかったが、「撫恤銀《ぶじゅつ》」の支払いというかたちで、折り合いをつけることができた。もっとも、その金額は当初の算段と比べてあまりに低いもので、大久保の取り巻きは切歯扼腕《せっしやくわん》したが、彼は取り合わなかった。金額が問題なのではなく、清が日本の行いの義を認めたことで十分だったからである。

この時、大久保が清に対して、また日本に対して義の信念から理を貫いたことには、かけがえのないパートナーの存在があった。本書でも指摘されているボワソナードである。この時のボワソナードの働きについては、大久保泰甫『ボワソナードと国際法――台湾出兵事件の透視図』(岩波書店、二〇一六年)によって格段に理解が深まった。大久保氏の研究では、ボワソナードが理のある開戦目的は何かを大久保に助言し諫めていたことが論じられている。戦争は主権国家の正当な権利であるとの理解が当時の国際法上にある一方で、自然法論者ボワソナードは主権の行使を義と理の制約下に置こうとしたのだと言える。清の対応にしびれを切らし、開戦に躍起となっている日本側に対しても大久保は理の立場から自重を説いて、軽挙を戒めて譲らなかった。それは、理への信仰を共有するボワソナードの強力な支援があって初めて可能だったのである。

最後に「情」である。征韓論政変による西郷との決別と西南戦争による彼との死別によって、大久保はしばしば非情で冷徹な人格として理解されている。しかし、彼の政治家としての原点には、情があった。強烈な倫理的感情である。その最初の例を挙げよう。慶応元年二月に大久保は、水戸の天狗党に対する幕府の過酷な虐待を知り、憤懣やるかたない思いに突き動かされた。これは「幕滅亡之表」と大久保は日記に書いている。大久保の倒幕運動の始まりであり、政治家大久保の誕生を見て取ることができる。そして、そこには、抑えがたい義憤の念があったのである。

だが、怒りたかぶる激情を政治家としてのパトスとしていたとはいえ、政治家大久保のエトスは情けとしての情だった。民を守り慈しむこと——撫民——こそが政治家の務めというのが、大久保を突き動かしていた行動論理だった。晩年の彼が打ち込んだ事業として福島の安積《あさか》開墾があるが、その理由を大久保は次のように語っている。「予も謂はゆる慈母政治家の血脈遺伝を受けたる者也。今より二三十年を待ち、世の青年壮者実業に就き、興産を楽むの日に至らば、皆造化の良臣僕となり、復足下等の諷諫を受けざるべし」(前島密『夢平閑話』、同『鴻爪痕』所収、三六頁)。

大久保は自らを慈母になぞらえている。没落した士族に授産するためにこの広大な土地を灌漑し、疎水をひくことによって肥沃な農地とする。そこに入植した者たちはこれによって実業に就くことができ、天下の良民となってくれるであろうと大久保は遠望する。この願いが裏切られなかったことは、その後の歴史が実証している。同地域は、一大穀倉地帯となって潤った。かつて安積のうるおの地には、大久保の功績を讃える大久保神社が建てられていたが、今日残されているその碑石の前では、現在でもなお毎年九月一日に大久保様の水祭りが執り行われている。大久保としたら、まさに瞑目する思いであろう。

情の発露は、本書の論述からもうかがえる。首尾よく清国政府から見舞金というかたちで補償を手にした大久保だが、それを得ることができるや、清への返却を建言する。先述のように、日本の出兵の大義名分が認められればそれで申し分なかったのであり、清からの補償金は「謝却」すべきとされた。リアリズムの政治家としては情に溺れたと言われかねない提案だが、大久保としてはむしろこれを機に日清の提携関係の構築が望まれたのであって、情に裏打ちされることによって、そのリアリズムはより高次なものへと練り上げられたと評し得る。

北京での談判が終わった後、大久保が天津に初めて李鴻章を表敬訪問したのも、情のなしたものでなかったか。李鴻章への事前の接触は筋が違うとして峻拒した大久保だったが、事終わりて後、ようやくその門を叩いた。会談は良好なものだった。事態の進展を伝える総理衙門からの報告を受けて、李鴻章の方でもこの尊大で世間知らずな東夷人が、実は端倪《げい》すべからざる傑物であることは察しがついたのであろう。少なくともこの人物に任せておけば、日本が清国に対して下手な行動に出ることはなかろうと判断したものと思われる。この会談をきっかけに、日清両国の間に公使の交換が決められ、初代駐日公使として何如璋が赴任した。大久保は、何如璋との間で、日清相互理解のために中国語学校の設立を協議したという（『興亜公報』第一輯、十六頁）。

情の人としての姿は、ほかにも本書の中で印象深く綴られている。清から日本に戻る途次、大久保は台湾に立ち寄った。迅速な撤兵を自ら指示するためであるが、その一方で彼は戦地を巡視し、路傍に仮埋葬してある数多の将卒の墓標にひとつひとつ丁寧に手を合わせ、傾いている墓標を立て直していった。その姿に傍らの者は感涙にむせったという（本書三一三頁）。

このような情を通じての他者との共感、そして先に記した筋を通し、理にかなった行動を肝に銘じることの三者が渾然一体となったところに、大久保の政治家としての個性が成立しているのである。

なお、蛇足ながら付言しておくと、この時の大久保は、複雑な利害関係の綾を俯瞰して対手の一歩先を読むという知略にも不足していなかった。本書でも詳述されているように、日清の交渉妥結に仲介役となって功績があったのは、駐清イギリス公使のウェードである。ウェードは大久保にとって信頼できる調停者として、清政府とのパイプ役を演じた。だが、外交という場において、大久保はウェードに全幅の信頼を置くことには慎重だった。この時、日本国内では、イギリス政府から日本内地の自由な通行権を外国人に認めることの外交的要請が陰に陽になされていた。大久保は当初、ウェードの助力を仰ぐことを潔しとしなかった。その見返りに外国人の内地旅行権が持ち出されることを警戒したからである。結果的に、ウェードの斡旋によって日清間の合意が得られたが、協定調印がなされたその日の夜、謝意を伝えるためにウェードのもとを訪れた大久保は、外交辞令もそこそこにお礼の品の数々を運び入れた。虚を突かれたかのようなウェードに対して、内地旅行の件について切り出す遑《いとま》を与えないまま、大久保は翌朝北京を発ったのだった（萩原延壽『北京交渉』）。

見事な采配といえよう。胸に熱き情を秘めつつ、それを理と筋を通じて濾過し、自らの政策を正当化するための論理とする。加えて、その論理を貫くために、相手を説き伏せ、籠絡する知略をも兼ね備えている。北京での外交交渉という修羅場を潜り抜けたことは、大久保を類稀な政治的個性とした。そのことを暗示する西郷隆盛の述懐を最後に引いておこう。

北京での交渉妥結を知った西郷隆盛は、「彼（清国）より償金を出し候都合、案外の仕合い、奇妙の事に御座候。……仕舞迄張り立て候て、極々差しつまり候上、此の如き時機、不思議の角力に御座候。何か手づま（手品）のありそうな事に御座候」（明治七年十二月十四日付篠原国幹宛西郷隆盛書簡、『西郷隆盛全集』第三巻、四六一頁）と感想を漏らした。自分の立場を譲らず、指しつまりに陥ったと思ったのもつかの間、相手から補償金を出させて戦争を回避した。何とも不思議な角力であり、何か手品のようなしかけがあるのではないか、と西郷は訝《いぶか》しんでいる。西郷は不気味な思いに捉えられたのではいか。これはもはや自分の知る大久保ではない。西郷の理解し得ない別の政治的人格の誕生である。竹馬の友で盟友だった西郷すら図りかねる別次元の政治家となった大久保。その真価を探る作業は、後の歴史家に残されることになった。

本書は、戦時下という困難な状況にもかかわらず、この課題と初めて真正面に取り組んだ名著である。ふんだんな史料の引照と読解、精緻な考察、そして躍動感ある文体は、歴史の醍醐味を十二分に味わわせてくれる。清沢はアカデミズムの人間ではないが、本書は、大久保利通という傑出した政治的指導者の実像とそのリーダーシップのあり方を学術的手法で再構成した第一級の日本政治外交史の研究である。歴史学の研究対象としての大久保は、本書刊行後も長らく無関心と無理解にさらされてきたが、今ではその思想と国家構想を内在的に究明しようとする重要な研究がいくつも発表されている。本書はそのような研究の貴重な先駆者として、歴史的叡智を求める読書人と学界とを架橋する名作として、これからも読み継がれていくべき古典である。

（たきい・かずひろ　国際日本文化研究センター教授　国制史・比較法史）

人名索引

ア 行

カ　行

サ　行

タ　行

ナ　行

ハ　行

マ　行

ヤ 行

ラ 行

ワ 行

本書は一九四二年、中央公論社より刊行され、その後一九九三年に中公文庫として再刊された。ちくま学芸文庫化に際し、難読と思われる漢字にはルビを付し、明らかな誤植・脱字と思われるものはこれを正した。

考古学はどんな学問か　鈴木公雄
物的証拠から過去の行為を復元する考古学は時に歴史的通説をも覆す。犯罪捜査さながらにスリリングな学問の魅力を味わう最高の入門書。（櫻井準也）

戦国の城を歩く　千田嘉博
室町時代の館から戦国の山城へ、そして信長の安土城へ。城跡を歩いて、その形の変化を読み、新しい中世の歴史像に迫る。（小島道裕）

性愛の日本中世　田中貴子
稚児を愛した僧侶、「愛法」を求めて稲荷山にもうでる貴族の姫君。中世の性愛信仰・説話を介して、日本のエロスの歴史を覗く。（川村邦光）

琉球の時代　高良倉吉
いまだ多くの謎に包まれた古琉球王国。成立の秘密や、壮大な交易ルートにより花開いた独特の文化を探り、悲劇と栄光の歴史ドラマに迫る。（与那原恵）

博徒の幕末維新　高橋敏
黒船来航の動乱期、アウトローたちが歴史の表舞台に躍り出てくる。虚実を腑分けし、稗史を歴史の中に位置付けなおした記念碑的労作。（鹿島茂）

増補 文明史のなかの明治憲法　瀧井一博
木戸孝允、大久保利通、伊藤博文、山県有朋らの西洋体験をもとに、立憲国家誕生のドラマを描く。角川財団学芸賞、大佛次郎論壇賞W受賞作の完全版。

朝鮮銀行　多田井喜生
植民地政策のもと設立された朝鮮銀行。その銀行券等の発行により、日本は内地経済破綻を防ぎつつ軍費調達ができた。隠れた実態を描く。（板谷敏彦）

百姓の江戸時代　田中圭一
百姓たちは自らの土地を所有し、織物や酒を生産・販売していた――庶民の活力にみちた前期資本主義社会として、江戸時代を読み直す。（荒木田岳）

近代日本とアジア　坂野潤治
近代日本外交は、脱亜論とアジア主義の対立構図により描かれてきた。そうした理解が虚像であることを精緻な史料読解で暴いた記念碑的論考。（苅部直）

日本大空襲　原田良次
帝都防衛を担った兵士がひそかに綴った日記。各地の空爆被害、斃れゆく戦友への思い、そして国への疑念……空襲の実像を示す第一級資料。（吉田裕）

平賀源内　芳賀徹
物産学、戯作、エレキテル復元など多彩に活躍した平賀源内。豊かなヴィジョンと試行錯誤、そして失意からなる「非常の人」の生涯を描く。（稲賀繁美）

陸軍将校の教育社会史（上）　広田照幸
戦時体制を支えた精神構造は、「滅私奉公」ではなく「活私奉公」だった。第19回サントリー学芸賞を受賞した歴史社会学の金字塔、待望の文庫化！

陸軍将校の教育社会史（下）　広田照幸
陸軍将校とは、いったいいかなる人びとだったのか。前提とされていた「内面化」の図式を覆し、「教育社会史」という研究領域を切り拓いた傑作。

餓死《うえじに》した英霊たち　藤原彰
第二次大戦で死没した日本兵の大半は飢餓や栄養失調によるものだった。彼らのあまりに悲惨な最期を詳述し、その責任を問う告発の書。（一ノ瀬俊也）

城と隠物の戦国誌　藤木久志
村に戦争がくる！　そのとき村人たちはどのような対策をとっていたか。命と財産を守るため知恵を結集した戦国時代のサバイバル術に迫る。（千田嘉博）

裏社会の日本史　フィリップ・ポンス　安永愛訳
中世における賤民から現代社会の経済的弱者まで、また江戸の博徒や義賊から近代以降のやくざまで――フランス知識人が描いた貧困と犯罪の裏日本史。

古代の朱　松田壽男
古代の赤色顔料、丹砂。地名から産地を探ると同時に古代史が浮き彫りにされる。標題論考に、「即身佛の秘密」、自叙伝「学問と私」を併録。

江戸食の歳時記　松下幸子
季節感のなくなった日本の食卓。今こそ江戸に学んで四季折々の食を楽しみませんか？　江戸料理研究の第一人者による人気連載を初書籍化。（飯野亮一）

つくられた卑弥呼　義江明子
邪馬台国の卑弥呼は「神秘的な巫女」だった？　明治以降に創られたイメージを覆し、古代の女性支配者たちを政治的実権を持つ王として位置づけなおす。

北一輝　渡辺京二
明治天皇制国家を批判し、のち二・二六事件に連座して刑死した日本最大の政治思想家北一輝の生涯。第33回毎日出版文化賞受賞の名著。（臼井隆一郎）

中世を旅する人びと　阿部謹也
西洋中世の庶民の社会史。旅籠が客に課す厳格なルールや、遍歴職人必須の身分証明のための暗号など、興味深い史実を紹介。（平野啓一郎）

中世の星の下で　阿部謹也
中世ヨーロッパの庶民の暮らしを具体的、克明に描き、その歓びと涙、人と人との絆、深層意識を解き明かした中世史研究の傑作。（網野善彦）

中世の窓から　阿部謹也
中世ヨーロッパに生じた産業革命にも比する大転換——。名もなき人びとの暮らしを丹念に辿り、その全体像を描き出す。大佛次郎賞受賞。（樺山紘一）

1492　西欧文明の世界支配　ジャック・アタリ　斎藤広信訳
1492年コロンブスが新大陸を発見したことで、アメリカをはじめ中国・イスラム等の独自文明は抹殺された。現代世界の来歴を解き明かす一冊。

憲法で読むアメリカ史（全）　阿川尚之
建国から南北戦争、大恐慌と二度の大戦をへて現代まで。アメリカの歴史は常に憲法を通じ形づくられてきた。この国の底力の源泉へと迫る壮大な通史！

専制国家史論　足立啓二
封建的な共同体性を欠いた専制国家・中国。歴史的にこの国はいかなる展開を遂げてきたのか。中国の特質と世界の行方を縦横に考察した比類なき論考。

暗殺者教国　岩村忍
政治外交手段として暗殺をくり返したニザリ・イスマイリ教国。広大な領土を支配したこの国の奇怪な活動を支えた教義とは？（鈴木規夫）

古代の鉄と神々　真弓常忠
弥生時代の稲作にはすでに鉄が使われていた！　原型を遺さないその鉄文化の痕跡を神話・祭祀に求め、古代史の謎を解き明かす。（上垣外憲一）

増補 海洋国家日本の戦後史　宮城大蔵
戦後アジアの巨大な変貌の背後には、開発と経済成長という日本の「非政治」的な戦略があった。海域アジアの戦後史に果たした日本の軌跡をたどる。

日本の外交　添谷芳秀
憲法九条と日米安保条約に根差した戦後外交。それがもたらした国家像の決定的な分裂をどう乗り越えるか。戦後史を読みなおし、その実像と展望を示す。

世界史のなかの戦国日本　村井章介
世界史の文脈の中で日本列島を眺めてみるとそこには意外な発見が！　戦国時代の日本はそうとうにグローバルだった！（橋本雄）

増補 中世日本の内と外　村井章介
国家間の争いなんておかまいなし。中世の東アジア人は海を自由に行き交い生計を立てていた。私たちの「内と外」の認識を歴史からたどる。（榎本渉）

武家文化と同朋衆　村井康彦
足利将軍家に仕え、茶や花、香、室礼等を担ったクリエイター集団「同朋衆」。日本らしさの源流を生んだ彼らの実像をはじめて明らかにする。（橋本雄）

古代史おさらい帖　森浩一
考古学・古代史の重鎮が、「土地」「年代」「人」の基本概念を徹底的に再検証。「古代史」をめぐる諸問題の見取り図がわかる名著。

大元帥　昭和天皇　山田朗
昭和天皇は、豊富な軍事知識と非凡な戦略・戦術眼の持ち主でもあった。軍事を統帥する大元帥としての積極的な戦争指導の実像を描く。（茶谷誠一）

江戸の坂　東京の坂（全）　横関英一
東京の坂道とその名前からは、江戸の暮らしや庶民の心が透かし見える。東京中の坂を渉猟し、元祖「坂道」本と謳われた幻の名著。（鈴木博之）

ちくま学芸文庫

外政家《がいせいか》としての大久保《おおくぼ》利通《としみち》

二〇二三年十月十日　第一刷発行

著　者　清沢洌（きよさわ・きよし）
発行者　喜入冬子
発行所　株式会社　筑摩書房
東京都台東区蔵前二―五―三　〒一一一―八七五五
電話番号　〇三―五六八七―二六〇一（代表）
装幀者　安野光雅
印刷所　株式会社精興社
製本所　株式会社積信堂

ISBN978-4-480-51215-4 C0121